国家社会科学基金重大招标项目
"近代中国乡村建设资料编年整理与研究（1901—1949）"
（项目号：17ZDA198）阶段性成果

乡建工作经验谈

——中华平民教育促进会华西实验区档案选编

重庆市璧山区档案馆　编

谢　健　主编

人民出版社

1949 年 10 月 26 日，中华平民教育促进会总干事长晏阳初
为华西实验区纪念展览题词

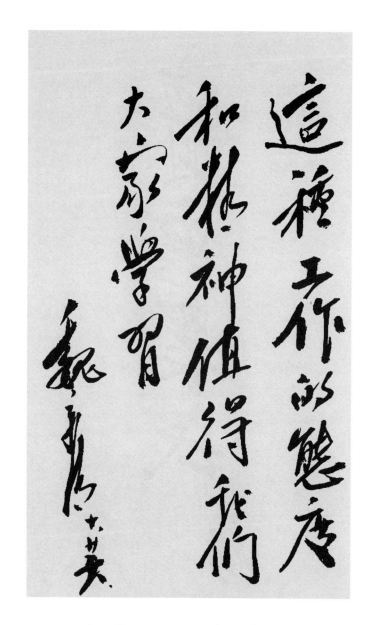

1949 年 10 月 26 日，私立乡村建设学院教授魏永清
为华西实验区纪念展览题词

1949 年 10 月 26 日,华西实验区秘书室主任郭准堂
为华西实验区纪念展览题词

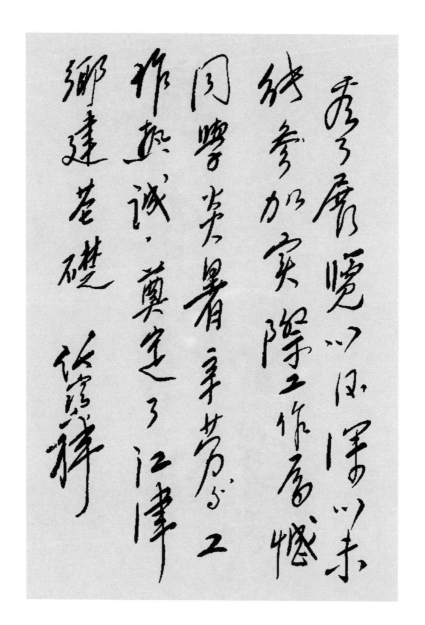

1949 年 10 月 26 日,华西实验区社会调查室主任任宝祥为华西实验区纪念展览题词

中華平民教育促進會華西實驗區成立三週年紀念

改造社會　端賴教育
經濟建設　最終目的
建立民主　復興民族
固本工作　萬世廉移

合川縣第二輔導區楊東侯題　己丑

1949 年 10 月，合川县第二辅导区杨东侯为华西实验区成立三周年纪念题词

中華平民教育促進會華西實驗區成立三週紀念

農為教本　食為民天
鄉村建設　組織尚焉
社區合作　生產其間
殷勤輔導　供應周全
經濟灌溉　福利綿綿
繼以保健　理得心安
富強康樂　於茲肇端
農村復興　於萬斯年

巴縣第十一輔導區主任　蘇彥翹敬頌

1949 年 10 月，巴县第十一辅导区主任苏彦翘为华西实验区成立三周年纪念题词

1949 年 3 月,璧山县第五辅导区民教主任训练班合影

1949 年 10 月 28 日，华西实验区总办事处关于编辑《乡建工作经验谈》的征文通知

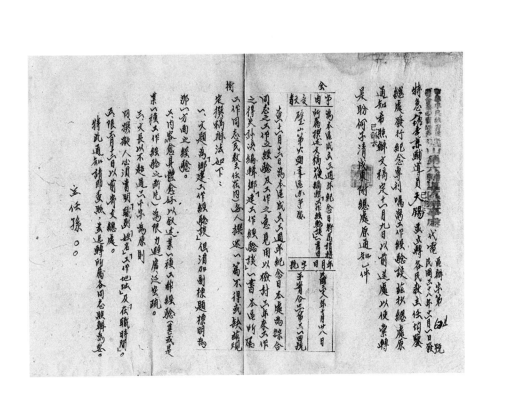

1949 年 11 月 1 日，璧山县第六辅导区办事处
关于征集乡建工作经验文稿致八塘乡辅导员李天锡的代电

目 录

第一篇 璧山县

第二篇　巴　县

第三篇 江北县

第四篇　合川县

第五篇　铜梁县

第六篇　北碚管理局

第七篇　江津县

序　一

"故一切建设,必以人民为基础。"(《乡村建设月刊》第一卷第一期《发刊词》)在 20 世纪之初,乡村建设运动开始在各地相继勃兴,一时蔚为大观。无论是基于社会运动的乡村建设,还是引向政治轨辙的乡村建设,其历史经验和鉴训都值得我们总结、凝练和省思。在工业化、城市化和现代化历史进程中,乡村建设运动倡导者早已深刻地认识到:乡村建设之缺失,"此不独乡村之忧也,而城市亦将受其害","乡村不救,则城市岂能独全,诚谓疼痒相关,不能漠视者矣!"其洞察之精准和思想之深刻,至今仍值得我们认真体悟!

中国乡村建设研究(包括乡村建设资料整理与研究),已经成为当代中国学术研究发展的重要组成部分。坚实的史料整理研究和精深的学术探究成果不断涌现,以其"原始创新"和"自主创新"的努力,推动着这一研究领域已经走进了"新时代"。

由重庆市璧山区档案馆和谢健主编的《乡建工作经验谈》,从璧山区档案馆保存的华西实验区乡村建设档案文献中,选择了当时从事乡村建设实践工作者的工作总结,涉及扫盲教育、合作社、农地减租、水利工程、人际交往、个人感悟等方面的内容,汇编成册,以独特的视角为我们的乡村建设学术研究提供了珍贵的史料。这些普通而平凡的乡村建设运动工作者,正是在深入乡村的实践中,形成了自己的感悟、自己的认识、自己的经验;其真切之感,真挚之情,真实之况,真诚之见,点点滴滴,构成了一幅写实的历史画卷。这些内容汇聚在一起,其实是一个时代和一个社会的整体的呈现。

比较而言,乡村建设运动领导人的思想和实践较早并较多地为人们所关注,学术界关于晏阳初、梁漱溟、卢作孚等人的研究成果颇为丰厚,而对于深入乡村的一般工作者的关注和研究则十分欠缺。毫无疑问,《乡建工作经验谈》一书却以独特的眼光聚焦于此,不能不让人倍感欣喜!我们相信,它的出版当会引起学术界的关注,也会助力于中国乡村建设研究的深入推进。

王 先 明

2019 年 6 月 18 日于南开大学

序　二

　　近代以来,中国农村在多种因素的影响之下出现了"乡村危机",为了应对这种危机,从 20 世纪 20 年代开始社会各阶层都积极投身于乡村建设运动之中。所谓乡村建设,并非一般意义上的"乡村中的建设事项"(类如乡村中的河渠、道路、桥梁等方面的建造,村学、乡教乃至乡约、村社等教化规制的创设),而是特定历史情势下以乡村为本位(或以乡村为重心)的"民族——国家"建设。就乡村建设运动的发展方向而言,正如抗战时期梁漱溟在《璧山农村》上所指出的那样,虽然乡村建设"慢慢收归政府,变为一种行政去了",但其本质仍是"志愿为社会服务的人,所作之一种社会建设运动"。

　　中华平民教育促进会是近代以来持续进行乡村建设实验的重要社会团体之一,其成绩有目共睹,已为世人所熟悉。华西实验区是 1946 年平教会在四川省创办的乡村建设实验区,其涵盖范围包括该省第三行政督察专署的十县一局,其实验区域之广、建设理念之完备、工作系统之有序,都是前所未有的。1949 年 10 月,华西实验区总办事处为纪念该区创办三周年,同时"为综合同志工作之经验及工作之意见,用以检讨三年来工作之得失",而要求所有工作者撰写工作心得,以期编辑出版《乡建工作经验谈》。可惜的是,随着世事变迁,这本汇集农村工作者心得体会的经验谈并未能够出版。

　　翻看重庆市璧山区档案馆尘封的华西实验区档案,笔者发现,这些经验谈既包括农村工者对于乡村建设的理解与阐释,也包括扫盲、合作社、农地减租等农村改良的实践。华西实验区是平教会乡村建设模式的集大成之地,而平教会又是近代乡村建设活动的重要派别和代表性力量,因此,这些实践者的经验总结必然具有重要参考价值。

自 2001 年以来中央出台了一系列重视农村的文件,其中特别是自 2004 年以来,每年中央 1 号文件都以"三农"问题为关注点。在 2017 年的党的十九大报告中,习近平总书记更以"农业、农村、农民问题是关系国计民生的根本性问题",提出实施"乡村振兴战略"。由此可见,总结乡村振兴历史文献、历史经验是当前人文社会科学类学科的重要研究课题。华西实验区的乡村建设实验虽然早在 70 年前就已结束,但是其乡村建设的内容、方法,仍有现在农村工作值得借鉴之处,其"走向农村""为农民服务"的精神仍是值得学习的。由此,我们将璧山区档案馆所藏的相关档案整理公布,以期有益于当下的乡村振兴实践。

编　者

2020 年 3 月

凡　　例

一、本书辑录的内容全部来自重庆市璧山区档案馆所藏华西实验区档案，为当时乡村建设实践者们的经验总结。

二、华西实验区总办事处位于璧山，范围为璧山、巴县、江北、合川、江津、铜梁、永川、綦江、荣昌、大足等10个县和北碚管理局。本书在图片名称及其他相关备注中，均不再在县(局)前冠以"华西实验区"，统一为"某县第某辅导区"。

三、本书根据文章作者当时任职地区，分为璧山县、巴县、江北县、合川县、铜梁县、北碚管理局、江津县等7个部分，共计162件，各部分内文章原则上按乡镇排列。其余各县因档案缺失未能收录。

四、对所选档案采取全文录入形式，未进行删减，其中文件部分标注有全宗名及案卷号，期刊部分标注有期刊名及卷期。所选档案的标题，全部采用原作者所拟标题，未加改动。本书文章的口语、方言等现象比较突出，在整理时为保持原档案风貌，还原史料价值，均不进行校改。

五、将原档案繁体字辑录为简体字，但对繁改简后会引起歧义者和某些人名，保留原繁体字样式。

六、将原竖排版式改为横排，凡原档案中因竖排而有"如左"、"左列"等表述方式，均予以保留。

七、对原档案时间为民国纪年者，一律在文后用括号标注公元纪年。为保持原档案风貌，正文中的数字，均保留原汉字数字表达。

八、对原档案文字原则上不做更改，确有影响阅读者，根据需要进行校改。错字、别字用"[ ]"标注,漏字用"【 】"标注,破损无法识别者用"□"标注,段落性缺失者用"【原文缺失】"标注。

九、标点、分段原则上均保持原档案风貌,对部分没有标点或分段的篇目,根据现行语言习惯加以标点和分段。

十、因当时书写表达不一致,原档案中的层次序号用法不尽相同,对影响阅读和理解的,作适当调整。

第一篇　璧山县

（3）

璧山歸來（續）

——廿八年五月二日梁楨先生在週會報告

五、社會調查除：這嗣令人興奮的組織，有十七位工作同志，負責獅子鄉全鄉的概況調查複卑事實資料。這個團體的集體生活，辦公地點在獅子鄉場上。遷個團體的集體生活，有力有

熱，令人羨慕不置。每日晨星出發，爬山涉水，按戶訪問。午間吃自帶乾糧，晚間歸隊。每日開會討驗得失，飯後開會討驗得失。故工作逯虞超過計劃，不下十一小時，才到璧山醫院，自己走下山，拼扎六七小時，才到璧山醫院，流了足有四大

熟，令人羨慕不置。每日晨星出發，爬山頭調查時斃狗咬了，自己走下山，拼扎六七小時，才到璧山醫院，流了足有四大絃血，但是第二天她就爬起來寫了一封信說：「只要我能站起來，我就立刻歸隊工作。」

以上是我們所看到的，大略各位也許發現：一個國家可從以下三方面去說明：「開發民力」1.人的力之開發可從以下三方面去說明：「開發民力」1.人的力之開發可從以下三方面去說明：「開發民力」

何以呢？我們從事平教運動的目的，工作方法及工作性質上去看，遷兩個答案之肯定，是必然的。

一、工作目的——「開發民力」：民力之開發可從以下三方面去說明：「開發民力」1.人的煤礦原子彈都是她的財富，可惜中國百分之八十左右的農民埋在腳底下拋棄著，被放生命，人民是國家的人民，人民是國家的生命，人民是國家的財富，可惜中國百分之八十左右的農民埋在腳底下拋棄著，被放在第一，而今我們才發現中國的力量乃是散在千萬個鄉村中的平民不以這佔全世界五分之一的人口為第一，中國無幸福，世界無幸福。

事實，以此為根據進而作應有之工作，這需要一點一滴的累積，需要流汗流血。我法及工作性質上去看，遷兩個答案之肯定，是必然的。

2.人的解放：不幸應該為本國應該為世

以上這些工作是否枝枝節節的在進行而毫無整個計劃呢？答日，不然，這一切都是你自己所要求解前的認識，而不是我要他們自己解放自己的力量，而不是我界層層東縛，仍有天災迷信疾病的惡層層東縛，仍今仍受天災迷信疾病政當擾捏特務，政要喚醒他們自己要求解前的認識，是解工人員隨迫下呻吟。平民教育卽是求應是要喚醒他們自己要求解前的認識，是我要他們自己解放自己的力量，而不是我們代他們是醒代他們解放。所以學在他

以上是我們所看到的，大略各位也許要說，梁先生你這不是自賣自誇嗎？這些人多半是你的學生，所以說一味的說他們好，難道，他們就沒有不好處？不錯，他們一味的改善意義莫大的缺點，但他們的成就之偉大計劃都以道佔全世界五分之一的人口為第一，中國無幸福，世界無幸福。

因而農夫農婦反有一種驚奇之感，問痛苦。因而農夫農婦反有一種驚奇之感，都能爬山走路。另外一個原因，原因多，如因為他們都受過訓練沒，說是那人半有史以來，就們也許有不是之處，但他們的缺點，以至他們的都那樣熱心的工作著，這些山頭林下的衞屋，自有史以來，就

劃一倍以上。其所以有如此收獲者，原因多，如因為他們都受過訓練沒，自有史以來，就工作，不下十一小時，故工作逯虞超過計山頭調查時斃狗咬了，自己走下山，拼扎

《二》

所列項目，如殺嬰方法之多，殺人草間，冥想奧科學之別就在此。前者只憑架架子想，河裏都流著牛奶，樹上都掛滿葡萄的想，河裏都流著牛奶，樹上都掛滿葡萄這些工作在剳政權成立之後，是否還存在要他們自己解放自己的力量，而不是我們代他們是醒代他們解放。所以學在他

蹤中，以科學的方法去導大眾日常生活的逐需要呢？答日，更須存在，更加需要。科學是要在實驗實

梁桢著《璧山归来》部分原文

璧山归来

梁 桢

两周前霍先生要我在周会上讲话,其时温饱运动正如火如荼地展开,我乃打算报告"英国的社会安全制度"。这是英国人自诩为未流血而达到革命目的的一种方法,它保障了英国每一个国民自"摇篮至坟墓"的人生旅途中最低限度的生活安全,自去年七月五日零时一分起实行,迄今已整十个月。

但是上周徐国棨先生同我乘听课之际,到璧山实验区去看了我们的实习同学,所以今天我不报告原定的题目而报告璧山的情形。何以呢? 一、因为任何改革社会的主义、办法、方案等,其本身并没有什么令人留恋不舍之处,有之则为此种主义办法方案等,有多少成分是产自人民需要之中,而能与人民日常生活汇而合流。也就是说,人民以怎样的态度去接受了这种改革,才是我们所注意的。这次去璧山后,我们有理由相信晏先生同他的同事所推行的平教工作已植根于中国泥土之中,已与赤足露肩的农民生活合流,这种工作,能在全国广大民众身上开花结果是可预期的,所以平教运动之伟大与价值,不下于世界上任何一种社会运动。二、璧山实习同学同我们有四年的共同生活,他们现在的衣食起居,我们能不关心吗? 他们就是我们的先锋部队,究竟他们在那里做了些什么,与当前的社会转变有什么关系,我们能放松不问吗? 我们要追问到底!

我现在分以下两部分报告璧山同学的工作情形:一、所见所闻所感,二、问题的解答。

（其　一）

在报告见闻与所感之前,有一点声明,即我们这次去的时间往返共一周,看到的同学不过二十几人,看到的工作据点不过从青木关经璧山实验区本部到狮子乡。我们未能接触更多的同学,代各位致慰问之情,也未能看见他们工作的全部,这是引以为戒的。

一、青木关

在此地工作的同学有黄子贞、张本澈、王德伟、王惠黎。我们就以二王同学为例吧。他们两人同住半间房间,有短墙和那半间相隔,室内仅能并排着放下两张床。墙上晒着一双补缀了多层多色的袜子,两床之间有一张约莫一尺长的桌子,桌上零乱地放些东西,其中有一只口琴轻开地躺着。这使我们很容易联想起安贫乐道,以及以艺术的态度与方法处理人间事物的精神。

正在我这样寻思的时候,走进两个农民,同我们的同学熟识热烈地打着招呼,即沿床坐下,谈论些工作而去。我们坐了约半点钟,这样来往的人有三四批,最后两人是来这取痘苗的。这两人一踏进门口,我就看见他们露着牙齿笑,二王即将已备好的痘苗棉花取出点交给他们并且一五一十地告诉他们怎样用法。这时王惠黎说话并不流利,常用手托他那副用白线包裹伤部的眼镜。王德伟微笑着解说一个臂膀上种五颗,一次种痘十颗可保终身不出天花之谬误。

他们同农民那种交往情境之和谐自然双方真情诚恳之交流,令人生无限快愉之感,在到处黑暗之中,好像只有在这半间小屋里,才看见有光芒四射的曙光往外发放。不问自己对社会贡献了多少,建设了多少,只是到处挑剔旁人的错误,怀恨社会欠了他的债,自己不工作而把一切责任推到大社会的不良上去,看见了二王同学那种不怨天不尤人而深切厚重,踏实工作的情形,能无愧于中?

如何不以特殊身份自居而与老百姓携手,也就是说,以老百姓之心作老百姓之事,青木关这几位受过科学训练的青年已经给我们一个模范了。

二、温家湾

再往前走就到了温家湾,在此地工作的是苏正家同学。办公地点高居于一个山坡之上,走上去一看,就知是一个庙宇。门前几棵老树遮阴,门口挂着保国民学校生产合作社办公处的牌子。他最近才到任,兼保校校长,他这个地方有几项特点:1.他得到了校内外人士的拥护,学校穷得很,教员自己拿一个月份牌给学校用。没有开水喝,一位地方人士看不过去,自动给学校职员送开水,我们去的那一天,正好赶上第一天送开水。苏同学自己是学教育的,有教育方法技术上,受到了同事的推荐。他在一个本地人家里食宿,主人每月坚决不收膳费,当然他是要给的。2.这个庙宇香火非常兴旺,但平教工作展开后,地方人士已将神像地位,让出一大部分,辟为教室、办公室。3.这个"庙"也可以说是"校",内外打扫非常清洁,都由学生自己负责。

苏同学对于如何取得地方人士之拥护,校内同事合作以及如何使"神"像让位给"人",均有说明这位青年给我们的印象是有热力有技术。

三、三个滩

在此地工作的为女同学黄开文,办公地点是龚家祠堂。这个祠堂现在也变成了既是小学校又是合作社又是妇女班的地址了。如何使这个祠堂变,自有一段历史,我们因时间限制,只好割爱。此处最使我们注意的是以下几点:1.大门进口处摆满了小学生用的桌椅,因为楼上下都变成了教室还不足用。所有桌椅不是地方上新做的,就是学生自己带来的。2.祠堂正房有新加设的一排栏杆,最初我们以为是为黄同学办公便利而设的,哪知事实刚刚相反,因为照此地的风俗,女人不能到这个正堂来的,所以加栏杆,全部封锁,严禁走入。但因为黄同学的工作得到了当地的信任,致使龚族改变了传统的规定,特开二门,准其办公出入之便。不仅此也,黄同学没住处,他们反而欢迎她即宿此正堂！你们看她的工作岂不是改造了风俗传统！这就是伟大的社会改造的起点。3. 这间大厅是祠堂的正堂,正壁供着考妣神位,又点着三星图及其他神位。两旁壁就贴着这个学区的最近调查完毕的社会经济概况统计图表,说明人口若干,田土若干,耕牛几头,猪鸭若干只等。这个墙壁上的东西就象征着新旧文化的交替,要所有祠堂的栅栏拆除,要各式神牌让位给统计图表,这就是我们的任务！这就是我们要争取的新中国！

各位,改造社会就小处说就是改变个人的观念与态度,就大处说,就是改变社会制度与组织,但这种改变,能凌空也不能笼统而来呀,还不是要从一个一个的人一个一个的家庭一个一个的学校一个一个的祠堂做起吗？得一寸进一寸,得一尺进一尺,能有不劳而获的吗？

黄同学有这样伟大的成就,而其人则温文儒雅,一派和善,绝无半点自大自傲之处,真是一位平凡中有伟大的人！

四、狮子乡

在此地遇到的同学有陈文俊、刘泽光、徐伟夫、姜旭升、夏钊铃等。他们的工作各有不同,比如刘泽光的几个保校就是新开办的,在一家住宅院内,房东自动地义务地让出三面住房,而全家退居一面,让办学校。教员办公就在堂屋,办公桌与天地君亲师的供桌并排着,墙上贴着世界现势图等。后来我们到了夏钊铃的工作地点,她送我们出门时还说:"徐先生,我现在才感觉到我们所学的不够用呀",各位试想,我们什么时候听过党国要人说这类话？

五、社会调查队

这个令人兴奋的组织,有十七位工作同志,负责狮子乡全乡的概况调查搜集事实资料,办公地点在狮子乡场上。这个团体的集体生活,有力有热,令人羡慕不置。每日晨全体出发,跋山涉水,按户访问。午间吃自带干粮,晚间归队,饭后开会讨论得失。每日如此工作,不下十一小时,故工作速度超过原计划一倍以上。其所以有如此收获者,原因固多,如因为他们同她们都受过调查训练,都能爬山走路。另外一个原因,就是那些山头林下的穷屋陋室,自有史以来,就没有走进这样的人物,肯和他们话家常,问痛苦。因为农夫农妇反一种惊奇之感,无不愿意乘机发泄多少年来一肚子的闷气。冥想与科学之别就在此,前者只凭架空地想,河里都流着牛奶,树上都挂满葡萄,想的心满意足而已。科学是要在实验实践中,以科学的方法去寻大众日常生活的事实,以此为根据进而作应有之工作,这需要一点一滴的累积,需要流汗流血。我说流血是真的,该队张学华同学就在一个山头调查时被狗咬了,自己走下山,六七小时才到璧山医院,流了很多血,但是第二天她就爬起来写了一封信说:"只要我能站起来,我就立刻归队工作。"

以上是我们所看到的,大略各位也许要说,梁先生你这不是自卖自夸吗?这些人多半是你的学生,所以就一味地说他们好,难道,他们就没有不好的吗?不错,他们也许有不是之处,但他们的成就之伟大,已压倒了他们的缺点。"过而能改善莫大焉",何况他们都那样虚心地工作着,诚意地欢迎批评呢。

（其 二）

以上这些工作是否枝枝节节地在进行而毫无整个计划呢。答曰,不然,这一切工作的背后都有一个大绳索贯穿着。以上这些工作在新政权成立之后,是否还存在这需要呢?答曰,更须存在,更加需要。何以呢?我们从平教运动的目的,工作方法及工作性质上去看,这两个答案之肯定,是必然的。

一、工作目的——"开发民力"

民力之开发,可从以下三方面去说明:1. 人的发现:一个国家可以宝贵的不是金、银、铜、铁、煤矿、原子弹,而是她的人民。人民是国家的生命,人民是国家的财富,可惜中国百分之八十左右的农民没有被举在头上,被放在第一,而反被压在脚底下抛弃在一旁,而今我们才发现中国的力量乃是散在千万个乡村中的平民。一切本国和国际的福利计划,如不以这占全世界五分之一的人口为第一,中国无幸福,世界无幸福!

2. 人的解放:不幸这应为本国应为世界第一的人民,迄今仍受天灾迷信疾病的层层束缚,仍在贪官士劣,党棍特务,政工人员压迫之下呻吟,平民教育即是求这些人民从束缚压迫之下解放出来。但是解放是要唤醒他们自己要求解放的意识,是要他们自己有解放自己的力量,而不是我们代他们觉醒代他们解放,所以要在他们自己组成的合作团体,导生传习,农业示范,卫生组织等之中,以培育他们自己的力量,但这仅是老百姓组织团结的开端。正因为是他们自己的开端组织,所以虽有缺点而正是可贵可爱的。在这种情境中培养成的力量才是真力量,有一分算一分,有两分算两分,到了这种力量累积成功而要爆炸的时候。

3. 人的独立:总之,我们是要百分之八十左右的老百姓有一种新的人生观,这是"人格"培育功夫,此处所谓"人格"是近代教育学、心理学、社会学等科学上所指的是"人格",所以我们的工作是以科学为基础的。我们要老张、老李、老王是自己生命的主宰,是国家政治的主人翁。简言之,是一个堂堂独立的"人"!我们并不牵着他要他一定进那个门,我们只要给他一把可开各门的锁匙。我们有一个比喻,假如这个比喻是不错的,就是,我们要一杯消过毒,过了滤的洁白冷水。这杯水,冷喝有益于健康,煮开了喝也好,煮茶煮咖啡需要它,即使加以红绿颜色还是它好!

这样的工作岂不见效太慢?各位,我们但问这种工作是不是抓着了中国的命根,中国的命运是不是系于此处。是,干它几百年,不是,一天也不干!岂能图急功近利。晏先生同他的同志之伟大即在此,当初国民军北伐到河北后,认为他的工作是共产党的工作,定县是共产党的大本营,攻击他,捉捕他的同志。然而他们勇往直前地一直干到现在,我相信,他们还要干下去。

二、工作方法——教育

从事于教育的相信:人人有无限潜能可以引发,人人有积极向善向上的志愿。本此,我们的工作方法是启发的,是培育的,是自下着手的,是民主的,即是讨论说服的。凡与此相反,有害于潜能之引发,有害于志愿之积极向善向上,都不是我们所采用的方法。如果黄开文自己拿钱建筑一所学校,我们只能说她"很好"。因为她能使本地人自动开放祠堂去办理一切,我们说她"伟大"教育方法之值得宝贵就在此。否则,我们下一纸命令要所有的祠堂都办理传习处合作社,那行吗?

谈到此,我们要说一说私人团体与政府机关之区别。前者任务在研究实验,后者在推广实行。我们的财力人力权力有限,我们只能负研究出汽车引擎制造的原理与方法,如何制造能省油省钱效力大,把这一纸单方交给政府去采纳执行,至于政府造什么颜色的,造多少汽车给老百姓服务,虽然我们关心甚至去干涉,但已不是我们私人机关的核心工作了。我们要的是"势力"而不是"权力"呀!

三、工作性质——基层建设

是基层,因为注重了个人,这个个人包含着近代个人应有的集体生活。是基层,因为以建设个人最初级的社会环境——乡村为着手之处,这并非忽略了城市与工业。这种工作是将来一切建设的基本,政局愈澄清愈需要这种工作。这可从下列几点说明:

1. 干部与技术:提高人民生活水准的建设才是革命的目的,苏联在大局稳定统一之后,需要千万青年一齐参加建设工作,所以有"干部决定一切""技术决定一切"的口号。我国人口倍于苏联,建设应超过苏联。所需干部之数量技术水准之高,可想而知。但全中国已毕业及在校大学生不过二十五万,所以我说更需要增加千万个陈文俊同学、何国英同学、周本寿同学去作调查,去编平民读物,去作农业推广。假如我们要达到英美那样的计生设备,只医师一项约需六十万人,但今日全中国医师不过一万五千人。致坐令每个中国人平均肚子中有蛔虫二十条,按四亿人口计,这些虫子首尾相连可绕赤道五十周,总重量约等于二百万人的重量,但干部与技术非政工人员可比,不是短期训练班可以获致的。

2. 土地与劳工:三个湾的调查表格告诉我们这一社区中的人口,每一个人平均所有田与土是三点六华亩,我记得定县每人平均四华亩。大约我国每家耕地平均三英亩,英国七十英亩,美国一百五十英亩(确数待查),这就是我们的建设基础。除非我们利用外资,羊毛还是要出在羊身上,如何引发地方物力人力,苞谷小麦产量何如增多,猪只如何长大,将来还不是我们现在所解决的这个老问题? 至于工业化后城乡人口之分配以及工业化所引起的乡村问题都是我们今日乡村工作者所注意的。关于土地劳工与建设专著颇多,兹不赘述。目前我们要准备勒紧三次肚带。八年抗战三年内战,田野荒芜工厂倒闭,物资缺乏,我们必须勒紧一次。新政权建立之后,先要均贫,一时生产不能恢复,而且你我要降低享受与农工生活程度看齐,所以又要勒紧一次。政局改变之后我们要以血汗先补起来这十一年的破坏,需要加倍地努力。

3. 时间与空间:各项建设在时间上必须有个先后缓急,在空间上也必须有个区域的划分。时间与空间必须有一个配合。"中国就是一个欧洲"、在边区者为边区,在内地者为农村,在沿海有城市。我们的划区实验,在许多方面都是提供一些经验,将来还需分区进行。但是乡村社区仍将占重要地位。

总之,新政权建立之后,建设的主观条件也许够了,而建设所需要的技术条件不是一呼即出的,需要我们更大的努力。

(作者梁桢,时任私立乡村建设学院教授)

选自璧山区档案馆藏华西实验区档案,档号:09-01-126

示范社学区

魏西河

从哪里说起呢？且自教育开始谈吧！

"教育"的界说应有中外古今之不同，撇开外国的，在中国往昔应该只是一个单字"教"。它似乎包含整个人生学习的意义。记得古六朝时有人谈到教子的事，曾有"不教亦教也"的名言。到了中国近百年来，虽然"教"字下增了一个"育"叠成了妇人孺子都习知的"教育"词汇，但其内涵却比往昔的"教"少了很多。至少表现出来的事实是如此。

这并不是"一代不如一代！"因为中国文化凝淀了两千五百年，从正心诚意……到治国平天下，亿万众到一个人，以至收敛到、纯化到摸不着的心意，都恰一整套。而且仅此一整套！所以要做人：大社会、小社会、团体、家庭、朋友、乡邻……，只要你能够接触的人和事，都曾已融合在这一整套的人生行为中。换句话说，往昔文化社会是一致的，人人的环境可以有不同，但人生的道理却只有一条大道。如果踏入歧途，那便悖人情、犯国法、违天理，处处都是看不见的力量！教训！

往昔"教"的负责者：有形的是家，无形的是社会。至于"教不严，师之惰"中的"教"字，其所指出的内容，虽然走到尽头也还是那一整套的人生大道，但我们试观察它所教的东西和其亲与师所耳提面命、所期许成就的，却只是：中科举、成功名、做大官，惩前毖后！

说来也微妙得很，往昔读书的人们，读到"豁然贯通"，能觉悟出"吾道，一以贯之"的整套人生道理的固然不少，而且对让中国文化社会的增益供献很多。但那些读书一生未曾发迹，甚至只能摇头晃脑，咬文嚼字，素为古人随笔中所嘲笑的老学究，他们规行矩步，拘泥礼法，恰也成了中国形态的坚定力！

往昔文化社会是一致的，做人和富贵被统一了起来！富贵和读书融成一片，读书便成了"教"的"有形内涵"。

两千五百年凝淀的文化，集万千圣哲聪睿的智慧，把"教"的"有形内涵"删洗、提炼、精粹、升华、缩短时间、增高效率而排定了启蒙、开讲、试帖、八股、策论……，集整套读书致贵，官宦人物一生使用不尽的技术、理论等富贵东西压缩在十年寒窗中！古人名言："十年寒窗无人问，一举成名天下知"，不消说已是显官达宦，而且千钟粟、黄金屋、颜如玉都来了！及身富贵，裕后光前！

说得干脆些，往昔"教"的"有形内涵"便是"做官捷径"。古人明白说过："学而优则仕。"书读得好，便可做官！

百年来因海禁大开，新思潮，新……，使中国文化社会不能再一致了！虽然在教字下加了一个育，叠成"教育"，教育局、教育厅、教育部……，究竟不能包括往昔那个单字"教"的整个意义。

做人的道理并不等于天天吃饭。人随着时间的行进由幼年而青年而壮年……，"人生"这个支配肉体行为的灵慧，像没有灯光的灯塔，失掉指引航行的光亮，而且甚至连它本身也都一天天地模糊、混乱。然而"人"毕竟不仅只是个吃饭的家伙，虽然对往昔二千年来拟定的人生单轨可以极端痛恨，恨到把孔夫子直呼孔老二尚不甘心，但另一方面，也同时身心感受到模糊、混乱等泛滥的没名的痛苦；或许因为这模糊、混乱……，是虚无一物吧！所以多少年来听到的、看到的，何尝不仍旧是徘徊、呐喊、烦恼、苦闷呢！

百年来不一致了，但"子不教，父之过"，还是需要注意的！政治是管理众人的事。教育不管是模仿什么样的建制、什么国的读本教科书……几十年来教育也不过仅只承袭了往昔"教"的"有形内涵"。读书与富贵融成了一片，不管是文、法、医、工、农……毕业以后，不过大小捞个"官"而已。

这是难怪任何人的！因为文化社会不一致了。旧家庭根本是要不得的东西,但新人又不能不是旧家庭的产物!何况人类天性就是避重就轻、好逸恶劳的,所以在这空前的大时代中,虽曾尽量地吸取外国的技术、理论……,但却注在中国往昔"教"的"有形内涵"的"做官捷径","学而优则仕"的旧传统上,也正因为它是两千五百年这么悠久时间的旧传统,所以新教育便驾轻就熟地,不知不觉地造成今日的局面——这当然是难怪任何人的!

各级学校数目年年在增多,毕业的人大小都必须捞个官儿。真的,百年来官儿的名目数都在急速增加,十倍、百倍、千倍于往昔了。但一年年各级学校的毕业生又涌出来了,官儿到底有限,于是最使人体察到的便是到处为争位置而倾轧而攻击……,社会不安,到处动乱。

再从纵的方向来看,京城、省会、县、乡直到保,何处不是僧多粥少,人浮于事?单说保国民学校吧,校长、教师这些不耕而食、不织而衣的官儿,自然是角逐的对象,虽然名额是很少的,角逐失败而赋闲的算是暂时委屈在家里了。遇到寒暑假,便又努力逐鹿……,四川地方已经集数十年之经验凝成了"六腊之战"的新名词!

哟!不知不觉地兜了这么大一个弯儿,现在书归正传,我们谈入正题:"示范社学区!"

中华平民教育促进会华西实验区的规定,以保国民学校的施教范围做界限,成立各种合作社的经济组织,这个地理区域被划定为一个社学区。如果某一个社学区里也派遣了个大学毕业生的辅导员,这里有个实验的理想,想凭借着这一个大学毕业生的辅导员来贯彻实施实验工作,这一社学区便冠以"示范"。辅导员在这个大小差同一个保的广袤范围里,他还需兼任该保国民学校的校长,以坐实他的工作出发点。而且该国民学校也被冠以"示范"二字。

示范社学区原只是个平凡的社学区呢!与其他地区原没有什么不同,只是校长人选是被派定的,"六腊之战"被消除了?!

C乡E保国民学校得各方协议、请求、核准冠以示范,成了一个示范社学区,被派来的是D辅导员。

全是地方人熟识的教师,但D君颇多在事业工作上的痛苦。其实D君的事业工作的条件已经够贫乏可怜的了。只剩下按时上课、认真教书,仅此而已!然而竟也行不通,徒撄众怒、冷嘲热骂之不足,在办公室里戟指相斥……

暑假过了,D君一面请求调职,一面却全班教师聘为外方人!

D君被调到远远的地方去了,灾难便降临在继任人的身上!

T辅导员,中外驰名、国内第一流的大学毕业生,年轻热情,是个饱经变乱,深感人生模糊、混乱之痛苦、烦恼,并且新加入了本会,对这乡村建设倍感兴奋的一个纯洁的工作者。

T君首先遭遇到的,是学生被人带走了。家境好的被带入了中心学校,家境不好的便在家里观望了起来——这该是一个有效的攻击方法了。

偏偏T君是个想尝试艰辛,认真对中国社学的体察与热衷贯彻本会事业工作的旨趣的,穿上草鞋,遍去各家户,把教育送上门口。

由于事实的体认与克服,T君曾赔贴些外科药品,涂些药膏,看水发肿了的,也曾给些少量的消炎片。尤其是本区赠送白乐君以普遍医治疟患的工作,白乐君都是被送到疟疾的病家。机织合作社也贷了贫穷织户所需要的底纱,农业生产合作社也举贷了仔猪贷款——几种扶助穷苦农民的贷款之一。

西南行政长官公署发布农地减租命令,四川省政府公布了彻底实行的皇堂布告,并印发细则,规定完成的限期。经过各级政府,璧山雷厉风行,直吹进了这C乡E保示范社学区。

T君和H民教主任真个一家家去挨户登记。填写减租申报表、换订租约,二十天里,没有遗脱任何角落中的一户!

一天的傍晚,T君由外面走回这示范社学区。

秋雨刚过,稻田被润泽得湿漉漉的。水牛伸长了颈子,粗壮的腿,蹒跚地吃力地拔出,又小心翼翼地插入泥土中,犁子被圆肥的大肚子往前挺进了尺许。后面手持犁柄的农夫,嘴里吹着温轻而合拍奏的"咻咻……"之声。手臂熟练地跟着牛肚子的挺进,把犁子作一次掀起运动,一大块泥土被掀得倾倒在侧方。

"校长,赶场了么?"农夫愉快得和 T 君打着招呼。

"唔,你的摆子好了!"

"校长,好了。还没向您道谢呢!"虽然说没有道谢,但那种感激、愉快,统统在他面目表情里,语声跳跃中流露出来,而且当时应该是把内心里的所有蕴蓄都倾泻了出来,他心里该是没有任何东西了。

天幕逐渐下垂,秋风徐徐地吹着,像要送尽大地上炎暑余威,但天气还是很热,一群勤于农事的胼胝的人们,有的是在路上迟慢地走着,有的坐在田埂上,拿着烟杆儿,悠闲地吐出轻松的白烟。

一路上他们都亲和地和 T 君招呼酬答,谈短谈长,一片蔼祥慈瑞的呼吸在他们之间:交流着、泛滥着、弥漫成了一团和气,天地、草木、田土、岩石,都被披上和气的外衣。

路口上、树荫下、半间房子的么店子么? 门前坐着个手拿烟杆的乡粮,不住地唉声叹气,沉郁地在谈着话。

T 君走了过去,一句句像是故意想叫他听得见的话语:

"……自己造孽吗,闲起来了,唉,成立啥子示范校啊,唉……"

这已经是远日衔山的时候了。天空里先时还是郁蒸的看不见的水蒸气,都在日光这一角度的透视下成了云堆,太阳愈向下沉,云堆堆得愈厚。它们在变幻、在搅动,它们的形体像狮子、像猴、像狼、像乌龟……,蠕动、撞击、吞噬、倾轧……,日光霞影给它们渲染上种种生动的颜色,更热烈了它们的纷争……,它们脚下面或半身仍旧散入的基层,则乌黑的一团团、一丛丛,像羊群、像鱼、像猪,密密地挤成一堆,拓展开去,铺满到田地之交的边缘。

T 君默默的向学校走着。

日头落下去了,一切云影重归幻灭! 半弦的明月已高高地悬在半空,发出皎洁的光亮,天仍旧是清澈的。

（作者魏西河,时任璧山县第三辅导区办事处主任）

选自璧山区档案馆藏华西实验区档案,档号:09-01-138

法海微波

魏西河

西南行政长官公署发布农地减租的命令，跟着报纸上、文件上纷纷地为着这一要政鼓吹渲染。云贵四川辖区省府也向下印发布告、标语、实施细则及各种小册子。政令的传达，逐渐震荡到了璧山。

中华几千百年由生产生活蕴积成的主佃关系，入民国来，在政府的立法上大体也还是承认的，这西南行政长官公署、省、县各级政府猛烈坚决地宣布了这一农地减租的命令，站在一贯的法统上看，恰是在一个法律支持的人海里激起一个不大不小的波澜。

中华平民教育促进会华西实验区对农村建设的目标原是既定了改进农民的生活的。用和缓的手段，用教育的方法，用经济的外援，希望达成农民自力的启发而争取创造他们自身的福利康乐的人生生活。当然西南行政长官公署以及省县各级政府猛然坚决地发布实施农地减租法令，正是给予平教会华西实验区工作一个合法的保障，一个意外的合拍的行政助力。于是工作同仁感到了兴奋。

县府派遣的农地减租督导大员龙君木科长，挟持着丰富的农地减租法令知识，分乡地召集乡保长、士绅大会：来凤、鹿鸣、正兴、龙凤，最末一天到了中兴场。

正是赶场天，到的人不少，尤其是聚拢来站在会场后面身体粗壮、面目憨直的穷苦农民们真多。命令、纲要、劝讲、讨论……行进完了，时间已经过了三个多钟头，对农地减租的政府贯彻实施的决心已经明白宣布无遗。人人心中有一团不同的感触，虽然有些人是看不出的，但一层兴奋的、红热的肤色，却显然笼罩在后面聚拢来站着的面目憨直的那群人们的面孔上。中兴乡示范社学区的王业中保长激昂地说：

"农地减租是没的什么说的，贯彻实行也不难，只是实施的工作人员，保长不消说是要结些仇恨，但希望政府命令要真的贯彻到底，不要遇到真的障碍便自模棱、曲解、变质！"

龙督导员认真诚挚，斩钉截铁地给予答复，却引起了我一阵沉默，我默念、遐想、研思、考求……。做过县长的人，不都埋怨中央政府一面用层层防范的法律命令紧紧缠束着手和脚，一面又强迫叫跳舞、赛跑么？然而，在中央政府各部院会里不又都看到过各省县市的功绩表册数目字吗？啊！微妙呀！……我终于又在脑际里留下了一个遗忘不去的记忆。

瞿菊农先生的名言："乡村建设工作有其宗教性、服务性与牺牲性。"天然的实验区的辅导工作是应该遵循这一正确合理的标指。本来我们工作追求的目的对任何人都至少是无损失无祸害的，并且还要对那些需要帮助的人们——知识的与经验的，都竭力地予以奥援。然而在协助实施农地减租这一课题下，无论如何地想或是说，佃客虽然收入增加，但地主的收入减少了。总不能与往昔的工作的气味雷同！

农地减租由农业生产合作社如火如茶地作示范性的实行了：王保长、辅导员、所有的农业生产合作社的社员们，民主的、正义的、真个贯彻实施西南行政长官公署以及省县各级政府的农地减租法令了。排难解纷，说服劝告、商量、讨论、公决……终于他们寻出了解决的途径，协议了灾歉成数，厘定了佃户社员应当缴租数量，然后都不辞劳累，到这家、那家，监督着、看着交了如表册上登记的数字。到日夕，到黄昏，趁着月色一股气做完，再走着黑路回去。

真个要给现法律支持的人海里投下一块沉重的石块在吗？不大不小的波澜震荡开来！

农业合作社的社员×××，是个诚恳老实得不出气息的佃客，竟也在社员大会上说出老板今年收的租子数目，结果按农地减租的规定是多收了四分之一。会后,公证的由老板家里取了回来,诚恳老实的面孔只有诚恳老实,有感激而无得色!

波澜便是这样发生的:老板爱面子,超收的租子碍不过当时的脸面,退了。但心里有一种滋味逼着他走向最熟而最有力的路子。在×××下田耕犁时,老板抢去了他手里的农具,当时便行使了老板对佃客的家法:打了他几个耳光,撤佃! 搬家! 滚!

老板毕竟是老板,懂得现行法律,后一手便到地方法院告了一状:恶佃欺主,应准撵他搬家,请求假执行……,法院受理了。除了传票,十月二十四日审讯,一张状子、诉讼费银元十八元二毛!

×××诚恳老实,依然诚恳老实,哭丧着脸向辅导员,向保长申述着:减了租了,地却没了,挨打,搬家,哪里去? 又出了票! 上堂打官司,几辈子都没有的事……

正是辅导员因着农地减租被划入行政范围中,名义上对各级行政人员有指挥、监督、考核之权。辅导员、保长都写了详细的文字报告,大家都在为推行农地减租聚精会神、兢兢业业的时候,碰到这个岔子,遽然起了骚动,群情激荡,每个人表现出不同的心曲,大凡是神经极度紧张时,遇到了虽然是微小的震撼,便会觉得吃惊异常。记得《浮生六记》上有这么一段,大意说:"作者在凝神注视草底两个小虫在追逐,在挑逗……,他刻画的描写出周围的景致,几乎是作者的神魂都与小虫们相偕地在草底嬉戏:草都变成大树,蓁草变成森林,正心神放逸的当儿,忽听若狮吼、若虎啸、若山崩地裂,一庞然大物排山倒海而来,张口引舌,将两小虫一口吞噬,定睛看时,原来是只青蛙!"

本来,大和小,严重和稀松,都是相对的!

我携带各种文件,急急进城,去县府,面晤徐县长。年逾花甲,依旧对事积极、认真、爽直的徐县长,似乎非常气愤,可是当时事情很忙,便请皮秘书偕我去地方法院面询一番。

好在地方法院和县政府相距很近,一转身便已走到。欣蒙孟院长和蓝首席很亲切地接见会谈,孟院长很拘谨的法官出身,在他写于法律修辞的语句里表现得点滴无遗。他慢慢地理智地讲:

璧山律师很多,关于农地减租只是西南行政长官公署的命令。在法庭上"命令不能变更法律是句很容易听到而且分量又非常重的话!"

皮秘书不愧少年老练,条理分明地说出这件事的当前种种,以及请能遵循乡、县佃租委员会调解,最后到法院的程序,而要求法院在未调解前不予受理。

孟院长已经把×××被控的案件提出,前后的翻阅。我一眨眼,看到最后一页上,写明诉讼费银元十八元二毛……,孟院长很为难地说:"在法律程序上是不能不受理。"

我们都沉吟了很久,孟院长打破沉寂。

"不过这控诉的理由不能成立,依《土地法》是不能撤佃!"

孟院长好似觉得说得过于肯定,跟着又补充着说:

"我需要给主审推事研究研究",他面看着我,"法院里审理案件,任何人都不能干涉……"

我当时冥想这些事理的层次,命令不能变更法律,但已是有变更的事实。这样如火如荼地认真展开的农地收租工作,却在法律程序上不能不受理……,我想开去,想到手脚都紧紧被捆绑而又强迫着跳舞赛跑的县长……

他们像是谈什么以妨害公务罪论……

"虽然法院不能不受理,但依照农地减租的命令规定:×××的老板已经违法,县府按实施办法第×条,应该押送县府惩处,法院对这一行为执何见地。"我猛然地插入这一段没有修辞的坦白话语,打破了接待室里斯文的气氛。

"可以",蓝首席也很痛快的回答:"打人已是犯法的行为。"

我们告辞了,在暮霭沉沉的时光,我们各自分手。我独自拖着平常的步子走着。微妙、迷惘……,工作的阻碍,个案的委曲的解决……,盘根错节地乱在脑海里,像云样的升沉起伏。

越日,获谭专任督办员函:"……中兴乡减租工作推行已见好转,预定之十月二十七日全区成果会议可以如期召开……。"

(作者魏西河,时任璧山县第三辅导区办事处主任)

选自璧山区档案馆藏华西实验区档案,档号:09-01-138

略论传习教育

何子清

欲今日之中国,侪于富强之林,其建立始基之工作,舍牖迪民智,扫除文盲,其道莫由!

然欲贫瘠已甚之今日中国,亦如先进国家,广学校,择师资,致力于普及国民教育,非为事所难能,且为时所不许。于此而欲达成上述目的,道又奚由?

先进同志,抚景伤怀,静言以思,于无可如何中探索而得一省时省费之捷径,厥为传习教育。以先知觉后知,以先觉觉后觉,匪特于短期内达成扫除文盲,奠定富强基础之目的,且可进以训练大批导生,而为乡村领袖,因教育而收组织团结散沙农民之效,诚一举而二效备,法至善也。

自传习教育展开以还,诚是以收扫除文盲之效,惟事属创举,实必与各方配合紧密,其效乃肆。吾人苟对目前传习教育而为鸟瞰,呈现于眼帘前之美满现象,姑不具论,论其尚未臻于理想者,约有数端。

(一)政教配合不紧,招生甚感困难。肩负基层政治之干部大多对民教工作之重要与本身应负之责任,认识不清。每对招生问题,漠不关心。多认为此平教会之事,与己何预? 如工作同仁与之相处融洽,尚可帮忙,否则不帮忙,亦无责任。倘欲起而纠正之,势有赖于其上级首长之善为提挈也。

(二)学生忙于生计而缺席多。学生甚知读书之益,而愿学,但忙于生计而无暇学,致农忙时缺席日多,欲从而责之,乌忍而责之? 惟启发其心智,增强其兴趣方面多做工夫,难解除其生活压迫而使其向学而不辍也。

（三）导生对教、管、训多不得法。用导生传习制而致力扫除文盲工作，固可解决才难问题，然导生教学能力及教学经验等，多不尽如理想，以致教管训三方面颇多欠缺，以之训育成人，既难引发其读书兴趣，而收效亦少矣。

（四）全重识字教育，忽略组训。识字固为人所必需，而全重识字教育，记忆减退之成人，殊少兴趣，年来对于如何组训已受或正受传习教育之学生殊少注意。此固有其外在原因，然只能收到一面效果。而已结业之学生，历时稍久，所有效果，逐渐消失，殊为歉法。

（五）教材与学生需要不合。居今日贫困之乡村，所需要者为日常生活必要之知识，与技能。如人事应酬、卫生常识、农作改良、牲畜疾病治防之迫切教材，而所授者半为"不相干"之空虚知识，殊难提高其学习兴趣。且教学时间，多为日间，至是以妨碍其生活，亟宜加速改善。

总观传习教育，实化钱多，收效小。何以言之？实于年来对民教方面薪工之支出，书刊之印制，为费殊巨，而所除文盲，为数有限。因知百年树人，诚非易事。

今欲摄其致病之源，而图改进，道又奚由？子清不敏，愿本年来体认所得，表而出之，至希同仁先进明以教我。倘抛砖得玉，无任厚幸：

（一）政教必确切配合。欲达到此目的，至为易易，而亦至为困难。主政务者，务有开明头脑、正确认识，以为民教乃其工作整体之一部，已无力工作，而幸有人代作，他山之石，以攻我玉，诚不世之良机也。而应如何以身率属，通力合作，其效必宏。反之而有错觉，以为此乃平教会之事，其或不利于我，从而猜测之、阻格之，其难犹登天也，效何言手？吾人欲促成政教合一，亟应将本会宗旨作风，与当政者随时剖释，并约束同仁，只言工作，不问处事，尤其对有关行政者之一切，三缄其口，庶或有济！

（二）改订教学时间。为便来学而不碍及生计，妇女仍在日间学习，男子亟宜改在夜学。惟灯油费用，应由公备，令贫苦学生而有化费，是欲其来学，而又阻之也，亦奚可哉？

（三）慎选导生并注意培养其服务兴趣。导生之素质务须提高，如无品学兼优之士，无宁薄学而重品，另由民教主任以其补缺，倘不如此，而有风纪问题之虑,传习教育,即告破产。遑期展开也欤?万一师资缺乏,则宜少设传习处,宁缺毋滥,踏实施教,乃可以有成矣。

至优良导生选出之后,每多始勤终懈,服务兴趣日渐减低,影响教学留生甚大,应常为多方设法鼓励培养其服务热忱与工作兴趣,俾能善始克终者也。

(四)改良教材,男女应因材施教。男子于《农民读本》外,应授明白实用之应用文及防治农作病虫之各种常识,妇女应加授妇婴卫生与家庭卫生、家庭教育必要之知识。整个教材,均需实合农村需要。欲达此项目的,应在乡村实地考察以求深切了解农民之需要,而始编撰,用免空话不切之弊。

(五)教育与组织并重。启迪民智与开发民力实一体之两面。教之知,而必使之行,乃为实用教育。欲行之有效,必须予以组织。欲组织坚固,必须与其生活有关,以经济为凝聚力,以合作为手段。因其所需,从其所好。已毕业者,加以组织继续施教,用继前功,未毕业者即教育即组织而效自宏矣。

(六)改善招生留生之技术问题。欲人来学,必令其知来学之益,欲其知学之益,其宣传方式无论为讲演、劝动、图书、壁报、电影,乃至讲解故事,均无不可。然必深入而浅出,普遍而深刻,从其痛痒相关处,说道如何解决其生活痛苦,而学者必众。既来之,则安之,安未易言也。必于其生活痛苦处而着手为之解决,如经济建设之合作社及免费治疗等有关生活之痛痒而次第实施之,则学不厌而缺席少矣。至于改良管、教尤为当务之急。视导生能力之强弱,而异辅导方式,辅导员与民教主任,随时视导,发现缺点,即行改正。但宜潜移默化,切不可形于词色,用以保持导生颜面,免伤其服务兴趣,真可谓运用之妙,存乎一心也。

(作者何子清,时任璧山县第六辅导区区主任)
选自璧山区档案馆藏华西实验区档案,档号:09-01-091

解决传习处导生困难问题

周绍铭

赤日炎炎的初夏,我已由小学教师走上成人教育的轨道上了,记得是在昨年的夏季吧。接充不久,就被调到璧山县国民教师暑期讲习班受训,时间三个礼拜,结业返乡,开始办理民教工作,到现在整了有一年半了,在这段时间里,不知不觉地过去了。

心思乱如麻的我,奉了李兼辅导员天钧之命,教我写平教会华西区三周年纪念征文稿,题名叫作"解决传习处导生困难问题"。当时我就应允了,在承认当中我心已发生恐怖了,为什么?因我感到作文困难重重,一是自己才疏学浅,不善于作,二是近来杂事太多,内心不静,作起文来没有头绪。有了这两点,对作文的情绪就消失了。不过一个基层乡建工作者,处的环境,做的事情,都得要加以反省和研究,趁此时机,不揣冒昧开始作了。

我认为解决传习处导生困难问题,就得采取下列几个方式,才能事半功倍,相得益彰。

(一)传习处设备要齐全,如黑板、粉笔、书籍、桌凳、表册之类,应该添制完善,使导生教起学来,不致发生阻碍,使学生得以安心受课。此其解决导生困难之一点。

(二)民教主任与导生取得联系,就是说民教主任与导生要切实互助合作,不分你我,要抱"有福同享,有祸同当"的人情,要是导生发生了问题,也就要当着民教主任的事看,并且还要设法赓续解决,使导生内心安定,聚精会神地从事教导。此其解决导生困难问题之二点。

（三）要随时召开导生联席会议，多开会，借此民教与导生间彼此联络感情，交换意见，并且还能把传习处应具应革的事，提出来大家研讨。万一传习处有什么特殊事件发生，这时大家可以共同解决，以收集思广益的效果。要是累及一人，那就困难多了。并且个人能力学识有限，解决就没有这样可靠。

综上三点，不过是我干民教工作一年半之一点经验，用笔贡献给大家研讨，自觉是很肤浅的意见，尚希贤达诸君不吝指正。

（作者周绍铭，时任璧山县第六辅导区八塘乡第一社学区民教主任）

选自璧山区档案馆藏华西实验区档案，档号：09-01-091

从如何办理合作社调查
谈到开成立大会

印笃清

今年的夏天，在以前都是照例督催传习处学生受课读工作，今后另要照奉通知办理社学区的合作社着手。这经济办法的合作社的办理工作，势必先从调查的工作做起点，才知道某一些社员是合符规定的，某个的经济情况如何，栽田种土的若干亩分，附带的何种业务，生产数量的究竟。于是不怕六月是酷暑高度的时候，当着赤热的路程，由田陌一走进入其间，由平地转到山坡，逐一清问那农户的家长，问他们知不知道那"我为人人"又是"人人为我"。这个团体叫作什么，这究叫合作社，合作起来办理一些业务。今天我们所征求要加入社的人物，与那城市办的合作不同，主要的是能庄稼的农字号的朋友。一经加入为社员，还有许多利益的享受。哪些呢？如像无钱财买猪的和买牛的，没得好种子的，无钱买肥料的……这一些都是做农人的大不利于业务的事情，由吃亏而至于折本破产，都因此得来。我们来劝你们办理合作社，究是有替想生产的办法。如像发借贷以最轻微的利息，借给与社员买猪牛、买肥料、换得优良种子等，以后还有贷款办理水利。像这么多的辅助起来，哪有庄稼不好的现象再来给你，究是要把合作社组织起来才行的。不但如此，更有贷款经营业务方面，使消费物品的价值，得公平合法的对社员购买，比市价相因，并可防止市价高抬的涨势，使社员不受经济操纵的剥削。

在营业的盈余，究有公债金是存集，集成数多，很可拿来购置社田，归社员们耕种，归社员享受。这上项一切一切的补助，各位究要知道，在华西实验区的范围，才有这些事的办法。所以常劝你们那无机会读书的成人男女朋友，务要来传习处受农民教育的课程，由自立的读书识字而得到经济上的补助，再还有卫生上治人病及畜病的治疗和药品的送给。这种种有益于农人朋友的事，在你们的感想上，认为是不是好咧。

不料那农人中他偏说，你们先生是惯会把话竟管说得好听，恐怕在社会上它难找有你说的这些事的实现。举个眼前的例来说，你看那墙壁上的字话，据他们识字的人说，是要实行三民主义的话句。那些的话句，是以前抗战建国时在此训练的军队中的政治指导员写的吗，曾记得他讲过这三民主义，是国父研究出来办建国的方法，由民族起办到民生，使人人都有穿得暖、吃得饱、过得到安定的日子，你看这几年来，我们农人忙得个从早到晚不得休息的过程中，由辛苦血汗得来存安的押佃金，简直化为莫有了，连家也搬不起了，吃的粗或淡，道是家常便餐，受到寒冷的严刑，真是难得活哟。所谓吃得饱、穿得暖，而且还享得到鲜美的精良的衣食住，都不是在民间，真是好趣，连我们种的地土上的皮都不见了，这个好的主义，还是如此这般。那大军中的指导大员讲说的都不实在，未必你先生说的还实现吗。

我等到他那所发的牢骚说完了，然后才解释他一番……。请他们大家都要把一个事情看整清楚，这华西实验区的办法，在以前其他实验过的地方有个模范，纯全是一样办的。首先究是办不取费成人教育，连书本都送给，并且还要将就你们的住地设立传习处，大开文化之门路，专引导农界的男女同胞，屏除那愚、弱、贫、私的恶俗习惯，走上群力互助的正路，使今后做人做事，才得到有法的依据。这个事实你们皆见到的吗，决不是谎人的笑话咧。谈到劝你们要组织合作社，一切办理的开办工作，并不要你们出款来请托我们办理，及至成立以后，硬要贷给款项与你们购买猪牛等，辅助的办法可谓说周到。老实告诉你，很不怪你们不相信这合作社的以后有利于人的事怕不实在，也许是你们常被那说好听话的人骗过多次，或者很受其欺谎，以致你的神精都常感觉恐有麻醉药性来给你。我给你开导的是事实，不是像那些用废瓦盖屋的道话来给你作愚弄，纯全是要把你们那愚、弱、贫、私四件不好的劣性习惯来破除,硬要诚恳地大家团结一致把合作社赞成组织起来,才有良好的办法。

那众人中也有明是非的农友,他接口说道,我们知道了事实,真的是要组织合作社才是对的。于是又开导了一处,如此多番地告劝多处,然后才得其全面的结果。且说为什么要作如此详细的解释,务必要他们(农友)了解清楚,才可下手工作呢。查农人们既有愚、弱、贫、私的病根,当然他的脑精难作主张,若不详细导解,使其了然无疑,倘一被不顾大义者煽动,究会闹些笑话,反增解释的麻烦。回转来首先究从传习处的学生和导生家属,调查其耕种地土,或佃或自耕的数量,实际若干?近况为何?逐一地工作到结果,再加一复查。在当时虽处于交景的行走地上,亦颇感有助长精神之得验。旋续向社员们走发通知,克日齐集会议地点。一面通知当地自治的首领,准时到场开大会。届时那农业界的导生、学生及家属,男女咸集于会场,推定临时主席,报告开会成立之起点。在秩序井然当中,很表示乐从,旋请区干事及辅导员先生指导组织社务和办法。可是在汗流浃背中,都不厌其详细多时的讲导,很为社员佩服感动,于是当众在社员中依法选出勤能公正的理监事及候补的人员出来,付表决后,这些理监事都各向社员们讲点合作负责共推团体的话来,更表社员们的欢迎,尤其更感华西实验区的辅导和鼎助的德意,究竟成为很热烈而高兴的大会成立。

(作者印笃清,时任璧山县第六辅导区八塘乡第六社学民教主任)

选自璧山区档案馆藏华西实验区档案,档号:09-01-091

导生的选拔问题

周成举

　　余从本年八月中旬始服务民教,而未服务民教之前,本身对该工作已发生最大信心及浓厚兴趣,在开始工作时,虽然遭遇的困难颇多,到处摸不着头脑,但并未因此而灰心,总是想方法来克复困难,故困难亦渐次减少。

　　十月初各传习处奉令开学,当时即发生最大的困难,便是导生的选拔问题。许多社学区之民教主任都同样地因此而感到头痛。导生是农民群众的领袖,是传习处学生之老师,是每个社学区之基层工作者,责任亦非常重大,将来各传习处是否可收实际成效,是否有学生读书,完全赖于导生之优劣问题,是故对于导生的选拔非特别详加考虑不可。我个人愚见,认为导生之选拔应注意下列五点:

　　(一)要有丰富的学问和道德:有了丰富的学问,在教学和讲解时才不发生困难,才能将学生教懂。有了好的道德,才能使学生敬仰,才能使学生也渐变成有道德的人。

　　(二)要有热心服公务的心理:导生是义务职,并无待遇享受,若认识不清,又无责任心,则将来传习处学生便会渐次减少,不能留得住学生,故选拔导生,要注意其人是否热心公务。

　　(三)要有公正和气的态度:做导生的人,除了有丰富的学问和良好的道德外,还要有公正和气的态度,不摆老师架子,不凶责学生,这样学生才会亲近你,才高兴到传习处读书。

　　(四)要忍耐和受得气:传习处的学生,相当于小学一年级的学生,起初时读讲写皆感到困难,当导生的务要忍耐悉心指教,如学生有不礼貌发生时,当导生的要劝解其改正,不要因受小气而灰心。

(五)要能留得住学生:当导生的,要想尽种种方法如何才能使学生敬仰你,如何能使学生亲近你,如何才能留得住学生,这都是当导生应该注意的。

以上五点,是个人对于导生选拔的愚见,若各位民教主任能如此去选拔导生,我想他的传习处一定会收到良好的成效。

(作者周成举,时任璧山县第六辅导区临江乡第三社学区民教主任)

选自璧山区档案馆藏华西实验区档案,档号:09-01-091

导生训练应注意生计教育

许绍炎

导生是农民中的领袖，农民离不了导生，导生亦不能与农民脱节。

选拔导生时，理想中的标准，常不能达到。有的地方，是找不到合格的导生，有的地方，是导生没训练。一般的导生除了在传习处教一教课文或讲述其大要外，与学生联络的机会少，所以传习处大多是零落散漫，没有走上正轨。一谈到入传习处读书，学生多借故敷衍，主要的问题是生计不能解决，以致导生无法维系他的传习处，课本教起来，先后不一致，而学生也因赶不上的关系，甚至长期不入传习处，这样一来，把整个的传习处弄得四分五裂了。

每次在传习处或集会的场合中，谈到农民读书，政府这件事情如何重视、如何爱护农民，每个学生的心中，都希望自己的生计问题，得到解决。一谈到生计问题，都有颓丧的想念。在我们做乡建工作的人，就感到农民的生计问题，实在困难。尤其是导生先生，更不能替农民解释生计问题，说出他应办什么工作才好。这种原因对于农民的影响很大，所以办了三年的民教工作，没有达到理想的效果。

合作社成立之后，传习处的学生可以说稍微稳定了他们的心理。但实际上，导生没有获得权柄，合作社的业务没有展开，不能支配经济也没有把今后的生计问题灌输给农民。实在的导生没有生计教育的训练，不能把握生计问题。给农民有一个深刻的印象。

这里谈到乡建工作的经验中，要彻底地改善农民生活必具的条件是导生训练应注重生计教育。导生有了生计教育的训练，传习处的学生才有受教育的信念,传习处才能走上圆满的大道。

导生训练生计教育的内容,兹分述如下:

(一)注重职业的指导,使有就业技能及乐业的兴趣。

(二)指导生产技术的改良,使能增加生产,提倡合作的组织,使能调节生产与需要等。

(三)普及生计教育的步骤:

甲、第一步先达到每户都有正当的职业足以维持其生活。

乙、第二步要达到二十岁以上的农民都能经营正当职业独立生活。

丙、第三步要达到生产事业科学化,能够以合作的组织调查农民的生计与需要。

丁、要达到农民教育普及生产技术改良。

(四)导生对于生计教育的应用和指导:

甲、导生能明了生计教育的应用和指导。

乙、导生除平时讲述课文外更能指导农民生计教育。

丙、导生有良好的生计教育才能传习农民生产技术。

丁、导生有推广优良品种的机会以增加农民生计教育的信心。

(五)其他如合作组织集体的互助精神,改良生产均须使导生有一种适当的训练。

综上所述,为乡建工作中的一种实际问题,如能把生计教育,给导生有一种适度的训练,使导生直接与农民接触,工作上农民有实地经验的机会,教育上农民有认识生产事业科学化的概念,来推动各个传习处相信是有良好的成绩。

目前传习处没有走上正轨,确是农民生计问题没有解决。导生也没有生计教育训练,是本人在经历六月来的乡建工作中实际见到的,这里谨贡刍荛,敬祈工作同仁诸君不吝采纳。

(作者许绍炎,时任璧山县第六辅导区临江乡第四社学区民教主任)

选自璧山区档案馆藏华西实验区档案,档号:09-01-091

传习教育第一期

张凯风

寄稿人约言：

一、最近办理"农地换约"，脑力用罄；所拟稿文选句粗俗谫陋，语无伦次，难免错误和字义不适之处殊多，请求予以校阅更改删正，非常感激！

二、如果其他区域之工作同志，有同内容之文稿时，本人愿请留刊，因为自愧不善文艺，以免贻笑大方！

三、原稿要求退回；万一不行作罢。

此请

撰安

璧山县第六辅导区转龙乡第一社学区民教部张凯风　谨启

谈到传习教育，便会想到民教工作在前些年普遍展开的时候，那时正是传习教育创办之初。四乡民众，尤其是失学成年男子和妇女们，在听受劝告入学的先后，始终有着怀疑的心情、羞耻的面孔、观望的态度，自然也有不少乐于学习表示欣喜的。可是属于前者居然迟迟未决，他（她）们有三个私心上的道理，或许就是本题的答案：（一）从没见过嘴上生须怀中抱娃的所谓"大人"们还在读书，简直梦也没有做过一次，大有羞笑交感之慨！（二）认为自己年龄高大，求学似乎过度失去自尊心理，抹煞下半世的事业。（三）他（她）们幼年（生长在农村里）所见到的十九世纪的旧学老师，对学生的惩罚，是很严厉的，因此引起警惕，后生恐怖心理，也有舍不得一刻耽搁的人，趑趄不前的,亦不占少数。

这几种道理,虽是他们内心所发,但仍为我工作同志所能理会到的。凭你穷方毕策忠言劝导和解释,终于收效甚微!这样一来:我们欲施的成人教育工作,岂非无形中被受阻遏么!当时各区的工作同志,想了不少的办法来应付此一现实,期能"对症下药"以奏成功为目的。结果:各有精深独到之处,约分两种形式。一为联络式:联络当地保甲长及代表等逐户劝导,痛陈利弊,促其就范。一为督饬式:责由乡(镇)长、保甲长等,借行政力量严加督促,令其入校读书。这两个办法,未尝不对,可是这不能算是"善""美"的正常途径,而是一种必要措施罢了。因此两个办法富有连贯性质,第一法不成功,只有采取第二法,这是一定不移之理。在这里话说回来,也有单采一法收效,有事实表现的。那么为什么要说未臻善美的功用呢?就是说:在农村里兴办教育的人,多少应该知道一点儿农民的恒情常理,以及生活方式的起码条件。农人并不像"城市佬"和大人先生们的心目中所想那样的"愚",其实他(她)们都是十足的道地的"诚朴""笃实"!我们的施教方法,如以联络式的去作,确较督饬式的高明得多。当我们去劝导他们的时候,往往忽略回答我们的理由,如果将他们回答的理由研讨一下,所答的话,是多么的诚挚真实啊!无论把传习时间尽管通容,顺应他们的环境,甚至径由自定,都不能引起兴趣。是什么呢?就是他们的私心道理未被克服,自然不易就范。将这一理由未能考虑得到的话,决会认为他(她)们不听劝告,于是断然地采取第二个(督饬式)办法,要知道这是强迫手段了。他(她)都是驯良分子,诚然容易就范,但那内心是什么呢?痛苦!这样的功效,还能说是善美的吗?!

其实要克服他(她)们的"私心道理",在上述两项办法中,仍能得到真谛,只要把运用的技术转变一吓就行的。(一)把"劝导"的责任,交予当地的知识分子和地权操有人。他们以亲戚的地位和主佃的关系去开导,较执政者们去劝导的效力来得宏大。(二)把"督饬"的对象转变到有声望有势力的身上。如果某太太能领头报名受课或某少爷都被强迫去读书了,有此实现的一天,传习教育才算是走上正轨,农家无形中受着鼓励,还有不乐从的道理吗?

　　学生的来源,既然有了方术;那吗,我们要注意的事,就是导生了。照说导生聘定,在传习教育工作中,要算最困难的事,我们常常感觉头疼。虽然有学校的地方容易解决,农村里无学校的地方相当多。而对于这类人才的选择,也有苛求的原理存在:(一)要有涵养功深的人;(二)有相当学识感觉兴趣的人;(三)诚实有气节为人民景仰的人;(四)热心地方公益不倦不息的人。为什么把涵养功深列为前提呢? 成年学生的天资,非常蠢钝,非有涵养不克胜任的! 其次所谓相当学识,是有高低新旧之分,要避免过低过旧的意思;再其次应注重师资和能勤劳无怨。总言之,如果我们的导生不如学生理想,教育行政是无法开展,传习事业也就不能树立起来。及今思之,各工作同志在那段时间克服这些困难,真有九牛二虎之力。

　　　　(作者张凯风,时任璧山县第六辅导区转龙乡第一社学区民教主任)

　　　　　选自璧山区档案馆藏华西实验区档案,档号:09-01-091

平民教育之我见

王钦英

国家为扫除文盲，推行平民教育，屈指算来已不是一二年的段时间了。单就本实验区来说，成立总办事处，迄今已是三周年的纪念日。在这三周年的当中，确实也扫除了不少的文盲，这是对于平民教育很可庆幸的一回事，也可算是一般担任平民教育者的成功。个人也是负担平教的一份子，虽说不敢以善教自夸，不敢以自居于成功者之例，但就个人年来对于平教的经验，却不敢不贡献给一般同志，以资参考或借镜，甚或借以纠正过去的错误，而使平教得更为迅速地成功。所以个人特借这三周年纪念日的机会，写一写管见。

我国一般平民知识水准，由来因为教育上的相差，所以不免有落后的现象，现在提倡去普遍地教育他们，固然是很对的，任何人不容有此置喙，这是不消说的了。可是，据我个人看来，这平教好比一部汽机车，汽机车的各部门固然很完善美好，然而双手万能的驾驶员，总觉无几，所以这部汽机车不免常常有越轨出道之虞。这种责任，应该归咎于汽机车的不对吗？平民的教育，首先要注重引起平民的兴趣，而更要在无形中把一般平民的知识水准提高，并不是只教平民能够认识几个死板板的文字就上算的。可是一般担任平民教育工作者，大多只顾领发若干平教课本，按本宣科地与教导一般平民识字；对于一般平民的环境和兴趣如何，他都不顾及。无惑乎眼前各地的民教所，多半都是虎头蛇尾，甚至敷衍塞责，上下相瞒，只图赚得一部分平教薪金就罢。像这样推行平教，不过是多消耗国家一部分的财力物力，实在的成功在哪里呢！

个人由平教导生而担任民教主任，经过一切眼见和经验，以为凡是担任平教工作的人，大家都应注意到"民众的信仰"和"无往非教"的念头，这样的努力地干去，对于平教才有实地成功的希望。什么叫"民众的信仰"呢？凡是担任平教工作的人，对于本身的修养，这是不用说的，已是博取民众信仰的一部分的原动力。而顾虑民众现实的环境，以从事布置着手，这也是博取民众信仰的好方法。民众对于平教工作人发生了信仰，自然推行民教不会发生任何巨大的影响和障碍了。这是第一步应该注意到的，至于教的方法，也不应拘泥平教课本上的呆板文字，只要能够引起一般平民的兴趣和提高他们知识的事物，都可随时随地相机施教，这就是"无往非教"的意义。像这样是不是无形中便增加了一般平民的知识和文化水准呢？倘仍呆板地教他读书写字，那么，他们的兴趣未必都是一样地喜好读写工作，就会读写了，知识又何尝提高？倒不如多办几所读死书的学校还好些。而说一般敷衍塞责的平教工作者，都是推行平教过程中的一种大障碍，若不迅速加以纠正或扫除，恐怕再过三周年，还是眼前一般的平教吧！

个人这篇管见，不是无为而发的，纸里藏不住火，请大家斟一斟酌现实的平民教育的真现象和真意义，诸事慎重地再加一番考虑，或者平民的教育实际上有更迅速成功的希望。

（作者王钦英，时任璧山县第四辅导区广普乡第十社学区
民教主任兼迎晖生产合作社理事主席）

选自璧山区档案馆藏华西实验区档案，档号：09-01-122

从侧面看传习教育的成就

周泽民

　　传习处这个名词，大概是本于曾子三省章的末节而来，曾子是早已成年的人，欲求所学不忘——即知即传，即传即习——而发出这个宏论。现在以传习处三字来命名我们办成人教育，施教所在地的名称，实在恰当之至！

　　余滥竽民教职务一载有余，回忆去工作情形，有的差堪自慰！有的又不免抱歉，背后虽不闻有人对我说过坏话，但实际还是值不得人家的称赞！某日在第二传习处抽查出来，小立庭前，因买物取道上街一行，远见有老少四人，遵道前行而来，两为斑白者，均有雍容儒雅气象，其二少年，服装时髦，追随于后，只听得那老者慨然说道："倘使我们中国办学校的人，尽都像民教班这样办理，我敢说教书读书的人，都不会感到困难，只要在数年之间，虽做不到家住户诵，也是称文化进步，除符合扫除文盲的宗旨外，更还若干经济上的好处！换句话说，我们国家的盛衰，都要在这点上详看。"这老者说的话，我因为要上街，也就随行在后，特别听得清楚，忽听那少年答话道："目前时局不同，什么事都办得十分模糊，要知民教班办得好坏，我们从表可知其内，单是那所谓主任、导生、学生等等那分神情，一望而知为毫无取义，值不得我们许论。"

　　这少年方拟接气继续再说，又听那老者说道："我说你们青年人，稍为向高中、大学一走，便自诩为脑新识卓，其实只知皮毛，你们自想各人的生活能力尚乏，即当自量，你们究竟有好多学术在那里。刚才你答对的话，可见你们枉自十年读书，毫然不知道意义。你把民教拿与办大中学校的相比，表面确是没有你们那些排场,实际就比你们着着较胜,且而关系很大。第一,是我们中国处在这经济破产途中,而要想办到人人都要识字和明白社会上的一点大概,这方法就不好立。乃竟有向外国去募款,而一面就要试办起来,这个人不仅足称为爱国爱人的贤者,尤可仰他的精神卓绝。办民教的意义,也可说是寻常的,也可说是同古圣贤教化一班的意思,圣贤教人成德。再又命学生去教人,意思是要使人人读能明白道义,做个好人。第二,他既能明白道义,决会就有认识,在我们民主国家,口号是尊重民意,关于选举官吏,必须人民推选,人人既有了认识,就不会听人穿鼻和盲从。选出的人既好,办事一定很行,我们处处有了贤能办事的人,这国家就会渐渐地兴强起来。况且基层选举,原始于乡中农人,农人不读书,没有常识,事事受奸猾者的支配,选举即其一例,现在民教这个办法,恰恰是对症下药,来挽救目前这个颓势,其意义至深,关系甚大。你们这批自诩为大学毕业的青年,我可以说,简直毫无此种理想,真是叫浮生若梦!还有一层,假使办大学中学校的,不徒讲排场,也像民教这样办理的随便,那就要节省若干的用费,多造出若干的人才,你想国家岂不因之无加强盛!你等不要以办理民教的人的随便及其传习处的简陋,便存一点鄙视!我可以说,现在的民教传习处,只消稍加改良,真可以作一切学校的一个示范"。

言下,那同行的第二个老者,连称此论不错。再看那两个少年,颇有惊悟的态度。此时大家已经到了街上,各自分身。少时,我思索这位老者的议论,竟超出于我们当局者意想之外,深悔当时因小事的匆匆!未能询及他们姓氏里居,至今尚觉抱歉!但是我心中来得了这一段感悟,无时稍去于怀,诚恐时久以往,谨随笔志之如右。

(作者周泽民,时任璧山县第六辅导区八塘乡第四社学区民教主任)

选自璧山区档案馆藏华西实验区档案,档号:09-01-122

第二篇 巴 县

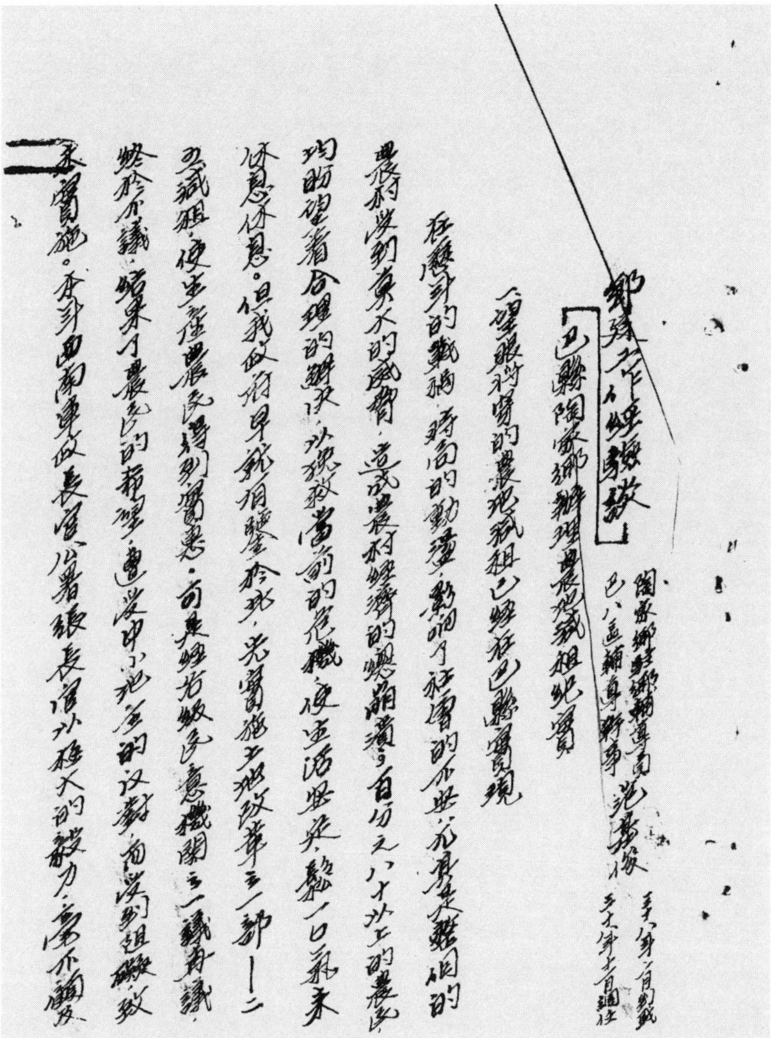
巴县陶家乡办理农地减租纪实

一、望眼将穿的农地减租已经在巴县实现

范基俊著《巴县陶家乡办理农地减租纪实》部分原文

巴县陶家乡办理农地减租纪实

范基俊

一、望眼欲穿的农地减租已经在巴县实现

在历年的战祸,时局的动荡,影响了社会的不安,尤其是整个的农村受到莫大的威胁,造成农村经济的总崩溃。百分之八十以上的农民均盼望着合理的解决,以挽救当前的危机,使生活安定,松一口气,来休息休息。但我政府早就有鉴于此,先实施土地改革之一部——二五减租,使生产农民得到实惠。可是经各级民意机关的一议再议,终于不议,结果了农民的希望,遭受中小地主的反对,而受到阻碍,致未实现。本年西南军政长官公署张长官以极大的毅力,毫不顾忌困难的精神,复再提出土地改革,颁布"四一减租"的硬性规定。川、康、滇、黔、渝五地的农民首先得到实惠。巴县为川省辖县,自当不能例外,因而终年辛苦的农民,真是感到无限的欢欣!热情的期望已到了眼前。

二、本乡的办理情形

欲完成政府的期望,农民得到实惠的要求,在本年九月奉到县府转奉层峰的命令,即将实施农地减租。我在华西实验区被派任为陶家乡辅导员,复奉令被派为减租督办员,民教主任为登记员,我们对于是项工作责任,更是倍增。故本着福利农民的服务精神,奉令后即行着手计划办理方法,先决定以最敏捷的手段,最迅速的方法,便利农民的原则下,以采分区集中办理方

式为适宜,不拟定日程,分社学区集中办理,每社学区预计农民户数派定登记员在两日内办完(等于送上门去)。乡保人员和主佃双方亦仅有两天的忙碌,租佃委员亦分别轮派出席人员,就地解决纠纷,立刻就可以登记和换约,预计今后成果总在百分之八十以上。

我们是从十月三日起,经乡保人员、登记员、租佃委员的共同努力,依序推进,结果是如期完成。检讨起来计划是一部分的成功,但乡保人员的工作努力和中小地主的明大义、体时艰、踊跃登记,是更切重的要素;其次是租佃委员出席立刻调解纠纷,没有拖延时日,更是顺利的因子。每天办理时各登记员均在里头工作,忙于登记和换约,未刻稍闲,均在日暮时归,其热烈情形,自较其他各地犹有特殊。计其成果全乡佃农户数为一二四八户而未登记者则仅有八十八户(有纠纷未解决而在诉理者),原租额五一五〇石(老量),法定减纳租额为一三三〇石(老量),实际缴纳租额为三八二九石(老量),所以百分之八十以上的农民均受到实惠,累计数亦达一千三百余石,地主仅小受损失,而农民则大受其益。

三、成功的检讨

办理农民减租,可以说是土地改革的一种创举,兼以一般地主狃于积习,榨取农民劳力,丝毫不肯放松的情形下,以致公布了几年的减租法令,均未实现。今天便硬性规定执行,自然困难较多。可是在今天的陶家乡推行,竟告成功,确有其优越的条件,兹分别说明如后:

甲、硬性规定执行不受议会的牵掣:昔日政府虽宣布了减租的办法,实施程序需经议会通过,结果是议会代表了地主,竟至搁浅,未得实现。今天硬性规定执行,在时局的动向,舆论的趋势之下是项工作,亟应实施,而不容稍缓。所以地主难有一点反响,结果是挡不住时代的洪流,政府的严令,也随着减租运动,愿意乐从,与农民唱着合意的调子来了。

乙、乡镇保甲人员的努力:本乡乡长廖若余先生,是青年苦干的工作同志,做事时不畏难,不避亲,事事彻底执行,在自治人员中最是少见。他这次对于是项工作,每日与各登记员租佃委员陪同出席督饬,保甲人员自然不敢怠忽,所以宣传也,通知也,均能配合。并率领所属人员身先倡导。因而在每处登记和换约时均在拥挤中过日子,揆其成,自然由于他们的努力而得。

丙、租佃委员的下乡调解纠纷:本乡租佃委员会成立后,首次会议即决定同意分社学区集中办理方式,租佃委员轮流出席各社学区登记和换约,便利进行。所谓地主代表,民意代表,自耕农代表,士绅代表,佃农代表等,均同声响应便利农民为原则。原拟下乡出席调解纠纷,结果是登记工作顺利告成,亦是辛苦了各位委员下乡得到的硕果。

丁、分区集中办理:县府规定的时间是一月,若是同时工作,保甲人员会有一月或半月的忙迫,人民也会登记时间太长,因而观望不予重视。所以本乡的办理方法,是苦了办理人员而利生产农民,造成隆重空气,以最短的时间,最近的里程,集中精力办理,每位保甲人员亦仅有两天的紧急,而农民错过这两天,就会走远路和许多的曲折。同时我们在工作中借以晓谕政府的用心和规定,故工作起来亦颇能得到预期的效果。

四、困难的解决

本乡奉行推进减租和预约,虽然算是顺利完成,但仍有多少困难所在,经各工作人员的努力,租佃委员的合理调解,所有困难均迎刃而解,未有引起诉争者,兹将遭遇的困难和解决方法举其大者略述于后:

甲、地主减租后以生活无着,国课无法负担,借词收回自耕,根据《土地法》及本年政府减租法令规定,本年不得撤佃之强行规定,仍然继续租佃。

乙、本地租约均以一年为限,地主以此终止租约收回自耕,租赁期间虽仅一年,但政府减租法令规定,在减租期间不得退佃。

丙、佃户押租因迭遭改币损失,要求照当时币值偿还,本乡因奉省府明令解决是项问题前,即经商讨决定,根据历年账据抄正物价表以便依照当时币值折合实物,万一有出入太大,即依原押照写填入新约,并注明系何年转下等字。

丁、地主有逃避减租所采取预防手段在原约上注明已照《土地法》规定千分之三百七十五收租或有注明"四一减租"者不予照减租额,上项情形经查不实,询其佃户亦然,故仍照原约减租载入新约。

戊、有少数地主不明法令欲避免减租与佃户共同约定不予登记和预约,由保甲人员通知佃户前来登记,拒缴租谷,经催告后仍然前来预约亦颇不少,但仍有未预约者,除佃户申请登记拒缴租谷后,是否尚有其他办法,今无命令规定,固仅解决一面。

五、农地减租终于获致硕果

此地办理农民地减租时,笔者是亲身下乡,除督饬办理并解决困难外,亲眼见到的是热烈、紧张、空气隆重,才有这样的硕果,固将此次办理经过,略抒一二以纪实况哩!

(作者范基俊,时任巴县第八辅导区陶家乡辅导员)

选自璧山区档案馆藏华西实验区档案,档号:09-01-122

农地减租之一页

邹声亭

　　诚朴穷苦的农友们，朝朝引头期望的减租，在十月里姗姗光临了。这空前的善举——农民实惠，使彷徨于饥饿线上的人们，轻松愉快地透过了气来，觉得温暖尚在人间。他（她）们带着无限的欢欣，谁也会受同情心的驱使，为他（她）忠实地工作，因此草鞋草帽成了我不能缺乏的朋友。天天任劳任怨的追随左右，一道赴各传习处办理农地减租宣传工作，提醒了生活困顿的老农，千载难逢的机会来到了，这正是你（妳）们摆脱生活煎迫的日子，政府赋予的权利不要随便轻心放弃，应该拿出勇气来向地主们力争，更应该注意不要像从前一样过于天真善良，受了地主们的欺骗。

　　本乡的农地减租登记及预约的工作，在范辅导员有组织、有计划地领导下顺利地推行了。我们这一群把工作建筑在苦干为基础的同志们，按照工作日程，肩负起这伟大崇高的使命，办理登记及换定新约。为了便利农民，不妨碍他（她）们的农事工作及达到预期的成果，分区地集中办理二日。故佃租调解员、登记员，不辞辛劳每日往返奔走于崎岖的道上，甚至我们为了工作，连休息一会儿的机会也没有，但是决不因此而畏难，精神更较前百倍了，兴奋之余更会为农民福利高歌，歌颂他（她）们从今以后不受生活痛苦。

　　我国是一个工商落没的农业国家，在广阔的原野上，散布着百分之八十的农民，然而在这八十个农民当中，又有五十个人是佃农。他（她）们血汗换来的代价，除地主们的租额外所余无几，甚至隔夜之粮也成了问题。虽然在这饥寒交迫下苟延残喘，但是不幸的农友们，仍旧谨守他（她）们的岗位，完成生产独尊的使命。

农地减租虽然是直接惠及农民,真实地改善农民生活,达成社会化的农业经济,而且还有改造社会的深远意义,这是谁也不能否认的。但是良法、良种之推广及病虫害防治、引用新式农药、农产品之加工运销等,也能间接增高他(她)们的收益,这样一来生活得到解决,当然他(她)们更安居乐业了。

我常常这样的警示着自己,乡村建设的重任,更要我们干基层的工作者,抱定决心吃苦,忍受委屈,但不屈服于恶势力的原则下,照着实验区的旨趣与计划,为本社学区一千一百九十二人的公益。

(作者邹声亭,时任巴县第八辅导区陶家乡第五社学区民教主任)

选自璧山区档案馆藏华西实验区档案,档号:09-01-122

民教主任应有之工作抱负

罗祖勋

吾人从事一种工作,必先明己身于此工作之意义及其地位。余自离校后所从事者,乃开发民力,建设乡村之工作。中国历经长期战乱,所受封建传统之压迫与外来强权之欺凌,既是奄奄一息,若此民力之国家怎能康乐富强耶!故今国家最迫需之工作,即培养充实民力,乡村建设。吾人要启发人民之知能,促其自力更生,此岂非建设新中国必走之途径耶?

今于此途径上之先登,即吾人民教主任,吾人日与勤劳之农民生活,关怀其苦痛,了解其需要,多方扶植,使民力启发生长,能真实得到实惠。故整个乡建工作之成败与否,责在吾人,因民教主任乃人民之导生,其工作最基本、最实际。

吾人从事此工作困难特多,阻力甚大,余思吾人惟要有工作报复坚定意志,真正站在人民之立场上工作,冲破一切困难,使乡建工作有惊人之成功。

故吾人应有之工作报复有四:一、认定启发民力建设乡村,乃目前中国刻不容缓之工作;一、吾人民教主任之工作,乃乡村中最基本最实际;一、惟处于人民里面,为民服务,扶植求得各种知能,方能发生力量;一、吾人要有成事为荣,败事为耻之决心。

(作者罗祖勋,时任巴县第八辅导区陶家乡第九社学区民教主任)
选自璧山区档案馆藏华西实验区档案,档号:09-01-122

乡村建设经验谈

黄世均

一、前言

余致力乡建工作,今已七月。从受训时期起,深觉乡建工作是艰巨而荆棘过多,不易见效,较昔日教鞭生活大有差异。抱着大无畏精神,决心要干,能克服困难者,豪杰而已,不过在这短短的七月中,谈起经验,略抒所见,如说建树,则毫无成效。

二、调查时期

先以接洽地方人士,认识社学区情况,召开居民大会。一般心理意图拖延,跟随别人之后照着办理,一再解释该项会议无须仿照,前后召开并无多大关系。我们不是政府征兵、派款,而是中华平民教育促进会华西实验区的工作人员,目的在通过教育改良农民生活,完成乡村建设。报告我们的任务及应办事项,因知识水准有限,仍保持成见不置可否,似是而非。酝酿多时,结果以乡镇公所政治力量召集会毕,有人云异党分子领袖,但未亲见听闻,认识我者较多。仅一二人,如此说法。知识高者即说:如果成功,农民受益不浅,恐难办到。

继后展开调查工作,以委婉的言辞请问家口人数,对于年龄一栏,迟疑不决,究竟报大点好呢,还是小点呢? 而他们窃窃私语,作一度磋商,相比情形,难以填就。立即解释,不是为征兵而来调查,为的是明了家口人数所受的教育程度暨何项职业，因其问道经济确难报实，随便报点数目，恐将来抽家畜。又一一解释，明白你们的家庭经济情形、生活程度，以待改良。如此解说，他们均以半信半疑，仍顾虑太远疑心过重，无可如何，只好依其所报。于此可见，他们逐处表现是怕政府征兵抽税。

三、实施传习教育

召开导生座谈会解释导生名词，负教书责任，愿意充任尽义务职责，表面答复而实际不负责任。选择导生，好高骛远者，资历较差；学历较高之人，不屑为之。好在一个传习处聘请几个导生轮流授课，但学生方面负民教职责声誉高、经验丰、易立信心，招生则阻力少。他们为生活忙，所虑油、盐、柴、米，而到传习处读书，均以应付，认识普通字句，如果讲解稍高，他们即不耐烦。有时除教读本知识之外，补充故事，读书成名的伟人，引起读书动机致受教育为人生必过之途径，非特权份子所可享受，无须多讲农业常识。他们以为我们只说不做吹牛毛而已，无怪受批评学农业之人，尽皆纸上谈兵，眼高手低，亲身农事耕种者寥寥无几，多数生产农民计算困难，凡买卖物品，亟得算好，免受别人蒙空，请求教珠算者尤多，因无钱购买文具学生习字多以瓦片画于石上，长期学习渐次纯熟，笔算与珠算同时并教，解释其理，致能应用。

四、筹组农业生产合作社

由本人召集传习处导生开筹备会议，作为本社发起人。查合作社系无产阶级自动组成的团体，而生产农民反对弄假的手段，因以前曾组织消费合作社，他们已入股，未见实惠，反被欺骗，结果遭瓦解，失其信心。解释其理由先前组织人系本地特权分子所把持，无组织无纪律，现在是由我们选举农民当中能胜任者为负责人，性质与以前大有差异，纯系农业生产所不能解决的问题而解决之。有关各项贷款，如凿塘、筑堰、耕牛、肥料、农具、购置耕地、推广种子等是利息很轻，便利于一般佃农解决各项问题。但先要筹集合作社股额，以股额之多寡倍数配给贷款。

殊不知一般生产农民不了解其意,即说如其真的,何不如先兑现,讵有如此便宜,真是异想天开,弄得以莫名其妙。此种事实不胜枚举,实难推动其事。

(作者黄世均,时任巴县第八辅导区陶家乡观音滩社学区民教主任)

选自璧山区档案馆藏华西实验区档案,档号:09-01-122

办理减租一月

汤传心

（甲）我们的办法

自从西南长官公署公布了二五减租的命令以后，无论街头巷尾田间土坎，都在议论，滔滔地谈论不已。在九月份，我们也奉令协助地方办理农地减租和换约工作，在未开始办理以前区办事处召开了一个很详密的讨论会议。我们陶家乡的农地减租换约工作，从九月十二日起正式展开了，至十一月三日全乡完全结束。但我们的工作，与其他乡镇稍有不同，我们是集体的，不是分区的。工作开始的前两天，由范辅导员编制一张日程表，每一社学区规定两天办完。工作的时候，有民教主任六人、佃租委员四人（地主代表一人，自耕农代表一人，佃农代表二人）和当地的保长甲长全体动员。辅导员兼督导员是每天当然到堂的，于是保长负催促的责任，民教主任负登记的责任，佃租委员会负调解纠纷的责任。在当地当时就敏捷，又迅速，又便利地一起办理完善。所以这次工作的顺利，可算是如水之就下一样。

（乙）二五减租的片面观

我们办理农地减租换约工作以后，所见的一般情形综合起来，均有下列几点：

一、大地主经二五减租后，仍不能抑制其资产的膨胀。

二、中等地主的收入，除田粮地税外，还是有其他优裕的生活费用。

三、小地主除田粮地税外，若不能另行生产，生活毫无着落，一或有不够粮税的。

四、小地主男的年龄既大，不能耕作，子女又多，都未成人，不但不够粮税，实有断绝生活的可能。

五、小地主因丈夫死亡，子女又小，毫无耕作能力，除粮税外颗粒无存，更谈不上生活问题。

六、中小地主，因其他关系，将土地大押出佃后，实收租额较少不够粮税及生活之必需数，要想收回自耕又无法取退，以致两难。

七、佃农懒惰，借不能取佃为理由，妨害地主收益。

八、地主凭其地方土劣恶力，加重地租，榨取佃农劳力。

九、佃农曾以大押凑成地主购置产业，经通货膨胀后，每年换约，特原押化为乌有，地主昧良，凭法律上的或人事关系，强制执行佃农迁让，希图断绝偿还，以前大押的祸根，似觉不平。

十、佃农中有耕作人少，取得广大耕作地亩者，有耕作人多，又无耕作土地乞怜不堪闻问者。

（丙）二五减租后所想到的建议

政府对于农地减租，是安定民心。但是乡村里一般的人，受过教育而明白国是的，大多数为中小地主，佃农受教育的很少，凡是教育不够的人，都会盲听盲从，是否能抑制乱萌、复兴农村，我有下列的几个见解：

一、要如何分配和稳定土地使用权

二、要扫除一切对农民的高利贷

三、要调查农村资本

四、要改进农业生产工具

五、要改进农业经营方式

六、要抑制大地主和富农

七、要扶持佃农、贫农、雇农

八、要安插无业游民

九、要减轻乡民负担

十、要彻底铲除乡民的一切苛捐杂税

十一、要把地方事宜完全交与地方公正热心的人去办,政府只负统一监督的责任,以便利地方因时、因地、因人制宜,而达到政府期于的目标

十二、训练适应相当的乡建人才

十三、避免空口说白话,纸上定章程的毛病

十四、防止系统关系,以免养成骄奢怠惰的颓风

（作者汤传心,时任巴县第八辅导区陶家乡中心社学区民教主任）

选自璧山区档案馆藏华西实验区档案,档号:09-01-122

《平民千字课本》与《农民读本》

刘丛森

　　《平民千字课本》是陶行知先生等提倡社会义务教育而编的教材,《农民读本》是晏阳初先生等主办平民教育促进会而编的教材。《千字课本》规定夜间授课乡民,责由小学教师义务教管。《农民读本》采取导生制普遍教授,设有民教主任专责职司。这两种平教工作,虽有的已经过去,有的正在实施,但我是两种都曾参加过的。

　　据我所知与所得,感觉《千字课本》教材内容深奥,学生读了很觉没趣,并拘于夜间授课,甚感不便。我本来任小学教师数年,在平民夜课学校里尽过义务,因此《千字课本》不易引起学生兴趣,曾添授写袱包、人情、发票及普通约据的格式和必知字句,颇得学生力学和心得。又曾教有珠算一项,也能得学生爱学。当时有路隔八九里的学生,亦做到每晚到校不缺课的。

　　至于《农民读本》,课文简明,学生读了容易懂得,兼以采用导生制传习,当然能够普遍。我乡成立传习处,时间只有几个月,学生都很勤学,得益甚多。近更有传习通讯出版,到处传阅,学生能更增多常识,益处很大。我已试行传授珠算和普通记账的码字等课程,确也博得学生同心勤学,成绩甚好。

　　今特提出,商诸社会,今后我平教会同仁,合力倡导在传习处授珠算及普遍记账码字等课程,使一般失学农民得些学识,造福农村,或即有利乡建吧!

　　（作者刘丛森,时任巴县第八辅导区陶家乡民教主任）

选自璧山区档案馆藏华西实验区档案,档号:09-01-122

略述传习教育

李康棣

实行农村教育不是一件猥亵事情,在这腐烂社会中到处都布满哀怨呻吟——我们是无能之庄稼汉子,只有退后设想,否则便会弄巧成拙。

华西实验区平民教育正式展开工作已达半载有余,而我从五月份列入其中之工作人员,由一个简陋无空隙之毛苇丛中横冲直撞地踏上正道,董事、导生,费才许多神力才将宅却定下去。

《农民读本》领到,一一分发予导生,不日招生简单壁上贴,开学期已降临,成年的农民学员踊跃地前往,一日复一日地过去。书中意思是继续不断地直灌在他们脑海里,但因从未受过教育人才,始终觉得困难,困难,更加困难。然而自己总希望不要糊视他们,应该克苦努力去探求领导这一群可怜哀怨的主人们的方法,所以在此工作中倡导一二三法则。兹述于后:

(一)从历史的故事而繁演至中国之组织。中国的……和中国的前途,光荣全需要每位农民担负其重责。若自作农民的自暴自弃,将来更会落于不堪之象,而博得他们爱国之心情。却切施行民主国家之民有、民治、民享政策。

(二)在上课时需多谈:"政府之组织,它为我们人民施行政策之机关,而非为人民之主。故政府是以帮助农民、保护农民、教育农民、改善农民生活、培养农民力量、能安乐业为原则。"使一般农民能真实了解政府之真相。

（三）除了正式上而外，对书中之一切需却实验，如防止家畜瘟疫，施行农作物的喷洒杀虫剂，以资增进其农民普通常识，更能夺得农民勤学原因也。

（作者李康棣，时任巴县第八辅导区陶家乡民教主任）

选自璧山区档案馆藏华西实验区档案，档号:09-01-122

说农地减租

齐永祥

笔者到职不久,在这短短的几月里,谈不到什么经验。仅将此次担任登记员,按订农地租约时之感想及地主玩弄减租之种种花样,以冷静的态度,赤裸裸地报告出来。末尾并略就管见所及,概述今后应改正的几点浅见,以作其他未举办地方的参考,借收抛砖引玉之效。

我们翻开历史一看,古今各代变乱,原因虽多,然其为"土地"而始者,却占半数以上;同时,历代阁揆最感头痛辣手,难以应付的,并不在外交、经济、军事……,却在于"土地"之改革。因为"土地"是农民的生命,物质文明的发轫点,国家之治乱,系于农村之荣枯,而农民心理之向背,却是政治清浊,国家安危之最好指针。试观三民主义中:"节制资本,平均地权,耕者有其田"之高瞻卓见,已就充分说明"土地问题"在现阶段之严重性。但是我们从眼四顾,现在中国的情形怎样呢?土地全集中于少数地主之手,真正从事耕种者,不得不仰给地主,俯首就剥。以之终年劳碌,披星戴月挣来的辛苦收获,除作供奉纳税之外,一无所剩。结果还是不免冻馁,沦为饿殍。试问这些性本善良的农民,怎能安分守己,为国效劳呢?谚云:"他山之石,可以攻玉。"现今中共既利用现在农民生活不安的矛盾心理,作为政争宣传工具。而政府恰于是时颁布农地减租法令,可谓不失为一明智之举,亡羊补牢,绝善妙计。但法令是否彻底认真执行,这就看负基层推行责任人的是否严格遵法令以为断。笔者身为推行基层工作者之一,愿将月余来部分醉生梦死的封建地主,躲避减租法令的种种锦囊妙计,摘要述列如后:

（一）在佃约上预先载明除二五减租，或依《土地法》之规定，其租额不得超过千分之三百七十五外，每年实纳租额若干，以遂不减目的。

（二）在原有租额内，预见添加四分之一；或利用原约遗失，双方协议同换新约为借口，长报租额，以期达到明减暗不减目的。

（三）利用口头契约增加杂租，以补正租额减少之损失。

（四）地主巧言蜜语，或以利诱胁迫，逼使佃户屈服，双方伪称系本年新成立，租佃关系，以增加押金或租额。

（五）向佃户借故借贷，以逐预纳租额之实。

（六）利用既有地位，到处说情道礼，企图躲避减租。

（七）违抗政令，拒换新约。

我们看完前面一段五花八门的花样，知道阻碍政令、违抗政令的，不是别人，十之八九全是土豪恶霸。如不把这种恶势力稍减，是减租前途，实难达到美满境地。因就昔见所及，略述改进意见如下：

（一）限定租额——业主征收地租，应以耕种佃户面积之半为原则。如某佃户承租十石，则该佃户只给业主五石地租，然后再依此租额，照规定减纳。为了免除业主多报面积，在换约时，业主应出示土地陈报单，准此既可避免地主长收租额，剥削佃农；更可准确耕种面积，改正以往地亩错误。

（二）禁止征收额租以外之杂租，如瓦租、活路（工）租……。

（三）规定押金数额——佃农向地主承佃土地时，照例应给地主相当之抵押金，现因政府实行之四分之一减租，致一般自作聪明的狡猾地主，向佃户多索押金，以补额租减少后之损失，这种毛病，应彻底根除。其办法则为政府依各地习惯，给以法定押金。以愚见，其押金不以超过实纳地租之五分之一为原则。

（四）租约应以法定年限为准。如无原约，则依土地陈报单，或粮票规定缴纳地租额。

（五）实行限购政策——私有土地达到一定限度的地主（以《土地法》为准），政府应明令禁止继续争购，如已超过限度的地主，政府则课以重税，以免财富集中、土地集中弊病。

(六)健全各地合作社之组织,增加贷款缴额,使合作社充分发展购置社田,与整理耕地方面之业务,杜绝地主之再剥削。

(七)无论约据上如何注明,在换约时必照原约减纳。

(八)严格执行法令,任何地主俱不得假借任何努力,躲避减租,或拒换新约,违者科以重刑。

(作者齐永祥,时任巴县第八辅导区陶家乡叶子塘社学区民教主任)

选自璧山区档案馆藏华西实验区档案,档号:09-01-122

为什么参加乡建工作

王　渊

中国近百年来,内忧外患,天灾人祸,纷至沓来,讫无宁日期,以致国弱民贫,民生凋敝,整个农村陷于破产,这是谁也不能否认的事实。际此国将不国,民将不民,广大农民陷于水深火热之中,奄奄叹息,抢救之道,余以为舍乡村建设工作无他,且必须具有悲天悯人,人溺己溺,人饥己饥之知识份子群,深入农村,针对民间疾苦,对症下药,庶乎有济。盖民为邦本,本固则邦宁,目前中国最伟大而又最艰巨的事业确为固本工作,换言之即乡村建设工作,基于此,是以舍政治生涯而踏入乡建道上。

一、到职的第一天

到职的第一天,是在本年九月一日,于工作分发以前,奉令参与了五天的讲习。第一天是本区区主任孙则让先生的训话,他头一句训示:"升官发财休走此路,不能吃苦耐劳的就请向后转。"这两句话,虽然很平淡,可是给予了我们很深的印象,尤其工作十阅月事实的印证,更是毫厘不差。因为乡村建设是一种动的工作,随时随地是离不开农民的,要是你乡建工作干久了以后,你的生活方式自然而然就会形成各式各样的农民了。有时下乡在田间与农民接谈时,土台可以当座,有时精神疲乏时,农民的竹水烟棒也可以吸几下来醒疲劳。遇着张三,便需问一句你今年中农三十四号的稻种收获怎样;碰着李四,便需问一句你的南瑞苕种长得如何。必若是农民们才愿与接近,时而下乡枵腹终日,时而冒雨归家,兼以在乡村里边,精神食料至缺

— 64 —

乏,有时拾一张劝世文,也须诵读几遍,当作报纸看。如此生活非有刻苦耐劳的精神,的确不容易过下去。所幸我就喜欢与农民们接近,农民的生活也就过得惯了,因此,十阅月来,结识了不少的好朋友——农民,这是我生活史上最光荣的一页。

二、第一次作国民学校校长

工作讲习以后,旋即奉派璧山第三辅导区所辖来凤乡第十保示范社学区辅导员兼国民学校校长。这算是我毕生作校长的第一次,在未到任之先,抱着很大的希望和热情。对小学教育方面,将如何发生示范作用;对成人教育方面,将如何收即传即习即实用的效果;对农业生产方面,将如何达成即组即训即建设的目的,用了不少的精力,贴了不少的薪水。终于因地方人士之不协调与示范校制度本身之不健全,结果距理想很远,这是我生活史上最感觉失望的一点。

三、在乡建途中所遇到的荆棘

一学期作校长的时间,虽然转瞬过去,可是在这短短过程当中和区区的范围里面,所遭遇的困难,的确也够使乡建工作者回味了。在璧山来凤乡这块地方,位成渝公路上,交通文化尚不算顶落后。惟一般人民的思想最落伍,只要到过这个地方的人就会知道这个地方是烟土的聚散地,吗啡的制造所,一般人不务正业,大都在烟赌场中度活,因此该乡又有璧南赌库之称。所谓教育也建设也,任你乡建同仁,说得天花乱坠,不但置若罔闻,不愿接受而且发生阻力。平教会在该乡致力于乡建工作者,据查先后不下十年,可是所收的成果如何,的确我不敢说。这不是乡建同仁没有尽到最大的努力,实实在在是地方人民之太顽固,太落伍了。如上期奉派到这块地方作校长时,他们总不认为是去替他们谋福利的,却误认为实验区是派人去夺取他们位置的。因此自到职伊始,一切置之不理,搭伙食自然无人接受,即雇请工人,亦一一刁唆。于是自己挑水煮饭,自己摇铃洗衣,自己佃房子住,一切自动,因此作校长一期,学会了不少的格外知识。尤其炊爨一事,迄今更不敢说外行。在此荆棘业丛中，一期以来，虽然无大的建树，然自己脚跟稳固，一切困难终于把它克服了。

四、设置示范校之标准及本身制度上应有之改进

设置示范社学区之美意，吾人自不敢否认。唯设置条件，不能不多方注意，如果为学生人数多，或沿河流公路线上，或有建校拟议，即予设置，均非选择标准。余以为选择之首要，须要地方人士对教育绝对热忱，否则纵使校长有冲天本事，亦将会收相反的结果。同时示范学校除多派校长一人而外，其他概与普通国民学校无异，又兼以校长为了购置生活必需品，每逢集场日期必须赶场，为了与教师领薪，每月必须进城一次，因此有人称示范校长为赶场校长，又有人称作领薪校长，这都是示范校制度本身上之缺陷。欲期示范校名实相符，上述种种问题必须予以合理解决，使校长整个精力时间充分用于示范社学区各方面。

五、调职一阅月

自奉调来，恰准一阅月时间，驻乡辅导员工作虽较示范校长繁复，然以人士协调关系，推行工作，比较顺利。本乡农业生产合作社，已普遍组成；农地减租换约工作，业经如限办理竣事；传习教育，亦已普遍展开。此间文化交通，虽较落后，唯一般农民，对本区希望最殷，热情很够，若今后各项贷款，能予实现，则乡建成效一定有期。

（作者王渊，时任巴县第八辅导区石板乡辅导员）
选自璧山区档案馆藏华西实验区档案，档号:09-01-122

传习处学生的召集及其教育方式

方清廉

国家与人民之愚弱,乃教育之未普及,思想之未开化,故教育得深入农村贫民中,则国必强民必慧。

个人所谈者,乃偏重于传习处教育方面情形。当奉令成立传习教育时,则与地方人事周转,运筹帷幄,始觉顺利进行。然而在进行招收学生时,两周之久,并无一人深思此事,有改变其方式之必要。后则挨户调查民间之生活情形及其困难之所在,调查之结果,方得出了问题之症结,是不安于生计。于斯,针对着此问题作种种详尽之解释,如马上成立合作社,对于他们之益处以及读书识字之重要,关乎个人与家庭乃至于国家民族种种影响,费时十余日,始得一般农民之信任,数日后到传习处受教育者不下五十人之多,因此传习教育得以次第展开。

至于传习教育方式,个人先行作示范教育,以供各导生之参考。教时首以启发兴趣为出发点,在态度方面,以同情诚恳与学生亲近,不怕麻烦,打破学生疑点,随机应变,不赌气。在言语方面,是以适合他们程度为目的,用他们惯习之言语,对他们从事讲授,斯为个人对于传习处之区区经验。

(作者方清廉,时任巴县第八辅导区石板乡第二社学区民教主任)

选自璧山区档案馆藏华西实验区档案,档号:09-01-122

选拔导生之我见

王子文

　　办传习处，民教主任最感困难的是导生选拔问题，尤觉不易找到人，就是找到后也不能使其久任此职，导生的异动性很大。假若这些话都是真实的，正说明了现在办的传习教育走上了一个错误的方向，这就是识字班的做法。传习教育是组织教育，不是单纯的识字班，应当是乡村中的一个有机细胞，代表着中下层农民的新生力量，它必须成为建设乡村组织农民的一个重要机构。这样很自然的，导生是农民中的"领袖"，否则便不能胜任，依据此种看法，导生应具备下列条件：

　　一、有领导能力，具有领导的本质，能获众望，使人乐于追随拥护者。

　　二、能识字，不见得要受好的教育，只要识字能讲解传习课本者即可。

　　三、导生应该是生产者，是自耕农或佃农，这样才能领导中下层的农民。

　　四、要有高尚廉洁的品德，热心服务，舍己为人，不贪图私利者。

　　五、最好是青年人，因为中年以上的领导人才，多半是旧势力的代表者，如乡绅大爷之流，并不是我们选择导生的好对象。

　　六、信仰平教会的主张，愿为乡建工作而努力者。这是我们所要求的最理想的一个条件。

　　七、导生必须是合作社社员，这样传习教育，才容易与生产来配合。

　　知道了导生应具备的条件，便容易确定。如何来选拔导生？我认为选拔导生有下面几种方法：

　　一、从调查或乡中人们之谈话中，得知某人堪为导生，可登门造访，聘为导生,这是最普通的一种方法。

二、由合作社社员中,选拔条件适合者为导生。从合作社经营和管理中,可以看得出,何人能力较强,堪为农民领袖。

三、从传习处的学生中,选拔成绩最佳者为心得导生,这个方法最佳,应当是提拔地方新领导的正当途径。

四、从小学教员中来物色,小学教员会具有导生的很多条件,但是并不是说,每个小学教员都可为导生,必须得慎重选择。

五、设立高级民教班,专门训练导生。假如利用上面的四个办法都不能选到适当的人才,可使条件较佳,值得造就的青年人入高级民教班,加以短期训练,然后才使其当导生,这也是培植地方干部的方法之一。

（作者王子文,时任巴县第三辅导区马王乡辅导员、减租督办员）

选自璧山区档案馆藏华西实验区档案,档号:09-01-138

怎样推行减租工作

王子文

在没有实行减租之前,西南长官公署、省政府及县政府等行政机关张贴的减租布告,在偏僻的乡村中,已家喻户晓。这表明两点:一是政府推行减租工作,具有最大的决心;二是事前有了充分的准备。因了这两点,才能保证事半功倍,才使工作人员有了达成任务的信心。

马王乡有十一保和一个临时保(工厂区),一千四百三十九户,佃农九百零四户,占全乡总户数的62.8%。本乡减租工作开始于九月下旬,在县政府的指导下,成立了乡佃租调解委员会。在未实行登记之前,先排定日程,各保召开保民大会,督办员、乡长与登记员,均须出席宣讲减租换约的意义和办法。开会的时间最多只需四小时,一天可以有两保开会,一星期内这种初步的宣导工作便告结束。第四保开会时,正在落着倾盆大雨,我恐怕到的人数太少而流产,结果不然,屋子里挤满了人,这说明此项工作的推行已引起了农民大众的重视。自开始减租到今天止,已有四十五天,登记租约四百七十二张,换订租约七百零五张,尚有一百多户未换约,其中有的是两户一张佃约者,也有因租的田土太少,仅有几斗或一两石者,业主与佃户均不愿登记者。

登记员与保甲人员,若不能配合协同工作,影响工作匪浅。有少数保甲人员,不知道他们是直接承办人员,有些漠不关心,而登记员又抱着一种观望的心理,这样会拖延时日,耽误工作。登记后限期换约,催告单发出仍不来换约者,登记员与保长必须挨户登门造访,这样会收到极大的效果。不然只是等在一个地方不动,恐怕很难达成任务。乡村中的老百姓,不是故意的违法抗命不来换约,而是麻木不仁拖延成习,没有清楚的时间观念,认为早晚没关系,假若不登门造访,他就不睬。

不在地主离此太远,不易通知,是推行减租的困难之一,按法令通知十日后,地主仍不换约,可先换新约交佃户收执,俟地主签字后再缴租。事实上有些佃农,没有得到田主的许可,他不敢要新约,更不敢不缴租,因此开导教育的工作,方能奏效。发生纠纷最多的是押佃问题,坚持者多是佃客方面,币制与物价的折合,是一件最困难的事,这只能就个别情形,征得双方的同意,予以调解。总之困难是不可免,只要认真工作面对问题,没有不能解除的困难。

(作者王子文,时任巴县第三辅导区马王乡辅导员、减租督办员)

选自璧山区档案馆藏华西实验区档案,档号:09-01-138

瞻望前途

成仲庸

好多文化学术或社会事业团体,在它成立若干周年的节日,照例总得庆祝一番,但仔细分析,这庆祝的动机,往往有两种极端不同的作用。从坏的方面去看,是被动的照例举行,是向社会夸耀本身工作成绩,这是消极坏的一面;但从另一角度看来,当推行某种工作经历了一段漫长的时间,检讨它的成败得失,吸取过去的经验和教训,从这当中加以研究改善,拟定新的工作计划,这种庆祝的意义就非常深远。

时局动荡,多少事业都显得风雨飘摇,际此时期,恰值举行本区成立三周年纪念。为贯彻我们乡建工作运动的主张,如何改进我们的工作,如何使它不受意外的摧残,这就成为我们今天严肃的课题。换句话说来,我们工作前途是光明还黑暗,就要面临现实的考验!

时局紧张,人心浮动,许多人鉴于前途渺茫,无形中松弛了本位工作。任何团体,由上至下,此种错误心理大都非常普遍,其实这样不正确的看法,往往葬送自身的前途,我们应该明白本区是超乎政治团体的乡建团体,我们的工作是造福民众,而不是取之于民。如果我们真真本着宗教家一样的热忱,处处顾虑到民众的利益,任凭他环境怎样转变,也能获得人民的爱戴和支持,任何力量也不能摧残我们的工作,因为摧残我们的工作就违背了民众的愿望。问题是在于我们本身是不是真真实实地为民众服务,有资格做一个"人民之友"。过去为民众做过一些什么,将来打算怎样为他们多做些有益的工作。

根据实际参加本区工作的经验，让我们站在纯客观的立场，作一个全面检讨得来的经验，虽难免有缺失，也未完全，这在非常时期，固然能够经常维持现状了。要在错误复杂的环境，保持生存发展，并凭借我们的工作，成为改进社会力量的一环（虽然我们的做法丝毫不带政治色彩），那么我们就应该"百尺竿头"作更进一步的努力的，绝对不能满足于过去这点些微的成就！

从上述观点出发，任他中原动荡，本区工作同仁谁能做人民之友，谁就有他的前途，如果由上而下，全县同志都能本着这一目标勇往迈进，通力合作，那么本区工作前途，自然能够发扬光大！

（作者成仲庸，时任巴县第三辅导区马王乡第一社学区民教主任）

选自璧山区档案馆藏华西实验区档案，档号:09-01-138

建国基础在农村

张清昌

国家之兴在于国民之生计,我国号称以农立国,而国民之生计百分之八十离不了从事于农。如常关心农村者,必见我国农村之工作者,大都以手工从事操作,于时间之不济,生产品之收获鲜丰,品质亦乎不良而多旱多灾,"可谓刀耕火种",人人咸望天而叹,徒呼奈何。

试观欧美农村,其田间畦里,于播种施肥等咸以机械代人力,其巧能夺天工,既不受灾旱之限制,出产之丰,品质之优,为我国所不及。

在从前我国为输出国,如今反赖其输入以资需要,长此以往,难堪设想。希我政府当局关心农村,多援手于农民,令农业的金融机构于每乡镇设立,有关农事之机构,贷以优良品种,开塘堰兴水利,改其生活方式,使农村进步方为立国之基础。

(作者张清昌,时任巴县第三辅导区马王乡第二社学区民教主任)

选自璧山区档案馆藏华西实验区档案,档号:09-01-138

从事民教工作一年来的感言

廖精柏

中国历来都以农业立国,故对农业必有深刻的研究,更应随科学的进展改良农业,使其成国富民盛之国家。

吾从幼对农业即有相当兴趣,农校卒业后,入平教会工作,终日与农民相处。他们虽工作勤苦,终是四千年前的旧而不堪的方式和经验,农产物之增减,有此可想。农业需要改良之处,自不胜枚举。

吾人既脚踏实地地工作于农业,我们就应该切实努力,使农业进入新式阶段。再农民识字者不多,我们应该推广识字运动,可知我们传习处之重大,导生之选择必须注意。虽然课本上寥寥数语,不能整个地了解新的知识,亦能在他的思想上有了反应,只要农民知识逐渐地进步,新式的方法则断无不成。

我们随时感到经济的缺乏,不能如愿地实行。例如,近来的蔬菜害虫,本应用药剂杀除,但因经济困难,无法实行,不得不用人工除害法。感到经济困难无法实施颇多,我们知道经济穷困,荆棘重重,总应与农民朝夕相共,共负责任,以期农业进展之实现,所谓"同声相应,同气相求"的相互改良。国家决成康乐富强之国,成世界上第一农业国家。

(作者廖精柏,时任巴县第三辅导区马王乡第三社学区民教主任)

选自璧山区档案馆藏华西实验区档案,档号:09-01-138

怎样割谷子

傅显德

在乡间一般老百姓,只知道田里的谷子黄了,便请些割谷子的工人往田里去割,并不讨论如何割法,更不用谈割谷子前注意的要点。这种行易知难的工作,只能有经验的农人作得通好,可是要使从没有经验的人来作的话,这就很难说了。因为从没有经验的人,他根本不知道工作中的困难,所以无从着手。我记得在我调查中农三十四号稻收获的成果时,曾经与农户也讨论过这个问题,在这里我愿写下来贡献给我们乡村工作同志,并且盼望阅者指正。在我调查中农三十四号稻收获成果时,与农户讨论所得的要点及我在农校里所学得来的理论中和起来,并加上我调查时实地工作实验的总结果。不外应留意下数项要点:

第一,要观看倒秆、倒田的方向,然后才好决定斗路及工作人的分配,使工作进行迅速。

第二,割谷的方法,首先要看是干田吗?还是水田?若属干田,则谷桩可以留短,至田泥寸许,或两寸许为宜,使其稻草稍长,打谷人不至为茎短而耗力耗时,并且对稻草收获量增大。若是为冬水稻者,应谷桩留长,使茎稍短,不使过长,对于工作人可以节省时间及劳力。但割谷人当割谷时,应左手持稻,右手持镰刀,割时刀口约向下,不能由右至左平去,因恐对左手有伤。刀口离左手的地方约为寸许,放把子时,应视斗路如何进行,则先行将把头向斗口,而距斗远者,使其越近越好,这样可节省打谷人的劳力及时间。若系水田,则把头应置于谷桩上,使打谷人方便,如稻茎倒地的方向不一致,是很乱时，必先行选择一条路，再行依次割去。

第三，打谷时应留意的事。当割谷人将斗路选定，稻把子依次左右头子向斗排列时，打谷人在斗之左右，二人各持稻把向斗口走近离一步的地方停止，左右各一人将稻把子各向左右举起，两人依先后秩序第次打谷。每次稻下斗时，必向左右席上一碰，使稻茎上所打落谷子，不会随稻草而带在斗外。若遇滩田，谷子谷梗过长，则打时尤宜小心，最好是慢，使不消耗多量谷子于斗外，并且每打下一次，必左右各翻稻茎一次，使手持稻把中每方面都能打掉谷子。至于打完谷子后，稻草应两人左右各堆置一边，通常是四五把稻把子堆积成一稻草，这样捡草人便利工作，节省劳力与时间。

第四，收谷人将谷子由斗里取出时，应先视如何使斗方便移出水田，将盛谷的器具置于田坎上，使挑谷人不至过于耗费劳力。并且应将所打之稻草毛卷在一起。连同谷子带回，因中间不外含有谷子，拿回家再行设法选出，这样可以减少损失。

第五，拴草人应得稻草少许持左右手中，草尖持右手，草头持左手，向稻草一卷，再将右手旋转稻草尖一转，把尖子向稻尖内一卡，左手在用力一拉，草头使卷紧，然后将稻草的基部左右前后四方一散，使整个稻草能独立于田中，不至倒下就算完了。

以上五点，算是割谷时决不少的要点，如果我们不懂得的话，当实行这工作决有困难地方，所以我愿提出来，同我们乡村工作同志讨论，并且极盼望能更了解的人指导，使我们乡村工作同志，由理论能够达到实地工作，由实地工作而引导乡村的农民进步，达到知行合一。这便是我极盼望的一点。

（作者傅显德，时任巴县第三辅导区马王乡第五社学区民教主任）

选自璧山区档案馆藏华西实验区档案，档号：09-01-138

怎样从事农村工作

陆旭应

谁都知道,我国是一个最落后的国家,这当然是有它落后的因素,假如去追根结底地寻求,就可以观察出它的毛病是在农村的不景气,教育水准太低。一个以农业为主的国家,首先不能把农村建设起来,它怎么会不落后呢?多少人谈到农村就会摇摇头,很自然地说:"今天的农村工作不好办。"的确,今天的农村事业是不好办,可是我们不能睁着眼就这样地看着它一天一天地坏下去,而应当坚强地去唤醒中国的农民。

要想从事今天的农村事业,先要"深入农间"和农民们不分彼此地打成一片,要明白他们的生活情形。他所不能解决的问题,要去帮助他,开导他。当他接近你的时候,再行教育工作,这是第一步,也是最重要的一步工作。

农民们还有个最大的缺点,是迷信、守旧和相信命运,这当然与教育有关。多数老百姓认为生活苦,是前世命定。要增加生产,改造农村,必须打破这种相信命运的观念。

要想挽救中国,必须先从农村着手不可,只要坚强勇敢,能吃苦,能忍耐,有干劲,建设今天的农村是有办法的。

(作者陆旭应,时任巴县第三辅导区马王乡第六社学区民教主任)

选自璧山区档案馆藏华西实验区档案,档号:09-01-138

复兴农村经济初步

李克华

　　我国以农立国,欲改善全国人民生活,必先自改良农村、增产农作物为始。我国国民习尚保守,农村一切耕作均业守成法,不事改进,兼以地主坐享地租,剥削农民,收入而形成如今之农村经济破产、农民生活困苦不堪,较之先进各国差如天壤。实应积极设法挽救而为利国利民出良策,愿就拙见约述如下:

　　一、如欲改良农民生活,提高农民生活水准,必须解除农民桎梏——地主坐享之地租。因农民每年辛勤耕种,收入大部均付给地租,自身仅能维持最低之生活程度下,实无余力从事其他农事之改善以至农村经济日行崩溃,民渐至穷困。

　　二、农具之改良,我国农村既有农具均沿用旧物来加以改良,既费时间,复耗人力,以至数口之家耕作之地有限,收入亦因之不多,亟应设法改进,以节人力而增收获。

　　三、我国农村农作物之收获,全赖自然力,如遇天旱,则遭受极大之影响,因而农民之希望均寄诸天时,历年均约受大旱之害而使农作物之收入减少,实应设法补救者。其法为广筑塘,“目前我国工业落后,水利工程自非易事”,大雨时节多储水分,以济天旱之用,塘堰之兴筑于目前农村经济情形下个人之力实属不易,非政府补助莫能从事,是又需当局之资援监督者。

　　四、品种之选择,害虫之预防及捕杀,均为农村目前极应兴起之事。有优良种子,增加农作物产量,预防和捕杀害虫,更减少农作物之意外损失。

五、肥料问题之解决,目前乡间耕作农作物之肥料,来源极需解决,多数农家均因短少肥料而至产量减少,该种肥料则以化学肥料之充分供应为最佳,因携带方便减少人力故也。

以上数点均为当今农村经济之复兴,而亟待解决者,用赘述如上。

（作者李克华,时任巴县第三辅导区马王乡第八社学区民教主任）

选自璧山区档案馆藏华西实验区档案,档号:09-01-138

我对于留生问题的处理

杨净屏

在去年十一月份的时候,经总处一周的工作介绍,我便接受了这艰巨而又具有时代价值的工作——乡建工作。当时为了迎接这一个有意义的工作,我确抱着极高度的热忱、极大的勇气与极坚定的意志,投向被派定的工作地点,即巴县第三辅导区所属的乡镇——屏都镇。

当一接触工作的时候,各位工作同志便咸相趋告"传习处招生不困难,而留生确是一个难事"。复经几次查传习处的结果,的确这个传习处的学生在减少,那一个传习处同样地也在减少,当时各社学区只设立有十二所传习处,甚至有一两所几乎减少得没有学生了。

"留生是一个难题,是亟待解决的难题",我一直是这样地在想。

经过一段时间的详细的研究与工作上的实践后,在有一次工作检讨会议上,便对于这一个问题的解决,作了几个原则上的决定:

一、各传习处的学生分别把他组织起来编成若干队,每一队选定两位比较优秀的学生分任正副队长的任务。

二、采用情感力量去组合他们,我们工作同志必须设法认识他们,并得随时去访问他们,给他们善意的同情和帮助。

三、在决定施教的时间务期合适,授课的时间与教材必须妥为分配,学生的情绪务必善为控制和引导,一个原则就使学生不要"有困难","厌倦"与"没趣"的感觉。

于是各传习处便根据上面所决定的原则去处理。

以第四社学区的第一传习处(洞坎)的实施来说,其中学生共有二十四人,男的十六人,女的八人,就恰恰将其分为三队,每队分别选定了正副队长,并随即给他们一个单纯的任务,即是在上学时负责催促队员来上学。经这一组合与规定后,果一当上学信号响了的时候,结然负队长责任的学生,便分别催促他们所有的队员们来上学,传习处的学生确也来得整齐而有秩序了。过了一段时间组织生活,更无形当中产生了一种自治的自动的良好结果,在传处的秩序清洁与整理,他们都能自动地去处理了。

采用情感去组合学生,第一个原则必须要认识他们,必须要做到随处都可以叫得出他们的名字来。当时为了要做到这一点,故民教主任们甚至我本人在有空闲的时候,便翻开学生名册来熟读,再到传习处去点名,并留心他们每一人的某一特征,以后就可叫出他的名字来了。时间经过久了,一到传习便可知道哪一个学生是缺席了,设若果有某一位学生未到,便到他的家里去访问,探知他不来的原因,同时劝导他。在平时民教主任和我本人也随时分别去访问学生家庭环境,在田亩间在路途中碰着是学生的时候,也和他们谈谈庄稼问题和他们的生活,这样一来,当你一去查传习的时候,终有因为工作上的关系的学生,见着了你一去,他便停下他的工作,背着了你一溜烟地就跑到传习处去了。经过长时间去作,不但学生自然地凝固在传习处里,并且我们工作同志们在学生群中发生了一种极自然、极大的领导作用,他们便对我们的发生了极自然的崇敬。

依照第三原则的决定,教学时间是依每一传习处学生的环境来决定的。在教材方面,按《农民千字课》的课文先予计划,并将补充教材如音乐及连环图画之类作适当的分配,教学方法是活用的,务必做到趣味化和适用化。每十天的导生会议就由民教主任按每一课设计的传习教材传习与导生,并检讨这十天施教的得失,决定下十天的课程进度。

当处理教材与教学方法,开启新授一课书的时候,导生就将已经设计好的故事讲给他们听,(包括目的告知与课文的大意)引起他们的兴趣,再来领读,领读后,再讲解课文。如时间久了,大家有点倦意,便复习已经学会了的歌曲,之后散学。在复习的时候,除了照常的处理外,为了帮助他们的记忆力和兴趣,就挑选出几个与某一位学生姓名相同的单字来一并解释,并且叫这位学生在黑板上书写,来引起其他学生的注意,因为他们都很关心他们自己的名字,而且他们都极迫切地需要认得他们自己的名字,因此可以启发他们读书认字的兴趣。

在另一个方法就是找出课文当中与他们生活极有关联的单字或词句,适用在他们日常生活方面去。如像《千字课》第一课的油、盐、柴、米、酱、醋、茶等单字,加上一、二、三、四、五、六、七、八、九、十等数目字,再加上斤字与元、角、分等字,与他们日常生活账目有关联,将这些单连就叫他们学习计简单的流水账。这样提示,他们便对于读书确会感到极浓厚的兴趣,更不会发生不愿进传习处现象。

留生问题是一个难题,但工作实践当中所获的经验,是打开难题的钥匙。

(作者杨净屏,时任巴县第三辅导区鱼洞镇辅导员)

选自璧山区档案馆藏华西实验区档案,档号:09-01-138

本年度之乡村工作

李作民

吾自本年一月即参加中华平教会华西实验区,从事乡建工作,历时将近一年,尚无优良成绩之表现,方知办理乡村工作欲达尽善尽美之境地,总觉万分困难。就本年度所干之乡村工作而论,即可详见矣。

如导习处之设立,首先即聘请导生,以尽其劳力而毫无报酬是属办理之困难者一也;尤以我等远属异地,而至他乡担任此种工作,然该地之人事以及环境等事故,当颇为生疏,是属办之困难者二也;至于招生、留生问题,经自己之宣传及保甲之督促,亦不来校受课,是属办理之困难者三也;又如减租工作,不但业主不从事登记或换订租约,且尚有少数不明真理之佃户,亦迟迟而不登记或换订租约者。

其余尚有种种问题不胜枚举,据其原理,由于乡村文化低落之故。吾辈为国家计,为民族计,且任此重大之责任,当尽其最大之力量,而结果亦得较优之成绩者。

（作者李作民,时任巴县第三辅导区鱼洞镇第九保社学区民教主任）

选自璧山区档案馆藏华西实验区档案,档号:09-01-138

农家鸡鸭饲养简述

潘锡铨

我国素来是以农业为主,然而大多数农家除替种田为主外,一般农家都养着许多家禽作为他们的副业。但普通农人仅只知其天然饲养,谈不到更科学的培育,以致生产不增,伤亡无计,结果得不偿失,这可说是农家的一个大损失。是以吾对此种缺点,深感痛恨,亦属农村之巨大损失。

吾虽挂名是农校的学生,然而对此种保养方法,甚为虚空。然而今天从事乡村建设之工作,对于农村这种无益的损失,须当设法弥补过的缺憾,缘于兹个人在校所学及自己亲身实习之经验,略提数点,以资供献,其方法如下:

一、雌雄配偶之选择:当我们欲要孵卵之前,须当慎选良种,先将其卵选定后,然择其性强而体重、光滑羽毛的雌性,再与雄性孵育,这种能后代强大,兼具雌雄两性的优点,此其雄雌配偶之选择也。

二、幼种的培育:在普通一般家庭,每次孵化的幼种很少,应当细心管理,在幼小之时,不要给尖硬之物以食。最好以絮米来喂之,以增加其消化力,以增加其生长效率。

三、成种的饲养方法:在幼种长至一斤左右时,更须当心营养,勿使有所伤亡,因为伤亡一只,损失巨大,故须得细心。喂育在农村之中,附近房院的地方,多是园地,如果纵之此中,虽对生长有益,然而防害农作物之损失。最好雌雄隔居,将其禁锢一个仅可能容一只家禽的笼中,放置于黑暗的室中,使其减少欲性,易于成长。每日给以适当的东西喂之,如果是雌性须当给的硬的食物食之,使增蛋壳的生长,并且吃食要一定的时间或数量。在未给食之前,须放置于阳光中数分钟,使其增加食性,且以水喂之,然后再给以食物饲之,方合法标准。这样在一月里至少可能长至一斤,且肉质细嫩,味美而佳。

四、雄性之去势方法:一般雄性家禽欲性最强,如不加以去势,不但生长不甚,而且防害雌性的生育。故雄性须当加以去势,其去势的方法如下:

1. 在欲肠去势之雄性,少给事物以吃,使其稍萎,然后便于施行手术。

2. 在去势之先,须以消毒之物洒之,然后用刀割开左肘之上部,将其睾丸取出,然后再用消毒,日中多给水分喂之,这样去势后生长更强。

以上粗法都是个人看法及先生教授而得,更以禽兽做过试验,效用很大,且在农村既易于办到,且不需大量资本,而使生产率增大,无形能使农家收入加强,副业亦随之重要焉。

（作者潘锡铨,时任巴县第三辅导区鱼洞镇第八社学区民教主任）

选自璧山区档案馆藏华西实验区档案,档号:09-01-138

来到农村工作后

刘锡隆

从来到这地大物博的农村工作,到现在将快一年了,至于谈到工作方面,虽然做了不少的事,但不知先从哪说起为最好。当辅导先生把工作地点给我后,心理就乱无头绪的了,好像这工作的责任担不起似的。不管怎样的心乱,心里仍还是存着一个"不要乱慌,遇事仔细地作就对的"的信心存在。没有隔上几天,又接到赵保长开保民大会的通知,这次会开后便开始农村的民众教育下手,设立传习处,选拔导生。到各处洽商人事,因社学区户口经济调查表没有运到,当时甚感伤神,所以人事的洽商要多费两半的精神。同时本身刚才从学校门口出来,有许多事情,还不熟练。好处是农民多是纯洁的一片真心,不会说谎话,可说是值得安慰。

导生们为民众服务的精神来说,更值得敬佩,不但每次上课不缺席,还加以很详细的说明讲给读书的听,而且我们每次开民众会议后一定要详细地报告开会情形,像他们这种上进心如此真切,自己不敢说"开的会没有什么意义值得报告"。后来因调查户口经济,我停了一段时间再到传习处去看他,当我还未到,屋里面就谈起"主任这几天你太忙了,为什么不休息,快来看书,我们又读了好几课了",这一定要赞扬几句才算了事。

合作社的组织工作差不多要占去三分之二的时间,宣传的时间要占组织时间的三分之二,农民的心理真不易改换过来,相信某一件事也过于相信。例如说,从前地方上也有合作社的组织,起初办得很热闹,加入股本也很乐意,可是不久不好的事实在他们面前出现了——"倒号",股本退不起来,而且有的人从来没有在合作社买到过一次便宜的东西。所以当我们去组织合作社就有这一个大的困难在面前挡着,不管对哪个人说,都有"我们过去参加合作社只出股本,便宜点都得不到"的话来对付你,因过去的经验给了他们一个极大的认识。他们并不管这次的组织同不同以前,都不大愿意参加为妙。经过长时间的宣传,又加以组织合作社的很多传习画片,在各传习处他们认识合作社不是借名义来发财的,于是才有人出来参加。

这一开头有人参加,大家都来了。这也给了我一个很好的教训,老实说我们既来到农村工作,决不要敷衍应付取巧等虚伪行为。因为这些不诚实的做法不单是违背了科学的态度、科学的方法,而失去了科学的精神,对于农村工作者都没有半点好处,只是增加着我们更多的苦难。所以我们来到农村后,必须要建立起最大的信心来推动工作,克服一切困难,完成神圣的农村建设工作。

(作者刘锡隆,时任巴县第三辅导区鱼洞镇第十九保民教主任)

选自璧山区档案馆藏华西实验区档案,档号:09-01-138

我的工作片段

李朝肱

  自本年元月份本区(巴县第三辅导区)平教工作展开,我被派到鱼洞第四社学区工作,历职以来,忽忽将年,在这十个多月的我对工作的认识及心得,在此单就教育方向略略地叙述一下。

  关于教育——传习教育。在户口调查完善后,乃作传习处开学的计划,因了导生选拔不易,故在开学后之短期数日内,只得亲自充当,不久终于选拔了几位德学具优的作为了导生。招生的问题,更感麻烦了。在当初不管你对他们说了些话,农民们只是不理,过后,我便改变了招生的方式。改用"人情"为题,果然陆续地到处报名了,因为"人情大过王法"的那句俗话,所以中途辍学的人就少见了,久之农民求事的兴趣提高,向学的精神日趋旺盛。

  (作者李朝肱,时任巴县第三辅导区鱼洞镇第八社学区民教主任)
选自璧山区档案馆藏华西实验区档案,档号:09-01-138

如何使农民入传习处

王官炘

从事这个工作的同志们，大家都感到传习处成立后，农民都不愿到传习处来听课。考其原因，不外乎是为了他们自己的生活忙碌，没有一点空闲的时间，还有一部分的农民把这个工作看成一个单纯的识字教育，所以他们说出不识字还是吃饭的一种错误的认识。我们工作的同志们首先就要与他们详细解释，给他从新建立一个正确的认识。

他们的劳苦，我们是知道的。但是我们施教的时间要在他空闲的时候，用教育送上门的办法去办理。今天我们推行的传习教育除识字外，还要引导他们以经济、文化、卫生各项建设为中心的推动而达成各种建设的任务。在手段上，唯一的就是在组织，所以要把传习处发生一种组织作用，使他们感到组织力量的伟大，他们自然会入传习处的。

（作者王官炘，时任巴县第三辅导区鱼洞镇街保民教主任）

选自璧山区档案馆藏华西实验区档案，档号：09-01-138

我对防治病虫害工作的实施报告

夏显照

作物的病虫害为农民最可怕的一件事,要是作物遭受了病虫的为害,轻者则减低产量,重者则全部歉收,农村经济便会发生阻滞与不安的现象,甚至对国家的赋税也可能遭受到意外的困难,所以作物病虫害有防治之必要。

在我驻在的社学区,即在鱼洞镇所居的二十一保,以农地说起来比较肥沃,大部农民除种稻麦高粱以外,即种蔬菜,但他们一遇到有病虫害的时候,始终认为是自然的现象。换句话说:"病虫害是天生成的,非人力所能为者",均束手无策,只是祷告上帝,甚而至于祝福诸神,以求感应。故对病虫害防治毫无研究与新的办法,在罹害轻微时,最多仅以古老不科学的方法去处理,故难收实效,有许多农民都一致谈到这问题,因此我便注意到了这件事,于是我便从经济方面作想,同时将他们常用的习惯法使合于科学的使用方法去着手实施,以期有效,结果成绩尚佳,今年将已作及正在施行的防治法一一报告如下:

(一)关于蝗虫防治方法:

甲、在传习处讲解稻被害之象征,蝗虫成虫幼虫之习性及形态,卵之状态等。

乙、将学生组织一个宣传队。

丙、今年秋收前及秋收时通知农民捕捉成虫,以火烧灭绝其根源。

丁、今年秋收时通知农民行单穗选种法,以育成良种。

戊、今年秋收后即通知农民除去稻田四周杂草及拔起田中禾根以火烧去后,再行耕犁。最后以水淹没(即冬水浸渍法)使卵块失去繁殖力。

(二)麦及高粱黑穗病防治方法:

甲、在传习处讲述黑穗病病征,组织学生为宣传队。

乙、今年麦及高粱抽穗时,即组织农民发动拔起黑穗之病株以火烧弃,免黑穗之病原四散累害良种。

(三)蔬菜虫害防治方法:

甲、在传习处讲解蔬菜虫害之象征及害虫之习性等。

乙、今年播种时即通知农民实行粒选选种法,凡颗粒强大重量高及具本来只色泽者即当选,并行浸种法,然后再行播种。

丙、今年播种后,施用肥料法:通知农民施肥应视蔬菜之嗜好而使用,次数亦视蔬菜之种类决定,其时间大抵以无烈日为良,否则臭气四散诱及所嗜之害虫。

丁、今年对已遭虫害之蔬菜,通知农民捕捉幼虫及成虫杀死之,同时将受害过重之根株拔起烧掉以免蔓延及产卵土中。

(作者夏显照,时任巴县第三辅导区鱼洞镇第廿一保民教主任)

选自璧山区档案馆藏华西实验区档案,档号:09-01-138

鱼洞镇十一社学区
工作情形述要

汤诚朴

余自受训已来派在十六保办理民教工作,于本年正月十五日展开工作。召开保民大会,向人民演讲民教工作办法:1.调查户口;2.设传习处;3.办农业生产合作社。调查本保有多少男女,识字与不识字的人口。

办传习处是设来教不识字的成年人,但是招生容易,本区上期授教的人很是不少。大众听说现在国家普及教育,扫除文盲增加农民生产,使人民个个有福利享受。但是留生很困难,拿本区传习处来说,《农民千字课》对于十五岁至二十五岁的成年人很有兴趣,二十五至四十五岁的人都不高兴。有的说新教材好,有的说旧书好。但是新旧都好,只要导生有新旧教学方法,才能引起他们的兴趣。拿本学区一、二传习处来说,下期留生招生都比上期强,但是这两传习处的导生很是尽职负责,新的教材用新的教学方法教授他们,对于旧的教材教法就是古人云,人生于世必须读书才知礼义廉耻,人不读书则与禽兽何异,只要人情袄字不求人,能写能算就足矣,所以两传习处招生留生都是导生新旧兼立教授他们。

对于导生方面更不容易请到人,言吃自己饭来教授他们,都不愿意,只要有钱,万事非才莫举,何求导生请不到。合作社于九月内召集农人们开成立会,当时言说增加你们收入才办农业生产合作社,大家都很愿意参加社员的很是不少,农人们言我们很穷,出不起多少钱,只要政府可能贷款接济,我们穷农增加生产多有收入,贫农们不胜感激之至,若将来民教工作完成,是修身齐家治国平天下矣。

（作者汤诚朴,时任巴县第三辅导区鱼洞镇第十一社学区民教主任）

选自璧山区档案馆藏华西实验区档案,档号:09-01-138

我对乡村工作之兴趣

申俊文

国以民为主,民贫即是国贫,至于工业全要靠农业使然,有了健全的农业,才有健全的工业,有了健全的工农业,才能称为富强的国家。

我们中国数千年来,背着一个有名无实的农业国家,从表面上看来,百分之八十以上的人都是农民,而收获与人数恰恰相反。他们的生活根本就不能谈到享受,最基本的生活几乎都无法解决,生活苦而所负责却大,国家又连年战争,农村生活一天不如一天,现在可说是最危急的时期了。

今天我们平教工作,就是切实救济农村工作,即是救济国家,我们虽然不说走向时代的前面,则就应当赶上时代,决不要永久相随时代之后。我们工作要求实际,只是谈理论是不行的,工作要以事实来证明。首先要建信于农人,承诺就应当兑现,再不能去骗哄他们,因为过去他们被一般没有知识的人骗哄怕了,今后我们的工作要切实准确,不要使农人再失望了。

在乡村工作自然很苦,享受一点没有,常常碰到许多的问题。我们静下来想,这却是给我们学习的机会,在大自然里,摆着了很多我们研究的材料。乡村的风景却不低于都市里的繁华,所以我对此工作极感兴趣。

(作者申俊文,时任巴县第三辅导区鱼洞镇第十二保民教主任)

选自璧山区档案馆藏华西实验区档案,档号:09-01-138

工 作 简 评

张锦藩

　　余自投考民教主任,训练班毕业后,分派我在本乡中从事乡建工作。我是本乡人,于桑梓间服务作乡建工作是很感兴趣的。拿我本学区工作来说,都比得上他们,而我的工作每样都比他们先完成,这并不是夸口。因本学区离场不远,辅导员随时去来都可以见到的。如传习处来说,导生妥好还缓待上面发书来。但我所办的三个传习处,每日上午两点钟下午两钟,天天如是,决无闲暇的。如上期千字课,硬是教完了的,本期的书已经教了半数了。但导生方面经我多方劝谕和鼓励,以非常热心决无那个倦勤,这是可以调查的。

　　对于我的合作社早以成立,不过登记证尚未发下来。但是合作社成立后,上面能否照章拨款推进一切工作,要待将来的事实证明。例如我们向民众宣传的要散发各项优良品种,也未见实行。如合作社成立后,与办水利工程和散发猪牛种、改良农具是否实行,也但看证明。又如本年的调查旱灾,现在上面已无声息,说有贷款,也不知怎样了。而今我们又在赶办减租,亦将完成,这是佃农很有益的,很痛快的一件事。对于我们的平教工作,增加了民众信心和感谢。但减租这件事,亦欠公允,高低一样,对于小地主实也难受,而大地主倒无所谓,希望我们平教会会同长官公署,函请减轻小地主的负担,而免苦乐不均,社会不安,扰攘生非,为害匪轻,这是我办减租工作深知道的一件事。而我自参加乡建工作以来,将有一年了,很知道这工作重要,人民也很重视和希望,只要上面颁布的事和所说的话付诸实施,不要折扣,我们的工作民众相信决无困难。

我还有个小要求就是我们低级人员的待遇,请与我们增加一点。最重要者就是导生的酬报不同,多少与轻重总要有一点。但导生一年,干到头连凉水都未喝一口,实在也难为情。如金钱和物质的酬报没有,顶好请县长令各乡镇免除导生家的一切常年杂捐,对于导生亦稍有点安慰,或本学区有田买卖,导生得为天然中证而有点经济上补益,方不负其劳。这是我的想法,请裁夺。以上我所说的一切,是我干平教会乡建工作中经历和理想,特简诉事。

(作者张锦藩,时任巴县第三辅导区鱼洞镇第六社学区民教主任)

选自璧山区档案馆藏华西实验区档案,档号:09-01-138

检讨与策划

柳成业

今天是我们庆祝本会成立第三周年的纪念日,我把过去的工作,来个检讨将来的工作对主管机关一个报告。

(一)扫除文盲的使命

要想扫除文盲,最重要的一个问题就是方法。当今实行传习教育,固是一个很好的捷径,不过还是有很多问题:第一就是导生问题。因导生完全是一种义务而没有待遇,在一般人中大多是缺乏责任心,假使要别人纯粹地来帮忙服务,简直是一种很难得的事。即或是开初几天他来服务,而时间久了,他的责任心也是难以持续的。设若传习处没有导生,则学生的问题,当然不能再谈了。我希望当局诸公,对于优待导生这个问题急急改善,以利前途。第二就是学生问题,在乡村的人,每一个人,都是有他们的工作,要他们到学校来读书,他们都认为这是义务,而不以为是他们的权利,要他们来读书,也是极困难的事。我想,他们是必须受到实惠他们才认为是权利,那么,这种实惠只有是合作社了,在我们的合作社固然是已成立,可是也不过是登过记,开过会而已,人民得不到实惠,传习处也是一件极困难的事。

(二)改进农村的使命

在改进农村方面,第一固然是要普遍地设立合作社,可是合作社很多都只有名义,而没有收到实真的实惠;第二,减租的成效,在我的减租工作中,很多明大义的业主和佃户双方同意前来换约处,登记换约,而有少数仍执一己之见,不来换订,这也希望政局亲政诸公严加惩斥使其速完此项工作,以

— 98 —

免影响已换约者的齿论;第三改良种子,上方虽然发有下来,但是不是时间晚了,就是坏了不可用,而本社上期发来的稻种,时当其时,收获尚佳。

(三)今后的希望

本会创立已达三周年,所有成效以为社会贤达者耳闻目睹时间赞美之声,惟望当局执政者,再求改进,以免功亏一篑而为他人笑焉。

(作者柳成业,时任巴县第三辅导区鱼洞镇第三社学区民教主任)

选自璧山区档案馆藏华西实验区档案,档号:09-01-138

我的乡村工作观感

周光裕

我国是一个农业先进的国家，到现在已有四千多年的历史。可是历年战祸摧残，已将这伟大的农村，陷压于千丈深渊，并加上天旱水患与同害虫的侵袭，使农村日渐贫困。又因一般农民的科学知识缺乏，都在靠天吃饭，认为天定胜人，而不能人定胜天。除采用古旧的方法耕种外，亦没有新进改良的方法来增加生产，往往造成事倍功半。对于农业工艺以及农村副业方面，一般民众更不知道用科学方法制造与饲养、培植。

故农村经济落后，又农民一天到晚，一年到头，都在勤劳苦做，忙于生活的高压，终日没有太多的休息时间。所以对于他们下一代的教育实无法顾及，大多数学龄儿童都得不到教育，这样一世一代地延展下去，旧文盲无法铲除，而新文盲依然产生，这便是农村文盲多于城区的最大原因。在前次做经济户口调查的结果，不识字的成人要占成人总数的四分之三，失学儿童要占学龄儿童的五分之二，我国农民知识水准之低，由此可见。农民没有知识处处受人期压，而农民血汗做出的产品又为投机商人的盘算，由是造成贫富不均，社会秩序混乱局势。

综合以上各节实是农村的病态。

现在农村建设声中，一切建设事业，都在我们每一个乡村工作同志的肩上，来引发农民的潜在力量完成建设，将这古老陈腐的农村，改造为现代化的农村。虽然在短时间内不能达到这个目的，可是我们应该切切实实地推动我们的工作。在我们的社学区里面，尽量去与农民亲近，使其每个农民都能了解我们的工作,不容许任何惑疑在他们心里,更使每个农民对于我们的工作都有真诚的信心。于是把我所学的农业学科,以简单明了的方法授给农民,真实地领导农民,帮助农民,誓不退缩。抱着传教士的精神与革命家的情操来扫除文盲,建设乡村,完成我们重大的使命。

（作者周光裕,时任巴县第三辅导区鱼洞镇第廿保民教主任）

选自璧山区档案馆藏华西实验区档案,档号:09-01-138

我的农村工作

蒋文珩

  韶光易逝，物候催人。忆自离开学校，步入农村工作以来，倏忽时将匝年。在这久长的时期中，自愧对于工作，诸多荒怠，没有特殊的农村建树与工作表现，深感抱歉。只有抱着不畏艰苦的精神及有志竟成的信心，站在自己的工作岗位上，努力不懈，为工作而奋斗挣扎，克服一切困难。为农民解决问题，图谋福利，争取生存，则对于有志农村工作之目的，方算达到也。

  吾国自古以农立国，迄今已有数千年的历史，因此农业之兴败，对于国家之盛衰，有极大的关系，知农业之重要，不用申言也。近来以还，内忧外患，天灾人祸，迭现频仍，以致农村生活，苦不堪言。亟待救济，是以有中华平民教育促进会华西实验区之设置，实鉴之于此。

  实验区实施的中心工作，在于建设与教育、卫生等更实际施行于农村。教育方面，以失学成年为教育对象，每社学区设立多处传习处，施以传习教育，使失学者有受教之机会，乡村文盲，得以日趋消减。兴办水利工程，以免除天灾之患。实施卫生教育与建设，使增加卫生常识与疾病之治疗法。成立农业生产合作社，其土产物得以运销，而日常必需品之借购，可免除商人之渔利……。如是则吾人贫、愚、弱、私之病习，必望救治，农民能在莽莽的大地，抬头工作，加紧生产，使生活赖以改善，国家日趋于富强康乐之途也。

  余毕业农校，而工作复于农村，自觉志趣投合，倍加兴奋。到职以后，及处于乡村实际工作，最初办理人口与经济概况的调查，继成立传习处，招收失学成年与无力就学之儿童入校。经数月之熏陶，虽未能达到理想之学程，而浅易文字,多能识别。将来社学区内,文盲之扫除,可望有相当成效。次者,对于合作社之成立,业经召开创立大会,短期申请登记,拟善建设计划,办竣呈报等手续,则可请求贷款,正式营业。农民所渴望之事业,目前不难实现也。

最近,政府实施之农地减租工作,实验区更以人力财力之协助。余在领导之下,奉命协办,责任既重大,而工作自较为艰巨也,短期能完成,则负相当的使命。虽值战乱之期,而此戡建工作,更须力求完成,而期待戡建之成功,胜利之到来,与国家前途之光明也。

(作者蒋文珩,时任巴县第三辅导区鱼洞镇第十五保民教主任)

选自璧山区档案馆藏华西实验区档案,档号:09-01-138

我进入了农村

张君平

吾国自立国至今，以农为本，昔诸朝帝王治之民，多务农者。民国成立，连年战患，国家消耗甚巨，农村经济枯竭，奄奄一息也。

今春，入中华平民教育促进会，于巴县第三辅导区民教讲习班毕业，后分至鱼洞，任教于示范校，并协助民教工作。自当时起，我进入了农村，在破产之农村中，与农民共生活。

入农村后，目睹者为农民之贫、弱、愚、私。彼等之如此者，原为昔日之未受教育，经济枯竭所及也。农民中之成年者，十之八九为文盲，未成年者十之五六，因贫而无力入学。故需多设传习处，以供无力入学者，得一机受教也。民教工作者，需多近彼等，探询彼等之生活情形及其他，充实己身之资料，以筹推行工作。组织合作社，又为彼等所愿，破产之农村需补救，扶助农民，以救农村，使厌其旧之状况。

八月，示范校撤销，二社学区民教主任因故告假离职，因乡村工作乏人不能推行。因余闲，故被派往该区，接其渠所遗职务，以进行工作也。该区辖一保（第四保），而该保为鱼镇之偏僻最穷之保，全保之保民，苦力占70%，务农者占25%，其他占5%，其文盲占80%。因生活而每日劳碌，其收入生活尚感不足，怎能入学受教耶。余见于此，故在区内选有学识者多人为导生，以备多设传习处，使其心有余而力不足之人，得一良机也。传习处已开学者有三，人数众多，尤以第一处为甚，名额已满四十矣。因务农者少，合作社不能成立，而该保之自治人员及农民，皆一致要求组一合作社。

　　余在区内,常与该保名士接触,经常接近保民,探询彼等一切情况及对工作有何意见,以供余推行工作之备。

　　今为本区三周之庆,尤希我乡建者,本本会之宗旨,贯彻施行,谋福利于农民,改善农村,建设农村,扫除文盲。

　　(作者张君平,时任巴县第三辅导区鱼洞镇第二社学区民教主任)

　　选自璧山区档案馆藏华西实验区档案,档号:09-01-138

农村本色与建设

熊旭心

　　我是驻在鱼洞镇十七保与十八半保这样大的一个社学区里,当我一钻进农民生产群当中的时候,是抱着极大的热忱与勇气,以教育的手段达到建设的目的,并发动农民潜在的力量从事各种建设的活动。

　　这一个社学区是一个闭塞的农村,我一直虔诚工作着,在工作实践的当中获得许许多多宝贵的建设对象。

　　农村的本色:(一)迷信过重无益消耗金钱;(二)恶劣应酬的压迫,地方恶人想尽方法打压诚实的农民;(三)交通阻塞,全社学区到处是多年不修的毛草泥路;(四)文化低落,仅有数栋房子的保民学校,失学儿童均无法进校,虽有几个私塾的设置,也是不适合时代陈腐的教育方式;(五)经济破产,其破产因素研究起来不过荒山太多,生产工具已属旧制,经营技术过差,无新式农具的设置等。

　　我的工作即建设工作的推进,就是配合这一本色下手的,在施教方针方面就从破除迷信入手,譬如求神拜佛烧钱化纸无益消耗的金钱,就叫他们积余起来作有益用处。在实际方面,用求神与求医所获的效果来打破他们迷信的观念。在恶劣应酬方面采用组织合作社的机会,在社会训练中唤醒他们起来,有组织地一致去制止这种无意义的欺压,结果在发生莫大的疑团。团结力是在修筑道路方面,引导他们组织的力量慢慢开展一阶段的完成。在保校方面,我除了办传习处外,又引发了正绅、富绅与校长筹商设法建设,使他们认清了建校的重要。现已经在建校了,作为收容失学儿童扫除文盲的根本。这是我在我的社学区里工作努力的方向与实践的报告。

（作者熊旭心，时任巴县鱼洞镇第十七保民教主任）

选自璧山区档案馆藏华西实验区档案，档号:09-01-138

农村组训的成果

杨泽远

我负了鱼洞第五社学区的民教责任,自深入农村以来,将近一周年,检讨自己的工作中组训农村的成果方法如下:

(一)教育方面:传习所受教育者失学成人与儿童分别教练,成人在百分之六十以上均入所受教,熟悉建设的目的,传习的意义是在组织他们发动他们的力量来从事各种建设活动,公民训练,大多农民也会使用各种政权,并且也很注重卫生的设置。失学儿童们几乎个个人了保国民学校念书,为了制止未来的文盲发生,特向保国民校校长商得免费入学以达到圆满结果。

(二)建设方面:农村合作社已利用教育的手段完成组织的工作,而每一社员也深深了解合作的意义及日后的益处。改良农家稻种,推广中农三四号稻,迄今已收获,抽查成效也异常圆满,耐旱性强且产量增高,无形增加他们的收入也并达到了建设的目的。其他兴办水利、购置新式农具、改良农场经营技术尚待进行中,这是我们工作的成效与方针。

(作者杨泽远,时任巴县鱼洞镇第五社学区民教主任)

选自璧山区档案馆藏华西实验区档案,档号:09-01-138

办理减租工作前后

何质彬

农地减租是土地改革的前奏,并且列为三十八年(1949年)度中心考绩工作之一,可是认真办理的又有几处呢?

我的工作地点是巴县第四辅导区栋青乡,我所报道的是一隅之见,然而却也不限于栋青。以下便是从实际经验中所得到的一些体会。

先谈谈办理农地减租时所发现的问题:

(一)保甲长不明了自身的责任,多存逃避观望的心理,对法令和实施办法视同具文,并且是愈近街上的保甲愈不景气。你对他开导、善说,犹如耳边风,你如果逼他,他便连保长也不愿作。这种人最为淘气,好在一乡里面还不算多,我在推动工作的时候,仅发现一二人。最初登记员将申报表和催告单交与他时,他都不接受,甚至溜之大吉,后来好容易想尽了种种方法,才使他就范。

(二)租佃调解委员会变成了术语和名词。租佃调解会本来应该站在大众的立场替主佃之间排难解纷的,可是有许多人因为自己是地主便失却了公正的态度,这种例子举不胜举。还有若干调解会连会都没有开过一次,即使开过会也没有人到所谓"预定的地点"去办公。

(三)地主伪造约据。地主为了逃避减租便想尽种种方法制造伪佃约,他们的技术真是高明,登记时很不容易辨认。譬如原有的租额是二十石,而伪造的佃约是廿七石,那么照二五减下来也就等于零。如果佃户不服当然还容易发现,但是有些佃农太可怜了,他们不但噤若寒蝉,并且还在伪约上盖得有指纹,这真是无可奈何之事。还有少数地主听说黄豆等副产物不予减租,便将苞谷等主要粮食一概写成黄豆,像这类的例子真是不胜枚举。

(四)租佃与转租佃。本来农地减租是指佃农和地主而言,可是有一种人既非佃农又非地主,他将田租过来之后,便转租给他人(以至于若干人),而从中牟利,形成了第二地主。结果吃亏的当然是最后实际耕种者,这种情形相当普遍,解决起来纠纷也最大。

(五)登记员的亲属不愿登记,实在说起来栋青乡的登记员都非常努力,也还受过一些起码的训练,但有少数登记员的亲属,如祖父、叔父等就极不满意,看见自己的子女来找他们实行二五减租,真是气得要命,甚至要叫登记员大感“辣手”。

(六)主佃双方的私约和俱不理睬。另外还有一种现象,令人头痛的便是主佃之间私自商量,讲好了条件。在换约的时候,佃户来了,地主便不来,地主来了,佃户又不到,甚至于双方面均不理睬。你如果问着他,他便回答“我们已将约据换好了”,像这种人,你随便告诉他什么,他都不肯听。

以上是实施农地减租时所发现的问题,现在再谈谈栋青乡办理的情形:

(一)为了推行农地减租工作,我曾召开三次扩大乡务会议,出席的有乡长、乡民代表主席、佃农、地主、登记员及保甲长等。一方面综合实验区、县府及省府的各项通知与法令,不惜详为阐述。他方面我呼吁地方贤达及保甲长密切地与我们配合,来完成这项使命。至于我向地主的解释是这样的:“地主的环境即使不好,毕竟优于佃农,而且主佃之间也必然有点感情,你们对佃户好,佃户自然也对你们好,虽然照二五减租减掉了一点收益,可是佃户给你们多挖几锄,多使点力气,也就报答你们了,何况只需要你们少打几圈牌,少抽几支烟,也就将佃户照顾……。”

(二)为了切实进行起见,我自己草拟了一个工作计划大纲,因为上面发下来的工作进度表,待收到之后已过时了。同时为了解决一些琐事及将要发生的问题,我都抄在备忘录上,例如会同登记员于某时召开保民大会,某保应先从某甲着手登记等,兹不具述。

(三)栋青乡开始换约是在十月十五日(现已完成百分之九十五),最初有若干保甲长总是不来气，弄得登记员又要登记又要当传达。待我召开了第三次乡务会议，会同乡长给各保出了一道训令后，情形便略见好转，但成绩还是不佳。直到我同乡长商量登记员可在保甲长家中坐催，并由该保甲长代为料理膳宿等问题后，他们才着慌了（有一两保已经实行）。最后听说还要派乡丁去督催，便更加着忙，于是换订租约才得顺利完成。

（四）租佃调解会的组织既不健全，同时又没有人到适当的地点去办公，结果便只有借重几位贤明士绅的力量，来从旁协助。例如第三保登记员胡蜀照得乡民代表主席之助，很迅速地便完成了全保的换约工作。这可见一个博得乡民信仰的人谈上几句话，比工作人员宣传十次还有力量。

（五）对于伪造约据的地主，颇不易处理，唯一的办法是攻击他心理上的弱点。一发现约据上有疑问的时候，可以对地主说："你这张约据是不是真的？如系伪造须负法律责任，并须按照所开列的租石上粮。"这种说法也不无微效，在栋青就发现好几起伪造约据而事后请求更正的！还有，如佃农迫于权势不敢申张，那便只好察言观色，看看纸张的新旧，探听谈话的语气，这就无一定的方式可寻了。

（六）乡间接受登记和换约的往往是一二十石的小地主，他们即使想逃避也还情有可原；而麻木不仁，倔强成性的地主或是从中操纵者（如将田地租到手之后又租给别人），往往是拥有百石或几百石的大绅粮，或者是很有势力的人。像这种人，佃农不敢申诉，保甲不敢检举，乡镇长更奈何他不得，你给他解释无用，宣传开导更无用，除了让时代来淘汰他们外，便只有看政府的力量如何了。我不打自招，像栋青乡尚有百分之几没有换约的，都是把他们奈何不得的人，想起来实在无限愧疚！

以上是我办理农地减租的一点起码经验，最后再谈几点感想：

（一）办理农地减租的时候，应先从巨户富绅减起，只要拿一两个来做榜样，其他小地主没有不翕然而从的。

（二）租佃调解委员会是乡间的仲裁机构，不能徒具形式；它尤其要能代表佃农的利益，否则穷弱的佃农有苦得不到申述，打官司又打不起；在我们选举调解委员时需要多方考虑，且需要酝酿一段时间，绝不能凭谁来指定的(事实上往往如此)。

(三)在划为实验区的乡镇,往往有人认为农地减租只是实验区的事情,其他的人尽可逍遥自在。又保甲人员每多遇事规避,行政效率几等于零。要农地减租办得好,必须登记员与保甲长缜密地配合起来,建立在共同合作的基础上。

(四)凡是认真苦干的工作人员,政府应切实给以保障,因为办理农减本来是得罪地主的,现在明白大义的人有几个? 如果发生了岔子而谁也负不了责,确足以使工作者胆寒,谁也办理不通,至于所谓奖励与否那倒是一件小事。

(作者何质彬,时任巴县第四辅导区栋青乡辅导员)

选自璧山区档案馆藏华西实验区档案,档号:09-01-204

让农民在娱乐中接受教育

方　以

去到田野广大的农村,教育那些最大多数的耕作群众,使愚昧清醒,把数千年代埋藏已久的雄厚知识力量发掘出来,再引用这种力量来奠定国家坚固不拔的根基并促进世界人类的和平,这方向自是十分的正确,但是,要采取什么样的教育方式才是最有效的办法,这却是我们时常所迟疑和考虑的问题。

难得有一个很好的机会与中国图鉴馆主持人傅涧华先生见面,因为大家都极重视农民的意义,于是便进而商讨到推行电化教育的计划。认为电化教育利用电影、播音与图表等科学方法来教育民众,把真山、真水、真的野绿平畴、真的世界各地的风光和各种的社会活动等进步的知识,透过教育的意义,生动巧妙地直接诉之于民众的视觉和听觉。使受教者对于教材的内容观念清晰,易于理解,减少苦思玄想,印象模糊的弊端。

同时电化教育的本身更是一种正当的娱乐,能引起民众浓厚的兴趣,能使他们在心情愉快,情绪轻松中充分接受真正的教育,无疑这是一种教育农民最有效最优良的办法。尤其在进行乡间工作的过程中,如能尽量地利用电化和图表教育,详彻地解释工作的意义和每个单元工作的做法。先疏导农民的思想,由农民的认识与了解以达立起工作的信仰,则在工作的实践上可以加强工作使能顺利推行。我们为了要实验这种新方法的效果,于是便合作组织了乡村电化图片教育团,由巴四区工作同志担负电教工作的推进,由图鉴馆供给所需要的材料,在这样同心协力合作携手之下,我们的工作便进一步的展开。

最初,初步工作是将长约五里的沧白镇划为四个社学区,每一社学区设一电教传习处,除教授农民读本以外,即利用幻灯轮流放映各类教育灯片进行施教,以加强各传习教育的成效。另外于每一社学区设一图表教育站,即将实验区各单元工作的做法和内容用图表方式刻画出来,张贴于墙壁上,并附带加上简单的文字说明,让农民看了容易懂得。

再有,于每周星期六晚上作公开幻灯放映。我们已经放映了《爱国农民》《抗战八年》等教育灯片。每次放映,民众异常踊跃,开始由三百多人现已增加到六百人以上,还在继续增多。放映后的效果,是一般民众对于实验区工作已有了起码的认识,对于教材内容极感兴趣,街头巷尾随时都可听到有人在谈论在幻灯中所看到和听到的难于忘怀的景物和问题。

由于成立时间的短暂和经费设备的不够,在工作上只是有了一点开端。可是在工作中,我们已感到了鼓励和兴奋,瞻望今后电教开展前途的远景,我们更拟出了下面新的工作计划:

一、修改每周星期六晚上的幻灯公映程序为:

(一)各人讲演一刻钟。

(二)幻灯放映三刻钟。

(三)歌咏表演半点钟。

名人讲演是以当地有声誉和有学识的人担任,以宣传乡建工作为题材。歌咏表演是由各传习处学生所组织之歌咏队担任。每次放映时,并由传习处学生负责维持秩序。

二、于乡保开一社学区,作为电化图片教育实验示范区,于该区内实施各种电教活动,并研究其得失,以便找出效果最大的电教方法作为推广之用。

三、根据实验区工作内容,另外编制新的灯片。

四、作巡回图片施教,目前我们正在加紧整理大批图片。

上面的计划,我们已开始进行实施,我们是希望在不断探讨、实验和改进中,找出一种尚便的方法,以收到教育农民最大的成果,真正达成开发民力,建设乡村的目的。当然在我们目前的环境,都不容许将计划顺利实现。不过我们还有这份雄心在艰难环境下工作,更深信工作的成功是属于继续不懈的努力。

（作者方以,巴县乡村建设工作者,具体职务不详）

选自璧山区档案馆藏华西实验区档案,档号:09-01-204

地脚石的话

——民教主任日记选粹

陈重贤

九月一日

赊购蜡纸、油墨,借钢板和油印机,托人切纸,并请区办事处的书记为我们缮写十八种油印统计表,一个人东一趟,西一趟,跑了半天,总算把所需要的办得有点头绪了。

辅导员召集的工作座谈会,二十一位工作同志中有五位缺席,会议前,我向辅导员建议:"当会议刚开始时,我们应全体静然一分钟……",会议进行过程中,有同志问及我们这些——地脚石——民教主任是不是可以入社(指农业生产合作社),我替问这话的人难过,拿了五个月薪(虽然是平价薪),连本身的地位都没有弄清楚。

九月十七日

列席本社学区农产社发起人座谈会。谈的时间虽然很短,但大家的情绪很兴奋——我知道这种兴奋情绪不是偶然的,而且也不是暂时的,一方面是由于西南长官公署公布了"农地减租"的法令,另一方面是今年春天我在本社学区内概况调查时向他们说的"话",并不是空头支票。

九月二十三日

"农地减租"登记员的派令到了手！也是我们地脚石——民教主任对工作考验的开始,(是不是真货实价的)我们不应该谈到薪金,因为我们为群众服务！同时我更知道"所谓酬报,不是薪金,乃是才技的训练,经验的扩大,精神的发扬和精神的充实等"。

关于本社学区内的大田壁业主周仲立迫农产社社员许德成(周的佃户)退佃搬家的事,请示辅导员、督办员、论事、区指导员(区督导员)……,只要不叫许退佃搬家,什么都好谈……,从子夜等到拂晓,关于召开"农地减租"座谈会有关事项。

九月二十四日

晨六时,主持召开"农地减租"工作筹备座谈会,强调开会以争取时效的重大意义。并宣读讲解《四川省第三区行政督察专员兼保安司令公署为实施农地减租告民众书》。

同时盼本社学区内,所有业佃纠纷未解决者,(指退佃)克日移送本乡租佃纠纷调解委员会。我的目的是给老滑头地主迎头痛击,使永宁等农产社员们能高兴地"活"下去。倘若能这样,平教会所干的工作是没有白干,至少在巴县长生乡廿一社学区内是生了根了。

函知部分在地地主明午出席"农地减租"工作座谈会,交换意见,并向他们宣传。

九月二十五日

午饭后,雨下得更大了。

我的心情,也随着雨点的大小而紧张,虽然事前永宁寺农产社的社员们约定今午缴齐股金(黄谷),他们是不是都来？结果超出我的意料之外,八十五位社员中只有两位没有来缴股金。最使人高兴的,都是亲自来的。股金收齐后(每股黄谷六市斗)即开始"农地减租"扩大宣传会。在场的人们表情各有千秋（因为出席人中有在地地主），我吼破了喉咙，宣读《四川省第三区行政督察专员兼保安司令公署为实施农地减租告民众书》，读到"惟今日传闻，有些地方业主，乘法令尚未普遍传达乡村的机会，已先将租谷十足收缴，或竟以退佃自耕为名，威逼佃农，迫其妥协，须知在减租推行期间，根本不能退佃，如借词退佃即系抗扰法令"，更提高声音说明。今后，我准备承当我应该承当的一切——因为我已得罪了永宁寺农产社社员们的地主。

九月二十八日

本社学区大田壁的退佃纠纷，今天有五种不同典型的人向我为业主周仲立拿言语，大田壁的佃户许德成（永宁寺农业社社员）是一个典型的忠实庄稼汉，业主周仲立多方威胁利诱，硬是叫佃农许德成退佃。因我曾口头上请示辅导员（督办员）、区干事、区指导员（区督办员）解决这事，都盼业主周仲立放弃成见。可是周仲立不但不放弃退佃的幻想，反而变本加厉，嘱他的雇员（也有人说是变相的佃客）到田间工作。幸好农产社社员许德成未加阻止，于是业佃双方都在田间做活，甚至这周仲立更多方毁谤我们，阴使阳托他所能控制的人来拿言语。

在这里，我严肃地向我的主管请示：拿出彻底解决的办法来！当然不能叫佃农许德成退佃，事情不管发展到什么程度，只要我们的脚跟站得稳，所谓"人不要钱鬼神骂"有什么可怕呢？

（作者陈重贤，时任巴县第六辅导区长生乡第廿一社学区民教主任）

选自《乡建工作通讯》第 2 卷第 12 期增刊，1949 年 10 月

树立良好的作风

苏人哲

根据一次工作会议各工作同志的报告,总计有五分之二同志未完成应完成的工作。查其未完成的原因,据报是由于天雨、逢场或保甲人员有别的事不能同去,骤然看来都是由于客观环境限制了工作,但实际细察起来与其说是客观环境限制了工作,毋宁说是由于工作者本身阻碍了工作,因为我们的工作是乡村建设,是带有改造乡村社会的性质……,对于客观环境的各种条件,固不应轻易抹杀并且还应加以彻底认识,同时注意其发展变化。

然而我们主要目的是在推动工作,把工作放在第一位。为了工作的推动与完成,就应设法改造环境,决不应该屈服于客观环境的困难。本来一种正当工作,它的本身,就是由于客观环境社会的需要,产生于客观环境,即今有不良的工作环境,也不会形成不可克服的阻力。今天我们这种工作在这落后农业社会中从事乡村建设,谁也不会否认我们的工作适合客观社会的需要,谁也不会反对这种工作的进行,何况今天实际是在政府许可和领导之下去工作,比起乡建运动初期的情况,客观环境实强过千百倍。

我们工作之所以不能推进或逾期延误,实在不是受了客观环境的限制,而是工作者本身不努力,本身有缺点,自己阻碍了工作。一语道破,乃是工作者没有好的工作作风。

第一,是工作者没有把工作放在第一位,一切事情不以工作为主,因此精神涣散,注意力不集中。所以我们要建立好的作风必须把工作放在第一位,一切时期的出发以工作为主,一切作为为了工作。

第二，必须尽力打破大雨不工作的工作方式，实际下雨时农民多半在家，我们去工作更有利。

第三，必须打破逢场期不能工作的成见（逢场不能工作，这是乡下部分国民学校教员混饭吃的作风），逢场有大部分农民要去赶场是事实，但一般都到场时迟，回去很早，若我们在他来到场前及回去以后这段时间去工作，总可完成一部分工作，比不工作好，而且我们也可到场，相机进行工作。

第四，我们要扫除将就别人去工作的依赖性，我们的工作能得到别人的帮助自然很好，然而保甲人员事多，一定要等他忙完政府委任事务与其私事后，请他来一同工作，这样等下去，一月之内若再加上下雨日子、逢场时间与工作者私事耽误，还有没有剩余的工作时间，颇成问题，即有亦可断定月无几日，这样去工作工作怎能推动？

最后还有一种工作劲敌，是与实事求是相反的敷衍、应付、取巧等虚伪行为，亦必须扫除干净，因为这些不诚实的做法是违背了科学的态度、科学的方法，失去了科学的精神，对于工作与工作者都没有半点好处，只有增加更多的困难。所以我们必须把这些坏作风一齐扫除干净，树立一种良好的作风来推动工作克服不应有的困难。

这里，谨愿乡建工作同志们，拿出勇气来树立良好的作风，完成我们神圣的乡建工作！

（作者苏人哲，时任巴县第十二辅导区辅导员）

选自《乡建工作通讯》第 1 卷第 32 期，1949 年 7 月

第三篇　江北县

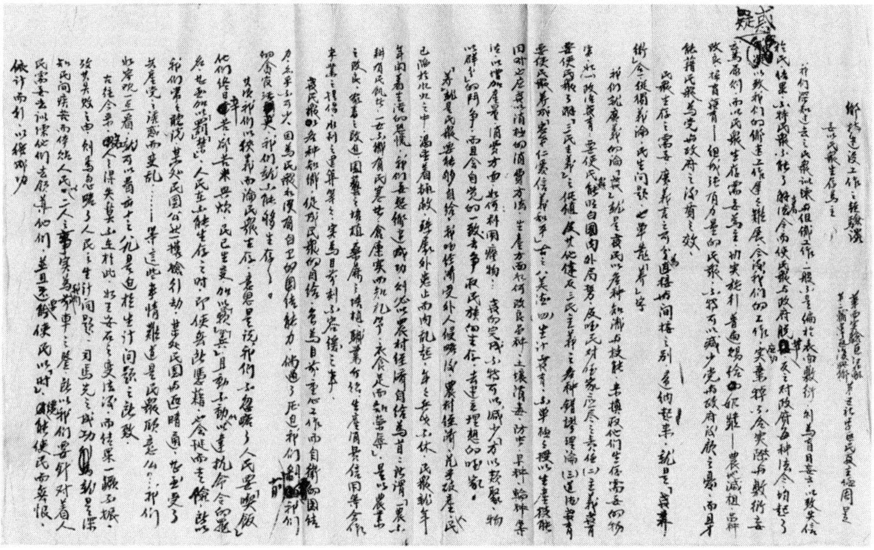

周昱著《要以民众生存为主》部分原文

要以民众生存为主

周　昱

我们深知过去之民众训练与组织工作,一般不是偏于表面敷衍,则为盲目妄云,以致失信于民,结果不特民众不能了解当局法令,而使民众与政府脱节,反之,对政府每种法令均起了疑惑,以致我们的乡建工作迟迟难以开展。今后我们的工作,应切实弃掉不合实际与敷衍妄云的原则,而以民众生存需要为主,切实实行普遍赐给奶浆——农地减租、品种改良、扫盲教育——组成强有力量的民众。不特可以减少党与政府后顾之忧,而且才能借民众为党与政府之后盾之效。

民众生存之需要,广义言之可分为直接与间接之别,归纳起来,就是"教、养、卫"合一。从独义论,民生问题也单靠"养"字。

我们就广义的论"教",就是教民以各种知识与技能,来填取他们生存需要的物资。如(一)政治教育:要使民众能明白国内外局势及国民对国家应尽之责任;(二)主义教育,要使民众了解"三民主义"之价值;(三)道德教育,要使民众养成"忠孝仁爱信义和平"之八美德;(四)生计教育,不单仅仅授以生产技能,同时也应教以消极的消费方法,生产方面如何改良品种,土壤消毒,防害、早种、轮耕等法,以增加产量、消费方面,如何利用废物……。教的完成不特可以减少"人以类聚,物以群分"的斗争,而且会自觉地一致去争取民族的生存,去建立理想的国家。

"养"就是要能够自给,我国经济受外人侵略后,农村经济几乎破产。人民已陷于水火之中,渴望着被拯救,殊属外患止而内乱起,兵戎不休,民众就年年闹着生活的恐慌。我们要想乡建成功,则必以农村经济自给为首,所谓"农不耕有民饥也,一女不织有民寒也,仓廪实而知礼节,衣食足而知荣辱",是以农业之改良,家畜之改进,园艺之培植,桑麻之培植,职业介绍,生产消费信用等合作事业之提倡,水利之建筑等,实为目前刻不容缓之事。

教民众各种知识,促成民众的自给,虽为目前重心工作,而自卫的团结力几乎不可少,因为民众如没有自卫的团结能力,倘遇了压迫我们剥削我们的贪官污吏,我们就不能够生存了。

其次,我们以狭义而论民众生存:意思是说我们不忽略了人民要吃饭,他们终日辛苦,都苦米与炊,民已生变,加以"征款""征兵"且动不动加以违抗命令的罪名,甚至加以"罚""禁"。人民在不能生存之时,即使无以凭借,也会铤而走险,即以我们常常听说,某处民团公然携枪抢劫,某处民团与匪暗通……等这些事情难道是民众愿意吗?我们如客观一点看,就可以看出十之八九是迫于生计问题之所致。

古往今来,名人之得失,莫不在于此。如王安石变法后,而结果一蹶不振,致其失败之由,则为忽略了人民之生计问题,司马光之成功就是深深知民间疾苦而体贴人民,以二人之事实为我们前车之鉴。即以我们要针对着人民之需要去训练他们,去引导他们,并且还要能以时才能使民而无恨,依计而行,以待成功。

(作者周昱,时任江北县第二辅导区复兴乡第五社学区民教主任)

选自璧山区档案馆藏华西实验区档案,档号:09-01-138

乡建工作经验谈

陈来江

乡建工作，在号称农业国家，而尤在农业落后的我国，可说是迫切的需要，而亟待推行的。当我离开了八年来的小学生活，参加这工作园地，我便认识了这工作的伟大和艰巨。兹将数月来的工作经验，只能说是工作缩影记录如下：

在一个人地两疏的环境中，我的调查工作展开了，事先认识了保甲长以及有关人士，然后在保民大会中，才把我们的工作重心步骤用亲近的态度，适合农民的口吻，向他们详细地说明，他们都非常欢迎，希望我们的工作能早日地实现。可是调查工作开始，传达不愿跟我挨户跑，便采用各甲集体调查。能够明白我们是为农村工作的人，实在太少，调查项目又如此详细，一般不明真相的人说："将来我们的田产是要被他们分划的。"不管怎样向他们说明，但他们总是半信半疑的，后来因调查表不接济，停留了一段时间，于是人们对我们的工作说为是纸上谈兵，说得闹热。前后两个月的光景，我便完成了初步的调查工作，庚即就是统计表的整理，最令人头痛的十七种表，都叫我们分别地各划三份，还要分门别类地逐次统计出来，调查表一项上面应该设法改良。

传习处目前暂设一个导生，是我自己兼任（最近被调），学生们全是小孩儿和少数的妇女。不识字的农民们、苦力们，他们整天都为了要找生活，有些说读得书来，鬼都老了，有些说，不认识字还是在穿衣吃饭，又有些，更说法不同，来读这个书的人不但名字要拿到美国去，而且还要提去当兵呢！

这样一来,把已经进传习处的学生,尤其是女性,要退的退出,下的要下名字,弄得我莫可奈何,又才向他们说明读书的好处,于是他们才安心下来。一般不上传习处来的农民们,只要他们有空闲时间,我便拿着传习报读给他们听,解释农地减租法令给他们听。这力量倒还可以,他们虽然不能来读书,但他们却把他们自己的孩儿送来传习处读书了。

(作者陈来江,江北县第二辅导区复兴乡第九社学区民教主任)

选自璧山区档案馆藏华西实验区档案,档号:09-01-138

江津防蛆工作的检讨

郭才禹

本人于今年(1949 年)暑期,得参加乡建院同学在江津发动治柑橘虫害的工作,深引为快。今就三月之经验,作一简略之讨论,假若有谬误不实之处,尚希予以指正。

这三个月的工作成绩,虽然有好多地方上不能令人满意,但大体说来已经收到预期的效果,受害的果实都照规定的办法处理,而且果农们知道这是他们自己的事,都愿自己动手。

这次工作能够取得这样的成就,是因为:一、……【原稿缺失】。占很大部分,但由于虫害的影响,使他们受到极大的损失。当然对于蛆柑的防治,都是衷心赞成,而且农民是最讲现实的,远大的理想常不为他们所关心。由于这工作能够最短期收效,而且这工作也正解决了他们目前最迫切的问题,所以当然会激起他们对工作的热情和赞助。并且在江津以专门经营广柑生产者,正苦于对虫害防治无能为力,有我们去发动防治,当然他们就成为最积极的赞助者,成为我们工作对象的中坚。这些都可说是我们的工作正解决了他们的需要,我们的工作有它的重心。

二、同时,这次工作能够顺利推进,我们不能不感谢乡镇保甲人员及有力士绅的协助。假若不是利用他们在地方上的信誉及力量,这次工作是否能有这样成果尚属疑问。乡人大都保守,对于外地来的人都存着几分戒备,尤其历年只见催粮收税人员来乡,对于上面派来的"蛆柑队"会不取分文地帮助他们,简直为他们所不能理解。所以会有我们帮助施药却吃了闭门羹的事发生,但……【原稿缺失】,这其中除了我们自身的努力外,大部分应该感谢他们向乡民的解释,向乡民担保。乡镇人员所以如此卖力当然有他的原因:1.因为江津县府由于孙主任的特别嘱咐以及议会的督促而对此工作特别重视,有的乡长甚至因为协助不力而被申斥记过者,这是政治力量强有力的配合。2.差不多乡保长及士绅就在经营广柑生产,由于本身的利益而自发地协助。当然,平教工作是用组织,生产建设来教育农民。但是在某些需要的时候不能不注意到与政治力量的配合。

三、这次工作干部,大半是乡建院的同学,由于他们对乡建工作已有的认识和信仰,在工作中表现了不辞劳苦,克服困难的精神。在酷热的暑天,经常一天跑三四十里,不管对方怎样顽固要说服他,没有一点架子,对农民谈话总是和蔼可亲,处处为他们帮忙,替他们治病,这种精神确实感动了不少的人,改变了农民的敌视和怀疑的态度,建立起了我们的信仰。而且同志之间,每次对工作……【原稿缺失】,都在检讨会上提出批评。这种优良的工作作风,使同志在遇到困难时,立即得到解决,犯了错误,马上得到改正,这对工作推进影响实属不小。而且,由于同志间感情的融洽,上级对工作同志的关心和爱护,使同志们的精神得到极大的安慰,对工作就特别努力,由此可知,干部的素质以及上级对下级同志的态度,对工作情绪有极大的影响。

虽然如此,但是这次工作仍然有些地方不能令人满意。就拿组织来说,各乡的生产合作社、防治会等都组织起来,防治公约也订好,但组织的力量不曾发挥,公约不是由防治会去执行,而是由蛆柑队代劳。

(作者郭才禹,时任江北县第二区复兴乡第十社学区民教主任)

选自璧山区档案馆藏华西实验区档案,档号:09-01-115

乡建工作经验谈

王 鼎

六月我被分配在复兴一社学区去工作,恰好我就是在一社学区土生土生起来的人,于是怀着万分高兴的心情到这儿来工作了。

这个学区,共有两保,一个街保和一个乡保。街保保长姓李在街上很出名,于是调查之先,我准备了几根纸烟,再包装点茶钱,去会他了。他是上了年纪的人,当然不少老气。在初见的时候,我向他招呼了一下,他只不过傲然地低一下头,接着便是香烟、沱茶招待,我即把我所要谈的话向他谈了一谈。在保上请其代为召集保民会议,我向他们报告我们平教的工作。

"唔!好吧,那我通知各甲长,集合保民好了,你们的工作是像北碚实验区那样办理吗?"保长半信半疑地。

"是的,跟北碚一样。"

"嗯……",保长只把语言拖得很长很低。

我有些惶惑,不知他这是什么意思。

保民大会好容易才召开成了,开会在乡里,真伤脑筋,总要左等右等,三催四迎,人数才会到得齐一点。那天把我跑了许多路,先催甲长又请各户长,好像开会是民教主任的事似的。亲自出马好几次,他们才慢慢地到会场来,后来我把平教会复兴农村的计划及整个工作项目都报告给他们了,保长和地方绅士也帮我们谈了几句话,会终群众散去。一个绅士向我说:"你们要调查这些干什么,田地、猪牛登记了以后,政府要'提'吗? 马虎些算了,办民教班叫他们来读书识字倒可以。"

赶紧我又声明，"刚才不是说登记户口经济是作农复会的研究资料，调查识字的与不识字的等等，以后作为我们工作的根据"。

"不是哄我们的吧？"

"谁来骗人呢，以后我们工作的时候你便清楚了。"

六月八号到一人家去调查，不知道他们为什么还是疑心我们，开始的时候和他们聊了一会儿天，似乎他们又很高兴似的，我说，"这机会真难得哟，你们这些不识字的要来读平价书了"。当时她的儿子有廿二的样子，刚挑了炭转来，没有读过书，"嗯……，你的少爷现在可就来读书了吗？"

老太婆有五十多岁年纪，面容笑吟吟，"是吗？有平价书读那真好呢。"她掉过头向她儿子，"听见吗，现在平教会拿平价书与你读。"

这下我才问她的人口有好多，她说了。

"猪几只呢？鸡几只呢？……"

"嗯！这些我不写，二天政府好不准我们卖吧？"老太婆惶急地说。

"怎样还不相信呢……"，我卖力向她解释，她仍不很承忍，我看只好担保了，"老太婆，二天出了祸事我担保，如何？"

"那你给我写一只猪吧，鸡我没有喂。"

其实她瞒了我。

六月太阳非常猛烈，等了两月，第二批调查表到了。戴了草帽，开始到乡下去跑，乡保保长姓陈，五十岁上下，见面便是寒暄，"陈保长请你们多帮忙。"

"×主任，现在才调查这里吗？"

"那向因表完了，最近表才到，所以拖了很久，嘟个，×主任我决帮忙，二天保上的事你也帮下忙。"

"那好极！"

"我喊甲长跟你喊人来，你写好不好？"保长立马就要去的样子。

好在乡下，人家坐处虽散，反正，总是院落一院几家人，不如亲自到各家去还恰当些，喊人家到甲长这里也麻烦人。

火辣辣的阳光正经顶上下射，我走到第二甲去，遇见谢甲长。

"谢甲长,你在歇气吗? 我来调查了。""调查啥子!"

"我们是平教会实验区的。"

"实验区北碚那边的嘛。我们不是也划过去了,×主任,江北那怕不成啰?"他有些惊诧。

"我们调查户口经济,我们像实验区一样办,并不是划给北碚。"

"唔! 写罢!"

"写户口是调查你们哪些识字,哪些不识字",一面解释,一面请他说姓名岁数。

他的眼睛迷细着,他自己和几个小娃都写了,仅仅他的儿子总不告诉我。

他充满了惑疑的神气,怕是闹壮丁,他跑近前把我的表翻了几下,一双眼睛在纸上括来括去,有些想说好像又不想说。

"谢甲长,我们不是闹壮丁,你放心啰,平教会,在保上办学校,修水利,办合作社主要帮助农民复兴农村。"

"你我都不是外人,不会骗我吧!"

他好像迟到头无办法只好写了,把那都登记了过后我想和他摆龙门阵,"谢甲长今年收成好不好。"

"唉! 今年把我累很了,我种三十石谷挞了十多石谷子,租谷都不够啊。"

"农复会就是帮你们这些,如像水利以后修好了便不会受干",我掉过话头,"政府规定二五租你晓得吗,今年减老板的租少四分之一"。

"真的! 有那样事,好久才实行?"

"就是今年。"

"今年实行得成吗? ×主任二天帮我忙啊",他好像很期望这事。

"自然自然,你不忙拿老板的租好了,平教会便是扶持你们的。"我告辞了出来,叫他小娃打着狗,谢甲长送我到了地场边。

"×主任把你麻烦了,慢走",距了一根田坎远近,听见他在后面送着。

周老板这院子坐了六家人,我到的时候,他正推着粉磨,磨声呼呼地发响。

"周老板你真忙啦,歇气吗!"我打着招呼。

老板娘在阶沿坐着,周老板说请坐,"给×主任端凳子出来",额上汗珠正滴着,立刻停了工。老板娘把凳子也端出安好了。"坐嘛!"

"谢谢你们",我感谢着,他们都到我身边来了。周老板面容温和,精神上显出工作后的疲累,老板娘也望着我,"听说你来查户口了",老板娘首先开口了。

"是的,还要调查田底呢?"

"闹壮丁怕,前两天保上才闹了壮丁去,怎么你又来闹壮丁",老板问起我了。

"我们是属于平教会,不是乡公所的",……我分辩着"我是平教会工作的人,以这在保上我们要办学校教育不识字的,推广改良种子,如像麦种、谷种、猪只……,使你们增加收入",工作这一套我尽给讲了出来,他们只是在听,最后我说在保上组织合作社。

"合作社!"周老板惊异了起来,"又要组织合作社吗? 前几年我在街上组织合作社入他妈存的三百块钱,至今信都没有个了",似乎在我提起了合作社的事,搔着了他的余痛,"说到合作社听起来话倒甜,那次我倒吃亏不小"。

"现在我们办合作社跟那次的不同,那次被贪污了,现在都是把合作社设立保上,平教会设有各样贷款,耕牛贷款,猪种子贷款,参加了合作社以后,社员便可去借,你参加了的话,二天你也可去借啦!"最后我鼓励他。

"不是哄人吧?"周老板又有些动心了。

"真的吗,这次组合作社比过去新法些。"

"那二天组织起了,我看了再说,我们干人吃不起那样亏的。"

我写表到了另处一家了,姓龙,人甚老,上长着八字胡,穿衣非常朴素,听别人说,这是龙绅粮。

"龙绅粮,很仙见咧,吃了少午没有,我来赶少午的哟",他笑起来。

"请坐吧!"并且倒了一杯茶请我喝。

"多谢你",我向他谢了,我开始把表摆出来,把工作这套摆给他听,只见他深刻着皱纹的脸上显出笑意。

"把表借我看一看",于是我把表拿了,我并注意着他的视线。

"×主任,田地查起做什么咯!是不是抽税哟?鸡牛查来又做啥吗!我听说你们是政府派来查财产的,真不得了,那天才闹了壮丁去,今天又来查财产了。"龙绅粮对这些事,整个的心都心都充满着怯畏,不知如何应付。是好,后来,他竟软弱地要求,你写吧。"我只有二十石谷,佃客种起的。"在他这有种要求以后,我没有再强迫固执一定要他讲实话,由此可能引起反感来的。在他所有一百多石田地的财产我明明知道的,但也仅仅只有调查,我们所给他们的实惠在哪里呢?假使说调查是我们工作的表现吗?其实我们的调查反而引起了他们徒然的骚扰。有些人觉得我们却是来挟持农民的,抱着些乐观,有些人也许以为哄了他,不久之后会发意外的灾祸,其余的仍然是不满于我们了。

调查的结果,却是个大概,无真确之可言。老实讲,自中日战争以来,乡下普遍民众都是在揭税抽丁中过了悠久的岁月了。一般都感受了战争带来的苦痛,尤其是中小地主和农民,对我们的调查人口、经济,当然不会讲出实话,然而我们这种工作却又是一步一步地渐进的。如果给他们以真实的实惠于他们,把他们救济一下子或者我们的调查会减少他们的疑窦,而事实上又不能,调查是非常使我失望。

十月份我们统计办到中途的时候,开传习处的令也奉到了。

在保上我请求保长,送了支香烟与他,请开保民大会,保长眼笑眉开地说:"我跟你召集吗",小甲打了锣,我也亲身去请甲长保民,把他们齐拉到会场来。

大人、细娃、老爷都来听了,我请了一位地方绅粮向他们训话,他说,"各位,这次平教会在这边来复兴农村,办平民学校,每一个人都该去读,又不要钱,只拿人去读了各人识字免得求人受骗"……

会场上听众立刻熙熙攘攘,"我们读书,读书了哟"。

在地方人把话结束之后,即请民家自己规定在哪时读书上课,由他们表决设在每天下午，但第二天没有一个来报名，也许是他们害怕来，结果亲自请甲长一道仍由我到各甲去请他们来读书，这样一来学生都齐集了。

导生多由我亲自去拉，要他们帮忙，在一般学生群中去找大致无办法，学生的一个领导者可能寻出，然再要他们去给学生上课则能力不够，于是不能不从另外的地方找较有知识的人来充任这种导生。因为他们是义务职，土任者也对他只好客气了。在我拜托的几位导生除了以人情相处而外，还得请学生去尊敬他予以精神鼓励，主任者还得和他站在平等立场。以此种工作抱着共同研究的态度，不能任加申斥，如像领导学生应用某种方法。大家提出彼此的意见在他同意之后，即可请他照行，否则他拿"我又没有拿薪水"的话来抵触。在学生一方面，有一次在传习处闹意见，导生起而干涉，可是学生不听话，导生向他们谈，我是尽义务，你们闹啥，导生当不当并不怎样了不起，后来由我多方向导生代学生要人情又说好话，结果才把问题解决了。

学生随时有缺席的，少数人读两天又停，读两天又停，有次我亲自讯问几个学生："你们为啥子事不来？"

"×主任我们要搞饭碗，做活路咯，一天的事做不完，哪有空来读书啊"，一个学生向我申辩道。

"假使你们空，还是来嘛！"我劝着，有次我在街上正要劝学生来读书的时候，一个老太婆姓姜向我插嘴道，"×主任我来读书吗，许不许？"

"欢迎！欢迎！"，我欢迎着。

"那个，读了有饭吃没得，一天肚儿饿了要吃饭！"连说带笑。

这才知道她是说着玩的，我笑了一笑，"平教会没拿这笔款给我办"。

古历九月间，郊外一片翻动松的红色土壤，他们在下着种。

我跑到他们那里去，"喂，黄老么，老陈，你们读书吗？""每天天黑的时候干个点把钟，你看这几块土坎要六七个活路才赶得起，一天不得空来读你那平价书哟。"

"二天你们还是抽空来读一下吧，活路不要紧，赶得完的咯。"我仍劝着。

有的笑,有的却若无其事在那里挖着土下着种子。

传习处的学生,十月二十一号我在那里去巡察,学生乘机喊着我:"×主任,一天光读书,真是无趣,你说要发纸笔墨,现在该发给我们吧,下次不然我们不来了。"

"老火!"我心里想,"传习处经费的问题与保长谈过数次了,却得他一推再推,说不拿给。大致香烟喝茶没有收到效,难道请他吃顿油大不成"。我很馋气。

第二天再去问保长,仍是老样子,"等我收到款子便该你,今天我还扯不出钱",笑着向我说,真气急人。

自己不得不设法了,于是赊了三块多银元的纸笔墨发给学生。

"发纸笔墨了,我们学写字了快来哟",学生都高兴着大声地叫。

"×主任,我还没得到纸哩",一个年轻的学生叫了。

"不要慌,要发,不会得脱",我满足他的请求,每个学生都发遍了。

在街上,我得着少数人的疵议,他们不满于我们"这个日子,徒弟把事丢了不做,去读书读,啥子书,哼!哼!"学生的老哼声在说"听说要在保上来派款子,拿去办平民学校,原先不是说不要学生出钱,也不要地方出钱,他妈现在什么都要地方上来给他办"。一位大绅粮,在茶馆坐着,大发议论。

我的脸都被说红了。

"×大爷,只这一少部分钱才在地方上出,我们还不是为地方的办事,教不识字的个吗,平教会并不污你们的票儿,来骗人的。"我也气急地一口气说出来,旁边喝茶的人都把我们盯着。

"是呵!是呵!你去办吧"。×大爷在这儿让了一步,再不出言了。

办传习处在目前的环境非常困难,学生在他们一天不得一饱,衣不一暖的日子下的确没有多余的时间到传习处来学习。尤其再向下,情形更较特殊,他们的工作,不但是今天做来的不够明天,最低生活的费用必得在外面下力,挑炭抬滑竿增加收入来补贴生活上的负担,求生的能力有限。农人的生产技术仍是过去那老工具,他们的工作时程只好加长了。谈到读书识字并非是他们不愿,不知读书的重要,都是生活环境把他们压制着了,现在即有平价书供他们读,却难而能就。

况且传习处的经费,仅在保上,开支一点即得别人的疵议,心怀不满,乃至保长不很热心帮助。主要的在许多人们中纳款为他们所害怕,即今天在他们头上加一点捐费,即仅少得一点点,他们也是不心愿的,保上的绅粮却又自私得很,你想请捐款吗,他宁愿拿去喝二两酒或做了无益的消耗他也不会给你的。

（作者王鼎,时任江北县第二辅导区复兴乡第一社学区民教主任）

选自璧山区档案馆藏华西实验区档案,档号:09-01-115

查传习处

周上禄

一个晴天底下午,大概是两点钟的时间,我准备去第二传习处,路过沙井的时候,听到前面有一种很急的喊叫声:"王二姐,王二姐,上课的时间快到了,请你赶快同李大姨妈一道来吧!我们不等你了。""再等一会儿嘛!我的猪马上就要喂完了;李大姐正在洗她小孩儿的尿片儿,马上也会来的"。一种低微的声音,从一间破旧的草棚里传出来。我急忙赶上去。因为我很想知道这位喊叫的传习处的同学,而且还告诉她时间还早的消息。当我离她约百步而未辨认清楚的时候,她便叫起我的名字来了。而且与她同道的五个同学都一齐跑上来给我行了一个九十度的鞠躬礼。当时我心里感觉到无限的快慰与兴奋,暗想道:"为什么她们会这样地尊敬我呢?传习处里在前并没有教她们这些,为什么她们会行这种礼呢?……"

原来,这是本社学区第五甲十一户江吉成的妇人。家中以佃周志发的十石谷,再她丈夫在农暇去下苦力维持全家七口的生活,家事及菜蔬的种植完全是她经理。但她是最怕羞,而且最顽固的人。当我在前到她家调查人口经济的时候,简直把门关上一点不理,就是刘甲长也拿她没法。那时我整整花了半天的工夫,才把她勉强说服了。既后,我带了喷雾器和砒酸铅给她预防菜虫时,她却非常感激我。后来,她对我说:"我今年的白菜萝卜,全靠你帮忙,要不然,又像去年那样被里壳壳虫吃光了。"所以到现在她对我有很深的印象,而且尊重我。

结果,她们便与我一路往传习处里走,还唱着一个名叫《傻大姐》的歌,那真有趣极了。一些硬口的喉咙大声地吼着："她的确傻,顶顶有名的傻大姐,三加四等于七,她说等于八。她说她八岁那年作妈妈。为什么这样傻?就是没有受文化……。"我听来异常好笑,而且把路旁的其他居民也惊动出来看了。

到了静观寺第二传习处,想不到那位热心的导生志达同学,早就在那儿与来得最早的学生谈天等候了。这是志达余下的教室,左边是运动场,前面是校园。所以四周的环境都很好。有时学生们看高兴了,还去与志达同学玩篮球,那是最有趣不过的了。

不一会儿,三三两两的背着奶娃,搀着小孩的男女学生到了各人指定的地点。(依学习的进度,分甲乙两组,各有各的教室)三点半钟,是学生们自己决定的上课时间,人数早已到齐了。两组共有四十三人。教室里突然安静下来,导生便开始授课了。

本来这个传习处,经我们最大努力宣传的结果,在开始的时候,总共只有二十一人。后来因各位导生有良好的管教方法,和蔼公正的态度,同学也觉着这真是为他们谋福利,的确是要比余暇在家里呆坐好玩得多,有趣得多,所以你约我,我约你,学生人数遂逐渐增加了。这种学生相互邀约的办法,确实要比我们民教主任宣传的力量大得多。

由此可以得到一个结论:拿实际的工作情形,摆在人民的眼前,他们才会相信我们的工作。这对我们工作的进行,自然顺利。而且还可能比原定的进度快。

（作者周上禄,时任江北县第二辅导区民教主任）

选自璧山区档案馆藏华西实验区档案,档号:09-01-115

我的传习工作

罗本初

开始工作已经有半月了,以本区自成立民教以来,人事更换频繁。工作来说除调查户口比较整齐外,其余多停滞未有办理。

本区属山地,人土贫瘠,人民识字水准极低。有求学的,多半受教于私塾,去蒙受不求讲解死背苦记的毒害。以此我第一步工作,便针对着农村教育的传习处。

乡间的农民,往往缺乏理智,而具有一种善良的本能。所以我到了农村,先是发麦种给他们,介绍这种麦的好处,使他们知道我们是善意后,然后再慢慢地谈到今天社会的情形及今后任何人读书的必要,识字的必要,这才劝他们每天抽空在指定的传习处来求学。这样我想才不会使他们对我们的工作疑惧,而增加好感。

乡间的私塾,前往求学者,以乡村儿童占大多数,我们只要在这里改换教本借住地方,是再好没有的。但对私塾老师的洽商有时也许会发生问题。一般的老师多半年逾五十,脑壳里充满了八股文章。这正如旧瓶子里装满了旧酒,又用这旧酒来迷惑每一个学生。当你与他接洽改换教本聘他导生的时候。他会板起面孔,顽固不从,纵然我请来了保甲长与他料理,也往往不易办妥这件事情。这时我们应该用别的一种法子,就是尽量地把握住那群学生,使其明了我们这种教育的好处,并以纸张精美,不取费用的农民读本来介绍给他们。在谈话闲言中可谈及读本中内外新奇的事物,来引起他们对此书的兴趣,这样以使他们的目标转移,自然地对旧书倦厌反对,这样

— 141 —

传习处便比较容易成立。

农民多属善良诚朴的,具农村风格的孩子,更天真可爱。你如向农夫问路,他会放下锄头,滔滔不绝地回答你。直至转拐下坡都还有他的声音,当你经过一个院子要火吃烟,一个笑嘻嘻的儿童会点火出来,干乡村工作的人们,一定会领悟到农村是多么的可爱呀!多么的崇高纯洁呀!

我才跨入乡村工作之门,没有广泛的工作经验,这篇话对经验只抓住了一点皮毛,但我愿提出来与同志互相勉励,能彻底地推行工作,扩大自己。

（作者罗本初,时任江北县第十一辅导区民教主任）

选自璧山区档案馆藏华西实验区档案,档号:09-01-115

乡建工作经验谈

周裕常

余自从事乡建工作以来,迄今五月有余,对于传习教育,殊感有心得。吾于创办传习处之先,乃会同本社学区热心人士发起成立宣传团,传输传习教育之意义,且张贴有关传习教育知识之标语,才能使其一般不识字之农民踊跃入传习处。

传习处设立之地址,乃按本社学区人口集中、交通便利之地区斟酌设立。传习处设竣后,其次为选拔导生,此为一大困难问题。因乡村农民生活困苦,虽然有识字之农民可以充当导生,但因伊辈朝夕忙碌,故无暇充当,如弃稼而教民,担负义务之责,伊辈导生家庭生活,乃无所依托。故唯一选拔导生之法,为聘请私塾教师,如社学区无私塾者,可于传习处学生报名之时间内,将先报名者,用短时间训练一批以用之,此乃导生一事即可解决。

至于上课时间,每日以农暇时开课,课余可集中传习处之学生于郊外或广场坐谈各学生家庭之生活情况,学生有专门农业技术方法亦可贡献,如是可锻炼口才,且可提高读书之兴趣,使留生问题灭减。各学生所谈之专题可由导生记录于簿上,将各学生之专题刊载于壁报上,张贴于传习处,使学生多得知识,并且能得到农业技术方法。

如是周而复始,养成读书的风气,使传习处之学生日益增加。如斯继往,相信短时间内,一定能产生宏大效果,达到普及教育扫除文盲之目的。

（作者周裕常,时任江北县第二辅导区静观乡第八社学区民教主任）

选自璧山区档案馆藏华西实验区档案,档号:09-01-115

如何克服环境

陈　克

　　乡村建设工作不像工程师建造房屋,修筑公路,在很短的时期内就可以造成一座壮丽的大厦和一条宽阔的路道。它是一项缓进的艰苦的工作,在进行的过程中,也许会受到困难和阻力,工作者如没有耐心和具有极大的抱负,很易半途中辍,被困难所屈服心灰意冷地倒退下来。但困难不是不能克服,阻力也并非不可化除,全看你是否愿意,有没有信心去克服它们,化除它们。为了实现我们共同的理想,只有咬紧牙关,拿出勇气来承当这必然的,不可避免的苦难,把困难涣然冰释,化阻力为助力。

　　我们最初下乡,乡民们随时随地注意着我们的行动,甚至可说是"监视着"。假若在衣着、言行、生活习惯方面表现出特殊,他们就会投以猜疑的眼光,处处遭受到歧视、责难。倘稍有隙缝(尤其男女关系,有时是莫须有的事件),他们要当乡镇中特殊新闻似的扩大地为你宣扬出去,弄得满乡风雨,乡民暗地议论,使你一刻也不能再处下去,很愤懑地抛却工作场所,逃避这妄加的诽议。当你身临此逆境的时候,决不要气馁、悲愤,耐心地研究谣言的来源和起因,切实地检讨自己的言行,用事实来纠正他们的妄语。革除自己的优越感,生活到他们的群体中去,亲切地同他们谈论我们工作的目的和态度,甚至一些生活琐事,把他们由怀疑、猜忌、恐惧的陷阱中解救出来,感到你还是一个人,和他们一样。因此,才相信你的工作、言行,向你道出心里真话,虔诚地期待着幸福的给予,美满生活的到来。

茶馆,我们一向认为是有闲阶级消磨多余的时光和精力的地方,我们是不愿在里面停留一段时间,深恐降低了自己的身份似的。但是在乡镇中茶馆有它的重要性:它是乡村的交易所,纠纷的调解处,大众的会客所。应该耐着性子,抽出时间来,到茶馆中去坐一些时候(尤其是在场期)。也许最初会感到不习惯,久了就变得很自然的。在茶馆里你可以会见朴实的农民,刻苦的乡村自治工作人员,民意机关的代表和士绅。各种类型不同的人物,各种性质不同的事情,够你观察和分析的。但你也得有多方面的应付能力,方能在这环境中应付自如,不至感到无聊、烦闷。同时应准备着各种基本的科学常识如天文、地理、农业、卫生等。在"茶馆"里将事情解决后,闲下来,有时他们会把乡中的新闻,宇宙的现象,迷信的传说来向你提出或请教,想从你这里获到满意的答复解除他们心中的疑团。如能给予他们较圆满的解答,则对你的信仰,就更加稳固了,那么工作就可以很顺利地展开。

封建恶势力还很根深蒂固于乡村社会的时候,"哥老"的确有它不可抹灭的力量。同他们起了恶感不仅是工作无法推进,就是你自己也不免有危险,绝不能存丝毫利用他们的心理。你与他们间保持一定的距离,"敬而远之",最好使他们对你没有透彻的了解,对你感到敬畏,不敢提出任何自私的要求。无法也无理由来阻止工作的进行,各行其道。能如此,那么就把极易变成阻力的势力冰释了。

乡村中不乏正直士绅和热心建设的人士,他们可能成为我们的工作同志,乡民的领导者,这股宏大的力量,我们绝不能放弃,要主动去争取,求得他们的协助,让他们出来引导农民走上建设之路。但他们也不是用一篇大道理就可以感化使其尽心尽力地来帮助工作,必须同他们在友谊上、感情上把关系建立起来,互相融合在一起,能达到彼此不可分离的境地最好。在工作上你得到了有力的同志,生活上也有了很好的朋友,也不至于感到孤寂了。他们乐意出来奔走、呼唤。实地的倡导,不仅是道义的,而且认为是应该的。

有人说我们现在的工作是"播种的工作",须先将田畦整理清楚,把种子播下,让它们自己去萌芽、生长、开花、结果吧!

(作者陈克,时任江北县某辅导区干事)

选自璧山区档案馆藏华西实验区档案,档号:09-01-115

乡建工作经验谈

刘成禄

我走进农村,已有五六个月了。在一个深山旷野偏僻的学区中,举目一望,只见四周的高山,壁立的山坡,一层一层地显出庄严伟大,到处苍松翠竹,青山绿叶生气蓬勃得很。这里虽然寂寞,人口稀少,交通不便,但以空气新鲜,风景幽美,颇感过得去。

在一个六月的炎天里,平原地工作时热得透不过气来,我在森林中穿来穿去,那凉风吹来,很觉舒畅,逐户调查户口,不难地就完成了。

深山旷野,可爱的农人们,他们那纯洁的心儿,真是一个善良的老百姓。他们没有什么反对,只有服从,可是在目前的条件下,听说到公务员又什么开会,他们只有怕,甚至拒绝参加。什么抽丁、征粮、油大——深入了他的脑筋,不管是什么平教工作、农村建设、扶持农民,说得天花乱坠,他的心里始终是这一个印象,"用的是套把戏,将来要遭哩!"唉!农村建设,不用相当长的时间,是行不通哩!农夫,可爱,辛辛苦苦的无辜得很。

开保民大会宣传等筹备了多久,传达丁(保上的)整整地跑了两天,召集着爬山越岭,费了最大的努力。理想中的大会,热闹,心里的热忱,结果等了大半天,所到的民众,除开保甲长很快地到达外,其他的户长,是漠不相关了。

走了一家又一家,挨户地去询问。一家距离一家,隔着三四里,远道一点的,走一坡又是弯,山上山下看不出一家人户来,整天跑着。到达一个不开通的农家里,百出的花样,真各有不同,有的开门闭户,有的出外不归,更

— 147 —

有的置之不理。他们的心意中，开上了名册，又不知怎样，心中的思索，有利有害，欲开不开的样子，非常不安定。你要是不多方面地去调查，他所说的话，百分之五十恐怕不大正确，人口数除开壮丁年龄隐匿不报外，其他的儿童妇老，大多是正确的。最难说的经济栏，他们认为将来要和他清算。总之，以多报少，大伤其脑筋。能据实填报的，是负债栏，没有多大差异，再没有以多报少了。户口经济调查，忙忙碌碌地经过了三个多月，可算完工了，统计了一月是项调查，方告完毕。

调查完毕后，传习教育即将展开。本区地居偏僻，一家一家中，相距太远行程不便，以适当的地方，最难选择，现在较为集中者，半山上开设传习处一所，山下开办一所。不管如何适中，终于比不上那本原地，而那山顶上及太荒野的地方，真可说是鞭长莫及，无法添设了。本区人民生活最穷困，大多以苦力谋生，每日早起晚归，下力挑矿、打香叶、开荒山，终日忙碌不得一饱，一天生活动荡下，闲余攻书者，可说无几。以此经济问题无法解决，谈到教育，真是逼人走上断炊之路。传习处开学了，很少几位来安心求学，其因：（一）农民生活痛苦没有休息的余地；（二）地太偏僻相距过远；（三）成人教育从未举办，一时难打开旧有的思潮。

这不是我的工作不努力，其实是地区环境的关系，费了力不好看。在本区的教育，不但成人教育无法施教，而那保民校的儿童教育也不超出十余人了。现在我用了一个办法，"送上门去"，大院或三五成群在农间工作者，加以一点宣传教育，解释农地减租，说明合作社的办法，将来贷款的情形及一切有关农民的利益，说得他真心欢意悦，感激得很，恨只恨时间不容情，无闲来校。他们想克服困难也愿来传习处了，在此文化落后的地区里，对于导生的选拔，几乎乏人充任，选了又选，终于有二三位能尽力地帮助。

合作组织，农人们为了要解决他生活问题，"贷款"欲求得到实惠，能按步骤地组织下去。

再谈农地减租登记换约，民教主任已被派为登记员之一。减租工作，今急急进行，那无良心的地主们违法收租抗不换约，大多数成了观望的局势，看一看人家怎么样？其他乡镇为何？不换怎么办？徘徊的心理耽搁了我们工作的进行，而那佃农们，真奉公守法，常催着地主换约登记，可是在地主大力压榨之下，大多数的佃农们，敢怒而不敢言，哑口无声就去了。在此不合理的情况，秉公发言的我努力宣传，教佃农用合作组织的力量，去争取减租应得的实惠。现在主佃双方恨我而爱我，真使我欢喜而愁闷。每天常见的地主们，是乎难过，但我总之不会瞅睬他，结果剥削的地主们似然纷纷地来换约了，纠纷问题倒难解决。

中大二四一九号、中农六号的两种麦种，现已分发给各表证农家了，杀菜虫的药品也同样地分配下去。种子下乡去，他们一看到不错，那一种比较白一些，大而肥，他们都愿种，可惜太少，不够分发。那杀虫药剂拿出实验喷雾器去打着，飞出细雨，如云雾一般。乡的老爷们："你看那是什么洋机器到了"，有的说："实验区的啥东西，杀菜虫的呀！我还有几块土呢。"他们从来就没有看过，觉得稀奇、诧异。此次药品、麦种的实验质量虽少，但增进农民的心得到还不少，认为实验区的工作不是空谈，由此种表现，渐渐地才会相信。

是项工作，乡村建设不是一天一日的工夫，从未举办，慢慢地打开着脑矿，新辟着一条大道，开荒山，砌石子，非要努力工作不可。应拿出我们的心得，不畏难，不怕苦，要克服所有的困难，埋头干下去。

（作者刘成禄，时任江北县第二辅导区三圣乡第二社学区民教主任）

选自璧山区档案馆藏华西实验区档案，档号：09-01-115

乡建工作经验谈

张　毅

我在今年的五月里,便踏上了华西实验区乡建工作的舞台。我的社学区是在一个偏僻荒瘠而又最寂静的村落里——三圣乡。

江北县第二辅导区是它的主管,华蓥山系倚着它的北边。

这一个可怜的小村子,一直是度着那腐旧的岁月,所以文化、建设、风俗习惯及一切……,仍然是十足呈现出原始的姿态,国家是在一刻不息地向前急进,社会是那样快地在幻变,它当然是最落伍了。

事实决不会有那样死板,人力是绝对可以征服一切。乡建工作,已深入这村子来了,我应当要肩负起这改造腐旧而不前进的使命。

我受训结业后,是在六月的初旬,这一个伟大而又艰困的工作,便全面展开了。

第一步便是作社会、经济、人口、卫生的户口调查,当开始的时候,可说是"漫天荆棘,满地风波"。就在这儿,我便下了一个工作定义,就是纯粹采用"行政力量",一切事情,都依赖乡、保、甲长来推动,意料一定会达到理想的收获的。可是刚到两个礼拜的时候,工作碰到钉子了,事实完全与理想相反,不但所作的调查得不到正确,反而遭受当地人民的反对和破坏。

我整整用了几乎五六天的深思细想,才发觉了他们反对工作的主要原因。自古以来的腐旧思想和习惯,给了他们深刻的印象,兼之十余年来,国家完全在战争中过生活,政治没有走上正轨,政府失信于人民,故人民对政府的疑惑太大。在这"兵荒马乱"的今日,突然来推行这套平教工作,当然要使他们疑惑,乃是必然的道理,这便是他们对工作反对的主要因素。

失败给了我丰富的经验,发觉了他们所患的病症,我便知道对症下药了。要想移风易俗,洗涤他们的腐旧,这必须要使他们对我的工作有明白的了解。要想他们不反对我的工作进行,这必须要以"农民化,化农民",绝对不要利用行政力量,因为他们对政府太疑惑了。所以这时候,我又重行决定了我的工作方针,以宣传的方式,来争取对工作的了解,我并长期驻于农间,随时召开保民会议,使彼此感情保持融洽。以农民化的方式,来进行户口调查工作,我回忆调查的时候,我穿着破旧的衣服,手里拿着一枝叶子烟秆,笔墨都不带。这样挨户地跑到他们家里去,并在可能范围内的事,替他们做一些,用间接方式获得了他家里的情形,这不能不说是我失败后经验的所得。我并又一贯采用以"感情化人"取消一切官僚架子的法子,凡事都以理智来克服它,所以我的工作,便才很顺利地进行下去了。以后如传习处的开办、找导生、找校址、招学生和创办合作社,推行"农地减租"等,无不以这个方法,而获得了圆满的成功。

我现在有了这个经验,对本区各种工作,进行起来,似乎都比以前容易得多了,而且还感到有无限的兴趣,我并愿永远作一个真实的平教工作者。

(作者张毅,时任江北县第二辅导区三圣乡第六社学区民教主任)

选自璧山区档案馆藏华西实验区档案,档号:09-01-115

乡建工作经验谈

彭永芳

我参加乡建工作已届半载了,在这长久的日子里究竟得到些什么经验呢?在调查表未运到前,就下乡去拜访平常场上能呼重望的绅士和老者,当场日则坐茶馆向保甲长等公事人等宣传实验区的工作,使他们明白这工作,真的知道这工作是在建设乡村,以便请他们协助我们的工作。调查表运到时,就通知保长开始各乡调查,现在就从调查的时间起,逐一叙述在下面:

一、调查时期——调查为了不受阻碍,而在户口经济方面得到较正确的数字,就要召开保民大会,明白宣传实验区的调查的原因及要办的事情。

二、调查开始——在调查时为了少耽搁大家的事情,只喊了保长带路,依地势的方便,挨甲进行。调查遇着有谎报隐报或撒惑的情形,就用很和蔼的态度,跟他们解释,说服他们。有时遇着需要给他们帮助的时候,就尽量去帮助他们,如写信、订约、认字和解决纠纷等,并且丝毫不要他们的报酬和感激,使得他们要更正确地明了我们办的工作情形。但是因以往拉丁的可怕,固执者对年龄方面仍有不免谎报的情形,这是极少数,也有过分希望的人,说实验区是办的救济工作,将来要按人数发口粮,因此将生下的婴孩,也如数填报了的,这项调查可说是最精确了。

经济调查,也是以往在土地呈报时受了打击,实报者照数纳粮,少报者纳粮甚微,因此这次的经济调查就大受影响。以田地谈,所报的大都是打了四成或八成的折扣,能明达事理者仅有十分之三四是报的实数。在主佃双方又有不同的填报,佃农比地主报的较确实,若主佃双方先有商议的经过,则双方皆报的少。填表后又采取搞偏激的方式采问别人，如问得了实际的数目，就立即更正。

三、办统计——我们的统计是集合在一个地方办的，有问题就提出来互相商讨，互相解决，要是在调查时填得很确实，统计是无困难的，只有经济统计表中的主佃关系，那是够麻烦了，一是主佃双方各报的田地多少不同，二是主佃双方各报的名字不同，统计时就要去询问有知道这种错误的人，再作统计。

四、办传习处——办传习处，更是一种困难的工作，不单是以宣传的力量所能办得到，最好还是要用政治的力量去推动，以往的乡镇习惯，是由上而下了命令的。

就黑板方面谈，我们随时向保长代表商量，请做黑板，以此商量了好久的时间得不到结果，后来我才建议先规定天数，请乡公所督促保上办理。照这样进行，果然不到半月时间，就办好了。

选拔导生方面也是最不容易的事情，无待遇不好选导生，后经多方接洽，通知乡办公所，导生有免杂款的办法，在合作社中有参与选理事的资格，并且另托地方人士的劝导，才聘到了。导生服务了一段时间，常向旁人谈，要得待遇才上课，我得了消息，就去安慰他们、鼓励他们，叫他们要以大家的幸福着想，不以私人的利益上去看，大家得了你们的幸福，你有了事，他们也会帮助你的。现在要看谁的传习处办得好，办得好的一定要奖励他。导生经我各方的挽留，缺席的事也没有了。

在招生方面，那是再困难也没有了。成人们个个为了要做事要吃饭穿衣，在识字的需要，他们好像是多关紧要的。在第一次开传习处时，我就叫某几甲来开会，同时叫他们报名领书，结果经了三个多钟头，仅有几个人来报名，这次可算是失败了。在第二次去开学，先就照调查表上应该书的名字录列成单，交给甲长，同时自己又带一部分书去，一面宣传（不识字的读这书，一概不取钱，并且以后还要借钱给他们），一面发书，这样一来，就较以前多招些人了。可是最近是农忙时节，来读书的多半是十三岁至三十多岁的妇女，成人男子仅占少数，这种现象还是不能达到我的理想。我对招生方法还在积极研究,要如何才能达到扫除文盲的责任。

这里我有一个假想,传习处招生最好有政治力量,若不识字,而又不来读书,是阻碍社会的进步,应该要罚他来做苦工(筑路、凿塘……),或用罚款的方式来罚他们,罚来的钱,就交给传习处让读书的享受,如买文具,修理传习处等,我想照这样办来,是要办得更好些。

我的传习时间是定在午饭后,每天吃过午饭,我都要去查传习处,若读书的还未来齐时,我就去与那些来得早的谈龙门阵,问问他们的家庭状况,告诉他们的个人卫生和公共卫生,以及读了书有哪些好处,并叫他们还要去劝那些不识字的也来读书……。我的乡建工作已收到效果的就是这几项,其他如换约登记,组织合作社正在筹划进行,这里也不叙述出来。

(作者彭永芳,时任江北县第二辅导区三圣乡第七社学区民教主任)

选自璧山区档案馆藏华西实验区档案,档号:09-01-115

乡建工作经验谈

王承厚

我是一个服务小学教育的工作者,在本乡中心国民小学教了一年书,作过一期校长。我对于教育非常留心,虽是抱有很大的努力,终于受了现局势的影响,没有获得良好的结果。在本乡划入中华平教会华西实验区,我才离了校长职务参加受训,成为一个健全的教育工作者,完成我的志愿。

我受训以后,派我担任本乡第一社学区民教主任。第一次开始的工作是户口经济调查,我先会同保长召集了一个保民大会,说明我们工作的意义,希望大家民众共同来干,然后我才展开工作。

我们这个乡,处地比较偏僻,教育落后得很,民众知识简单,对于这新工作,全没一点信心。我是常接近他们的人,并且唇干舌燥地解释,总是疑心调查,隐瞒户口,敷衍经济状况。推原其故,由于文化水准太低,应过抗战戡乱的劳役,饱尝了欺骗,劳逸不得平均,赏罚易常乖舛,所以欺瞒,成为上下相孚的习惯。即使受了痛,痛到如何难受,总是咬牙忍耐着不痛。我们的工作,深入了农村,真正地解决农民的痛苦,照着工作的步骤,完成了农民的福利,这是正确的。在过去政府办的平教,是形式上有的组织,文盲并不减少,农村的建设,表面上很求完备,结果一件没有成功,并且增加每个人许多负担,受了许多烦累,所以他们只得损失求安。我这次的调查工作,因为有了几种关系,不敢说是精确,而我无论如何要做到正确。不过我要多和他们接近说话,多替他们帮忙,进一步来说,我们的工作要求实践,要使他们看得到我们的工作,要使他们受得到我们工作的效果。

乡里的人,权利义务毫不懂得,简直说个人的利害也不明,由此可以想见他们受的教育。这次的传习,非常的要留心,算是我们整个工作的基点,如果漠忽了,不特不能改换他们的脑筋,并且还要受他们的歧视,那么我们这工作就不容易推动,即使推动也不能得到好的成绩。

乡村建设将要从口号变成事实,我踏上这工作道上,处处都很虚心,但是放大胆子鼓着勇气,一步一步地前进,在领导者指导下,完成我最大工作使命。

(作者王承厚,时任江北县第二辅导区三圣乡第一社学区民教主任)

选自璧山区档案馆藏华西实验区档案,档号:09-01-115

乡建工作经验谈

张洪达

  我于高中卒业,就在本乡中心校任教员一期,中途便听到一般人说:"本乡划为平民教育促进会华西实验区。"不久驻乡辅导员就莅临本乡张贴招考民教主任简章,我便不揣冒昧地去报名投考。被录取后,奉令至区办事处受训半月,才知工作的意义和目的。受训返乡后,命任第三社学区民教主任一职,从此我们的工作就开始进行了。当我的工作能力,全赖辅导员的指示和同事的砥砺,以将推行达五月,其间推行工作所得的经验,略述如下:

  我们的工作第一步,就是人口和经济的调查,先通知保甲长代为召集一个保民大会,而保甲长将通知给各户。民众们都有些愁骇,是派款或办壮丁呢? 经浅显向他们解释了一番,他们才稍有一点明了我们的工作内容。不是派款办丁——而是替他们谋幸福的。在开会之日,我往保办公处去。本社学区多山地,位居偏僻,住户稀散,民众少于聚会,故所以出席人较少。开会时将人口经济调查经过一番解释,再组成调查队,克期出动调查。出动之日就得一个打击,按我们工作的一个诛谕,而这个诛谕是一般农民不会说出的或是一个小地主所谈的,因为问他家有多少田,有多少头猪,恐其怕说出以后,提他们的财产,抽他们的猪,所以他不但不说,而安一个诛谕。后经保甲人员的解释,他才知是错误,所以很客气地说出,而填上调查表,逐户地调查完竣,得一个检讨。户口调查有百分之九十的精确,而经济调查,只有百分之六十的精确,在百分之六十中还有我知道的与他们所说的不符,亦将更正,或者有时由保甲长酌予添,若果不是如此,最多也只有百分之四十的精确。为了这项不精确的，我很不放心，但也不好说，只好让他不精确，因为自己的劝告力量已尽到了，也就让他不精确吧。既后问其同事，都是如此谈，人口调查比经济调查确实一倍有余，所以我才放心。

第二步的工作是开办传习处，导生最不好找，首先是尽义务职，仅有导生奖金及杂款的小优待，兼之品格优良以招民众之信仰，所以更不好找，翻开调查表看，读中学者只数人，而读私塾者尚多，所以只好人托人，已托己的这样去谈，终于告成功了开学的条件。先由他们自动报名，但自动报名者只有十余人，就另想法每家预定一人，到社学区办公处领书，一面说些浅显的例子给他们听，再约定日期开学。在开学日，我最先到传习处等候他们，传习时间到了，而来的人只有半数，又同甲长一路去吹，终于是到了，但数日后来读书的人渐少，而甲长也不负责了，只好又想法去使他们来传习处读书，可见开办传习处的困难，比户口调查困难得多了。

（作者张洪达，时任江北县第二辅导区三圣乡第三社学区民教主任）

选自璧山区档案馆藏华西实验区档案，档号:09-01-115

乡建工作经验谈

刘成树

　　我从事乡建工作,仅有五六日之久,说到"经验"二字,还谈不上,只有将我经过的困难及解决办法,略述几点出来:

　　一、社会人口经济调查方面。社会人口经济挨户调查,乡村从未举办,初次下乡调查,硬是风味特出,无奇不有。一到农村的农户家里,男的女的老的少的耳语的声音不绝,有的说莫把年龄报大了,莫把田产报多了,他们都用各种不同的方式,来对调查人作敷衍的应对。这一个不实际的作敷衍的表示整个农村角落,都犯了这个通病,形成了同一的心理,这样一来调查一人只有用侧面方式讯问邻近的人比较实际,或化着农民化的装式去化农民,使农民心悦诚服地说真话,这样调查,更较确实。以上办法,乃经过调查解决困难的好办法。

　　二、传习所方面。成人教育是应该举办,文盲是应该扫除,人人都晓得这个道理,不识字的人也晓得不识字的困难。但是传习所一开办,应入传习所的男女人们,就有话说了。我的事情太多,没有时间及闲心来读书;我们急于需要的是吃饭,暂不需要的是知识,又有人说不要钱的书恐怕读了要当兵,以后还要出更多钱。有了这种惑疑,就有人派小的代表来读书,来塞责了事,举办的人虽用尽心血谈出"通过教育,改造生活,完成建设"的一番道理给他们听,他们始终不相信,始终不能解脱他们的惑疑。民教主任在此情况之下,就要想方法该给他们的实惠,要与他们解决困难(如写信、医药等),并且还要训练导生,由导生倡导,这样一来民教主任、导生、读书的男女人们,就有一个系统,有一种组织,用组织的方式来办成人教育,那么困难就容易解决了。

以上社会调查及办传习所的两件工作,都是办乡建工作最难办的工作,也是急于要办的工作,所以我把其中的困难情形及解决办法叙述出来,容易办到不发生的困难的工作,我就不再叙述了。

（作者刘成树,时任江北县第二辅导区三圣乡第五社学区民教主任）

选自璧山区档案馆藏华西实验区档案,档号:09-01-115

乡建工作经验谈

杨明楷

我们华西实验区的民教主任们，在过去都是些教书人，只有教书的经验，尤其是江北在本年六七月份才正式工作，这样短短的期间，更说不上有什么经验可谈呢？

我只好把短时间所办的事情，分述于下：

一、调查人口与经济的经验

自江北第二辅导区成立后，三圣也在范围以内。我们要到各保各甲以及各户去详细调查，中间便发生困难。因为我们的调查表，比较过去的户籍调查，要详细得多了！既无政治力量，而又要挨户地详细调查，使有些农民心里有了疑团。有了这个疑团，我们的工作便发生阻碍，莫说还要到他们家里去，问田问土以及猪牛鸡羊等，便是不去，先就发生了反感，聚议不让我们去调查。这样还能开始工作吗？那么就停顿下去了吗？处此进退维谷的当儿，要想法来解决，我们想的方法，说来还是简单，便是在来调查以前，召开保民大会，由我任主席！报告：

"诸位，今天召开保民大会，个人非常的高兴，因为到会的人很多，往常开会，没有今天这样踊跃而热烈。我是本地人，今天在座的，都与个人有密切的关系，不是亲戚，便是朋友，以及同学、同事，现在兄弟负责本社学区民教主任，与各位又是同事了，今后我们要搞起来，争取地方福利。

今天我首先要声明的，我们不派壮丁和出钱。我们是干乡建工作的，什

— 161 —

么叫做乡建工作,换句话说,就是生产工作,协助你们生产的! 如像改良种子,以后要发良好的种子来;肥料不够,要拿肥料粉来分配你们肥料;禾苗有了病害虫害,要拿杀虫药来喷射;没有水的地方,我们要来凿塘筑堰,还要开办传习处及合作社……。至于调查户口,才能办理上述的事情,才有整个的计划,请你们不要惑疑。”

讲毕,大家喜形于色,所以我们的调查工作,是很顺利的,起初的困难,也就轻易解决了。

二、统计的经验

办理统计,虽觉得麻烦,但无困难可言,并且还增加制表的专门知识,发生不少的兴趣,过去没有制过这样有系统而精细的表图,可分三大项:

1. 个人统计:

第一表是各年龄组男女人口数;

第二表是各年龄组男女人口之婚姻状况;

第三表是各年龄组男女人口之教育程度;

第四表是六至十二岁,学龄儿童之就学与未就学人数;

第五表是十三至四五,男女人口之识字与不识字人数;

第六表是十三岁及以上,现住和他住男女人口之职业分配。

2. 家庭统计:

第一表是家庭人口数;

第二表是识字家庭与不识字家庭;

第三表是家庭儿童数;

第四表是各组男女家长数;

第五表是各年龄组男女家长之识字与不识字人数;

第六表是以农为正农业之男女户长的副业分配。

3. 经济统计:

第一表是各类农户自有田地面积统计表;

第二表是各类农户实佃田地面积统计表;

第三表是各类农户实耕田地面积统计表；

第四表是养猪户数及数量之统计表；

第五表是养牛户数及数量之统计表；

第六表是各类机台户数及数量之统计表。

在统计期中虽感觉疲劳和麻烦,终于获得心理的愉快和兴趣,多么雀跃啊!

三、传习处的经验

传习处是成年学校,办理是很难的。我们办传习处,首先就要有信仰,有了信仰,才能笼络导生的努力。并要与各方人士,打成一片,随时协调,方能招生,使保甲长负责督促学生来读书,随时宣传如传习处的好处,抓住学生的信心。合作社现在正着手进行,不敢谈经验,说谎话。上述的经验,是实事求是的经过情形,把它写出来,呈报总办事处核阅。

(作者杨明楷,时任江北县第二辅导区三圣乡民教主任)

选自璧山区档案馆藏华西实验区档案,档号:09-01-115

乡建工作经验谈

余致力

　　我参加平教会的乡建工作将近半年的时间了,这一段时间中所作的中心工作,是关于经济和户口的社会调查,现将所得的经验录于后:

　　第一,凡参加乡建工作的同志,都首先要放下自己的身份,有忍苦耐劳的精神以及热忱的认真的工作态度,绝不要以为自己是民教主任,摆起一副臭架子,瞧不起那些"乡巴佬"。我们既来到乡间,工作的对象就是乡下人,便应有为他们忠实服务的精神,设法与他们亲近,工作得顺利进行,否则和他们打不拢堆,工作就无法展开。所以我去工作的时候,对自己的言语行动以及习惯,都尽量地模仿他们,如给东西吃,不管干净不都得要吃,而且还吃得不斯文的。和他们一块坐地下,客气地摆龙门阵,使他们看不出我们的特殊,易于接近,想法完全与他们打成一片,放弃知识分子的习气,变成一个道地的乡下人。

　　第二,在工作未开始前,就得和当地各方面人士(如保甲长与有势力的士绅等),接好关系,俗语说:"吃得水都要人引路",因为到一个陌生的地方去,什么都不熟悉,非找他们帮忙不可,尤其是他们在当地有人脉"支配"那些老百姓的。设若在目前处处都讲人事问题的社会下,把这些人的言语拿顺了,那么啥子事情都会万事大吉的。但要怎样做得到呢? 我常去拜访他们,用私人情感彼此吃茶、喝酒的交往,并多和他们商量如何进行调查的事,尊重建议,虚心接受意见,如他们遇困难时,应尽力地去帮忙解决,随时随地实心踏地地去帮忙,这样就会建立起信仰,他们认为很"落教",也就处处帮忙我,使工作得以顺利进行。

第三,调查的技术要巧妙,不谈机械的刻板的调查法,因为那样啰唆的问答式,他们会不耐烦的,并且在这紧张时局下,他们疑心很重,说:"三三一来了哟!""现在清查我们的猪狗的,将来就要提起走逗吗!"……,因此,他们不肯说实话,调查结果不正确。但是,我先把调查对象弄得很熟,然后让自己变成同情他们的知心朋友样,从旁面来打听,用摆龙门阵的方式来引出调查的事项,譬如我调查牛猪的时候说"你们的粪草都还够吓","那的哟,就是粪草不够啊,你看吗,就靠两个猪巴儿和一条牛的粪草逗吗,又没有钱去包粪池,所以粮食坏得很呢"。像这样摆谈的结果,什么都弄清楚了,然后一项一项地填起来,如此调查的结果,是有百分之九十以上的正确。

以上仅是我作调查工作所得的经验,在落后的农村,如果在短时间内将成富庶与繁荣是很不容易的,还得靠我们乡建同志长久地辛苦地共同耕耘。

（作者余致力,时任江北县第二辅导区龙王乡第一社学区民教主任）

选自璧山区档案馆藏华西实验区档案,档号:09-01-115

乡建工作经验谈

王方友

今年本乡被划为中华平民教育促进会华西实验区江北第二辅导区，本乡自划之后就来了一批平教人员，在本区宣传实验工作，号召平教同志建设乡村工作，改良农业、兴修水利、组织合作社、提倡教育、教农民识字，都是为人民谋幸福，为人民服务。

余闻此音，即在五月参加民教工作，办理平教事业。当时吾对平教工作情形不能深刻明了，亦不知怎样下乡工作。于是便有辅导区，来信通知，在土沱区办事处，讲习有关乡建工作进行的办法，并聘有关乡建工作经验丰富之人员来与我们讲习。自参加讲习班后，时间已有半月左右，讲习关于乡建工作的，如改良品种、推广农业、怎样防治害虫、组织合作社、平教运之历史、怎样调查户口及导生传习的办法。以上告诉之经验，增进我知识不浅，不过以后下乡工作，中间也免不了还有许多困难。讲习完毕，必得还要到实验区工作之地点去参观。最后一天，区主任、诸辅导员及各民教主任，前往北碚去参观他们的传习处及工作情形，参观完毕就各自返家，下乡工作了。

开始下乡，先作户口调查，亦不知从何处开端，就去商同保甲长，就与我想好一个办法，召集本保之人，开保民大会，可将工作情形告诉他们，使他们每个人心里，都有一个印象。于是便出通知，通知他们开会。在开保民会时，来的人甚多，就把所有关平教工作的情形，告诉他们。便说我们中国文化落后，农村也衰退，所以各种工业也不及别个国家进步，近几十年来敌人欺侮我们都因此理，现在就有晏阳初先生等，提倡教育，改良农业，使我们的

国家慢慢富强起来。现在我们下乡工作初步是作户口调查,当时,我把调查户口的情形告诉你们吧:

第一是调查人数,希望你们都能照实说,他们便问为什么要调查我们的人数呢?我说,并不是抽你的丁,而是调查你们的人数,有多少读过书的,有多少未读书的。如果有来读书的人,就设立传习处,使他们能进传习处,有相当学力者,就可能请他们做导生,这就是我们提倡教育的材料。

第二是调查你们的农产物,如稻麦之类,种多少亩,收能收多少石。假若收得好,就可能问明农家,是品种好,耕种得法,没有虫害,就可能向他求得方法;如收少了,必有其他害处,如果是种子不好,可将品种改良,没得法可教你们良好方法,如有害虫,可能告诉你们用何种药品治疗,现在他们实验区的农场,已经有改良的品种,如洋麦、洋稻、洋红苕等。也都是改良的品种,你们种起少有病害,就可能多收。

第三是调查你们的家畜,如鸡鸭牛羊猪等,就是看你们能喜欢喂的,就可能将畜类种改良,如洋鸡生蛋,每年能有生几百个蛋,并可能长七八斤,洋猪一年长二三百斤,绵羊可能每年剪毛两次,可能纺织做衣裳。改良的各种家畜比本地的长得快,也就是增加我们的收入。调查塘堰,准备以后向实验区贷款,兴修水利等事业,希望以后下乡工作,你们都以实写为要。

下乡第一次调查户口,是同保甲长一道去的,可是乡村妇女也不知我们是做什么的,便与他们解释一下,便按着调查表上,顺次写下,可是他们所说的,都与保长同我相谈的不同,于是,便想到此方法不好。第二次就改变方针,起初先与他们接触,摆谈其他的事,然后再谈到他生产方面的情形来,各种都谈明白清楚,才把调查表拿出来填,依次地填下,比较确实。于是就用此方法,才把本区的调查完毕。

调查工作完毕,就要开始成立传习处,教农民读书。在传习处未开学之前,导师也不好找,有些有学力者,他又不愿意服务。受过很多的艰难困苦,才找到一批青年朋友们,他便愿意和我们相处。但是导师找到了,而学生又不肯来,他便说我们吃不饱,穿不暖,哪还有时间来读书呢。于是我每天都到乡村去,与他们接触,摆谈读书之利益,使他们都知道要识字才好,可是他们有很多人都怕人笑,觉得大人读书,有点稀奇。于是有些农民都你等我,我等你,都不进传习处。现在传习开学了,有十多余人读书,便又请各甲长与我鼓吹一下,第二天来看读书的人,教室四周已经站满了,同时我们也就努力地教,每一节课都教四五十道,以他们认得为目的,可是他们看见这种情形,读书的人一天一天就增加起来了。现在参加民教工作,已有七日了,起初很感觉困难,直到现在比较好了。

（作者王方友,时任江北县第二辅导区龙王乡第三社学区民教主任）

选自璧山区档案馆藏华西实验区档案,档号:09-01-138

以过去的经验证实今后
乡建工作的必然成功

龙昌南

我们工作的展开，已经是第六个月了，在这六个月当中，完成了社会调查及统计，选择导生，设置传习处，宣传农地减租和筹组农业生产合作社等数项乡村建设的初步基层工作。

在今天这个农村经济将临破产，农民知识水准过于低落的时候，来推动乡村建设的初步基层工作无疑是会受到农民们的欢迎的，但今天的事实则不然了。华西实验区虽以巨额的经费来扶持农村，帮助地方建设，而农民所给予的反应，不是淡漠冷视，便是袖手旁观。这是什么缘故呢？因为过去给他们的不好印象，太深刻了，以致失掉了他们的心愿，激起了不好的反应。

本来农民中十之八九多是没有受过教育的文盲，头脑既简单，认识又不够，对事事一切，多抱怀疑的态度，尤其是吃过亏的事情，永远也不会忘记。如数年前各乡镇所办的消费合作社，暨龙王洞兴修之水利工程——储公堰等，他们已是吃尽巨亏。今后如果仍不从技术方面去求改良，铸就新的模型，从事新的建设，怎能复活这些农民已死去的心呢？

所以我们今天的工作，应重新开辟新的路径，不能重蹈以前的覆辙。应针对目前农村的继续，给以实际上的利益。如实行农地减租，发给农业优良品种，组织农业生产合作社，创设乡村卫生院，推广知识教育，矫正以往一切错觉的观念等，都是直接对他们有益的，他们当然乐于接受，也会忠诚地信仰我们,接受我们的指导。同时,并使乡镇保甲及地方自治工作人员,也站在自己的位置,共同担负起建设农村的责任,这样,我们的工作也易于推动,理想的农村建设,也不难实现了。

（作者龙昌南,时任江北县第二辅导区龙王乡第四社学区民教主任）

选自璧山区档案馆藏华西实验区档案,档号:09-01-138

青年应走上新中国的道路，
合作起来建设乡村

黄良生

中国的人口，有四亿六千万，农民得占百分之八十。农产品是他们做出来的，他们没有偷闲，披星戴月整日不间断地勤劳工作。照理论上说，农民这种最值得敬仰的钦佩的而不畏艰苦的精神，就应该要有衣穿，有饭吃。为什么到了今天吃饭穿衣都成了问题呢？我们追根究底，却是受了封建传统压迫和地主的剥削，致使农村悲剧愈演愈烈，农民无法温饱，受尽了饥寒的痛苦，在死亡线上挣扎，已经是奄奄一息了。

因为农人是忠诚的国民，是实际的工作者，如果要使他们的生活得到满足，首先就要培养他们的力量，开发他们的知识力、生产力、健康力、组织力，促其自力更生。他们有了上述的力量，封建势力才会消灭，外来的强敌才不会欺凌，国家才能够康乐富强。

中国建设国家的程序，由身而家而族，由族而保甲而乡社，以至在于县和省而构成统一的新中国，所以国家的基层在于乡社。可惜三百年来，乡社的成规，在满清时代废弛了。在那时候全国上下，都忘却了乡社是建国的根本。现在我们要着手乡社建设，仍必彻底实行地方自治。因为乡村建设是地方自治的中心工作，乡村建设卓有成效，地方自治才能健全，有了健全的地方自治，民权主义和民生主义才能实现。乡村建设工作，不但我们应当努力，就是一般社会人士，也要起来做这建国的基层。

凡是一个青年人，绝不要注重个人的发达，为个人谋幸福。如果为了个人，就走入了歧途。有志的青年人，是注重发达人群，为大家谋幸福。用事实来说，中国青年应有的志愿，是什么呢？是要把中华民国重新建设起来，让我们国家的文明和各国并驾齐驱。我们现在的文明，都是从外国输入的，全靠外国人提倡，这是几千年以来所没有的大耻辱。如果我们立志改良国家，万众一心，协力奋斗做去，还可以追踪欧美。若是不然，中国便事事落在人后，永远不能自己发达，永远没有进步，推其极端，中国便非沦于灭亡不可。所以现在的青年，便应该以国家为己任，把建设事业的责任担负起来。

我们应在晏阳初先生领导之下，齐头并进，来完成这一件伟大的事业。不要再像那一些贵族先生们，只重虚文而不重实质，喜放言而不重实行，以致我们有多少事，唱了多年而不结果，或仅有外表而无实际，花费了许多金钱、时间、精力，而于实际的民生一无裨益。我们的工作，是建国基层。绝不要重视抽象的理论，总要脚踏实地实事求是。我们为了解救农民的痛苦，为了全国人民都要有衣穿饭吃，为了国家康乐富强，不要松懈自己的责任，应以孜孜不倦的精神，埋头苦干到底，建设一个新中国。

（作者黄良生，时任江北县第二辅导区龙王乡第五社学区第二传习处导生）

选自璧山区档案馆藏华西实验区档案，档号：09-01-138

应以行政力量
来推动乡村建设

刘志明

乡村建设的工作,现在是由我们平教会华西实验区在领导发动,而平教会,纯系一个学术团体,推动这种工作,完全是在以德感化,而使一般平民自治以从事建设。这种办法,在教育普及文化水准比较高的区域,自然可行,而于偏僻民智低落的地方,那就大成问题了。

现在,就拿本区(江北第二辅导区)的工作情形来讲,开创迄今,将来八个多月。所谓社会调查的整理,传习处的设置,合作社的提倡,种种工作的推进,同人等虽能吃苦努力,但是乡镇保甲的负责人员,对我们不免有些客观,有些袖手,都认为这些工作,是我们要的花头,却不认为是他们应有的责任,不认为我们是在帮助他们建设乡村,不仅不加感激,而反事事掣肘。全凭一个一个学术团体去单方执行,所以对老百姓的谈话,即使说得舌断唇焦,结果总是信心很少,关于各种工作做起来,都感觉缺乏实际,这就是失掉用行政力量去推动的原因。

今后要想乡村建设的工作,能够顺利推行,而且能够很迅速地得到成功,不得不把行政与技术配合起来。关于行政方面,应由保甲人员负责;关于技术方面,当然是我们工作同志的本身业务,这种配合的方式。我想如果真的做到行政与技术配合的话,那么对于保甲人员,决定要该一点利益给他们才行,拿一乡镇来说,顶好用乡镇长兼任辅导员,一个社学区,顶好用保甲长做民教主任,另由区办事处,设专副辅导员和专副民教主任,使他们改客观为主观。对于乡村建设的工作,认为是本身应有的责任,这样才可名副其实,而能建设出一个合于理想的乡村来。

（作者刘志明,江北县第二辅导区龙王乡第五社学区民教主任）

选自璧山区档案馆藏华西实验区档案,档号:09-01-138

乡村建设经验谈

文贻宇

一、引言

自受训之后，我带着神圣的乡建工作的使命，回到本乡本保来，开始了我应做的工作，宣传、调查、办传习处等。在这数月来，我已走遍了六七两保的每个角落里。因而认识了不少的朋友，这些朋友大多数是不识字的农民。在几十个农人之中，又可见到有一个或两个的顽民，他们的思想是怎样的呢？简而言之，是想吃人、害人，在良心上一点也不讲究，因而在我的工作当中，也常感到他们给我一些阻碍。

二、宣传的阻碍

我最初的宣传工作，是利用在保民大会开会时，或其他的集会中或个别的便谈。当第一次开会，我讲演之后，就有人喊出下面话来："人世之上，假如没有利益于己的事，决没有一个是傻瓜，肯掏出自己的钱来，帮助别人作乡建工作，大概又在玩什么花头，以备将来榨取民财罢了。我们不愿意人家来帮助我们建设，也不需要他们给我们的好处。你们认为如何？"也不容许我给他们一个答复的机会，就叫散会走了。但是我知道现在的保民大会实际是为数人垄断罢了，我也不因此而感到困难、灰心，仍然继续我的宣传工作，向大多数的农民作普遍的宣传。

三、调查工作之我见

经济调查是最不容易调查确实的,每户被调查的人,不管是地主与农人,都想隐瞒他的经济概况,如田土、猪、羊等都不愿说出真实的数来,这是什么原因呢?因为从前政府办理一次土地呈报,老实忠厚的人据实呈报,奸诡的人以多报少,结果照旧此纳粮出款。巧者因而得益,忠实的人因此而感到悔恨。可是我这次的调查要求土地和其他的正确数,一方面向保长求得保上的谷石册(即保上派款的册子)作一附本,以备调查中的一部分的基本材料;另一方面用侧面式去问被调查人的旁人,被调查人当然少说,可是我早已知道实数了。关于人口方面,以前也有少报的情形,可是最近给了他们一个打击,就是领不到身份证,使得他们自己不能行动,因此这次的人口调查很顺利地得到实数。

四、办理传习处的障碍

谈到传习处,首先给我们的是黑板问题,我们这里是由辅导员向乡长商议好,由乡长令保上筹办。可是任我向保长催办,他总是这样地谈:"华西实验区既然有办公费给你,你就可以拿出来制黑板呀,我们保上以前派的一至六月份的款,至今还未收足何况七月份至现在的款还未派出,都由我一个人垫出,实际上款子又多,今天是某师某团押要猪肉,明天要小菜,真个弄到这项还没收清楚,那里又来追收,什么自卫警队要款,乡公所要款哪,密不胜密,我又从那里与你们派款制黑板呢!请主任自设办法吧!"可是我们的办公费仅仅只有新量一斗米,又能买到些什么?每月买点儿纸笔就完了,而月薪又只有十二元(连办公费与导生奖金在内),物价稍涨只能够到八九斗老量谷子,因此也感到无多的款来制黑板,在无法之中也掏掏腰包,垫出制了一块。然传习处有三四个也不足以应用,还待辅导员再向乡长指办。

(作者文贻宇,时任江北县第二辅导区龙王乡第六社学区民教主任)

选自璧山区档案馆藏华西实验区档案,档号:09-01-138

乡建工作经验谈

萧启禄

一、我是怎样调查的

调查是很重要又很难做好的工作,因为项目既多,区域又大,假若不以很好的技巧和很大的耐心来做这个工作,"自欺欺人"地草率了事,是没有半点意思的。

记得受训讲习的时候,讲师告诉我们"调查之先,必须作一番宣传工作——最好召开一次保民大会"。这是不够的,而且不晓是啷个的,还引起了他们的猜疑和不安,甚至怨恨。大概因为我们要调查得那么详细,又似乎在官场上出现吧。所以我不得不注重个别宣传,尤其对一些头脑较清醒的人,他可帮你。

但是,宣传的力量究竟不能把他们完全说服——我以直询的方式调查几甲后就明白了。我不得不找几个可以亲近的人与他们亲近,采取间接的询问方式。这样,调查不确实的可以改正,没有调查的,就可以他们所说的作根据。

在调查中,贫农们是最说实话的,只要我们多方面同情他们,觉得我们可亲后,什么话都说的。大户人家的调查,只有从他们中探问个确实。

在询问时我尽量根据他们的答话发现问题来问他们。"做这点庄稼哪够吃呢?""下力啦","担门(煤)炭、粮食"……,"毛的爸爸出去做木活啦"……

这样,我也算同情了他们。他们的各种副业和家庭收入及生活情形,都可明白了。这不过是个别而已。在调查中,我尽量认得他们,与他们谈得熟。这于以后的工作有很大的帮助。

二、怎样成立传习处和合作社

在我这一个社学区,要先成立传习处非常困难。因为这一区是复兴、龙兴、木耳三乡交界处,盗匪必经之地。他们早奉令组成了夜巡队和守夜更逢,每户隔两晚上要来熬一次夜,而且还有自卫队训练。他们随时执引体罚,人数也常不齐。我要成立传习处怎么得行呢?非常着急,这又是上面规定了的工作步骤,成立不起传习处难道工作都不做了?我于是管他三七二十一宣传组合作社,嘿!这就对了,有些人愿意组织合作社,趁这个机会就给他们解释传习处也必须成立的必要,于是,决定在成立合作社的一天,就成立传习处。

这告诉我,工作不要公式化了。

(作者萧启禄,时任江北县第二辅导区龙王乡第七社学区民教主任)

选自璧山区档案馆藏华西实验区档案,档号:09-01-115

乡建工作经验谈

姜德武

今年夏天,我放弃了小学教育,来参加乡建工作了。从那时候起,我觉得我便开始了更有意义的工作。

我走出学校,进入广大农村的第一天,脱去了制服,穿上与农民一般朴素的衣裳。从那天起,我也放下了当"教员"的斯文架子,尽可能地去掉我身上的知识分子的包袱,开始过着朴实的、简单的乡林生活,开始与各阶层的人,尤其是农人接触,与他们打成一片,向他们学习。

几个月以来,我虽然不断地在工作、学习着,但似并没有多少成绩和心得,更谈不上经验。我今天只把我本着"为农民谋利益"为原则做调查工作的方法写下来,以供参考。

当我抱着调查表到我们社学区里面去依着保甲的次序挨次调查的第一天,我不免有些怯生,与他们也谈得不十分来,调查表上要询问的,他们也不大肯说,更不要说正确。我回来反复思索,觉得我自己还有着许多毛病,不能责怪他们。以后,我前去调查,须改变了作风,不是去为了"调查"而是去为了"访问"而调查了。

以后,我前去调查,便先行检查一下自己身上,有没有标新立异的地方,如果衣裳不够朴素,须换上一件比较朴素的。我往往把去年以前的,束之高阁的破旧的衣裳找出来,作为访问的"礼服"。

当我走到人家的屋子去,一见面便很客气地招呼他们,转弯抹角跟他攀上亲戚,与他们亲热地摆谈起来,便再不会像以前那样受冷落,以感疑的局促不安的态度接待我了。

经闲谈慢慢扯到正题,问他家里面有几个人,大人在做啥子,细娃读书没有,做的那个地方,上好多租谷,今年收成好不好,够不够吃……哈,他们,尤其是女人、老太婆,像摆家常一般,一五一十地都跟我说出来了,好像数他的家珍一样。往往我问他上老板好多租谷,他连苞谷租、胡豆租、黄豆租、红苕租、谷草租、畜粪租、活路租……,都说出来了。问他种这般田地,好多押佃,他把几十年的老账,来的时候是好多"硬货",后来怎样被老板在佃约上换成纸币,又怎样被换成押谷。

数目当然由老板随便定,一点一点都算跟我说了,这样一来,连调查表上没有的,他们都和盘托出,这不是研究中国农村状况,严重的社会问题的最真实最宝贵的资料吗?于是,我便悄悄地记上调查表,与他们的为有利害关系的地方,譬如成年的人(均当壮丁),收得有好多粮食,(属于他们自己吃的)有几头猪,有几只鸡等,便牢牢地记在脑海里,背着他们或走出后才写下来,因为他们是胆小的、上过当的。我总是尽量地使他们在我面前坦白,尽量不使他们有一点不愉快的感觉,当然也尽量地替他们解释,使他们明了我们的工作。

到绅粮地主的家中去调查,也应该说是访问——便没那么顺利了。他们狡猾、虚伪甚至阴险,不愿意谈出啥子,我仍然耐心地与他们聊天,一时天上,一时地下,把我所要调查的都知道了,便记下来走了。对于他们急关紧要的部分,好田产数量,收租石数,往往有意无意地探讨过来,有些顽固的地主,我尚且不经他嘴里知道他的田产,只经左邻右舍与我比较亲近的人口里便很正确地探听出来了,并不与他们正面冲突。

对于农民,我总是具有着无限的同情心去访问他们的,他们把我当成唯一同情他们的,当他们尽情地毫无保留地向我倒出他们的疾苦,以及狠毒的老板如何欺诈、剥削他们时,往往从他们菜色的、干瘪的、布满着皱纹的脸上,呈现出无限凄惨的、绝望的、苦痛的表情来,热泪夺眶而出。他们被折磨得无法再继续生活下去了,有一次,一个孤寡的老婆婆饿了两三天了,而她的两块菜园土还被老板强行收回。我去调查时,她坐在地上,一动也不动,以为她快死了,但她一面有气无力地向我哭诉(其实并没有眼泪),她唯一的儿子怎样被拉去当壮丁,老板怎样欺侮她,一面还从地上把苞谷一颗一颗地往嘴里塞,聊以充饥。我看了非常苦痛,鼻子一酸,差点流出眼泪来,我安慰了她一番,还给了她几角钱才走了。

这样,一家一家顺利地调查完了,我认识了百分之八十我这个社学区的人,不管他们是大人细娃,男的女的,虽然有的我认不实在了,他们也很亲热地招呼我。

我结交了一千多个朋友,我获得了三百多家亲戚,这就是我做调查工作的无上光荣,无限快慰的收获。

（作者姜德武,时任江北县龙王乡第十社学区民教主任）

选自璧山区档案馆藏华西实验区档案,档号:09-01-138

工作经过情形

王安国

  遇事愈多的人工作经验就愈丰富,相反地遇事少的人工作经验愈少。在目前就拿我们推行乡村建设工作来谈吧!刚开始调查就怀着希望很理想地推行下去,可是实在地干起来麻烦与困难出现在你眼前了,尤其对工作无经验的我,至感棘手无策了。

  第一是人口与经济调查,首先得拜访该保保长及代表、副保长、保队副等要人,拿顺言语,希望他们多方协助,或来一次小应酬就算无事了。可是在挨户调查时,困难又来了,少数人对我们的工作情形根本就认识不清楚,以至于你在他也不理,认为我们去拉壮丁、收苛捐杂税等情,因此调查逐告搁浅。在这段时间你非得向他们尽量解释工作的任务,一不抽丁,二不纳税,而实在是为农民服务解除一切困难,又设学校传你们不会受文盲之苦,品种改良,耕牛贷款,组织合作社。总之对他们有利益的都说出来,费了许多唇舌他才心平气和地让你去调查,经过这样以后,调查工作就很顺利地进行下去。

  设立传习处,一般农民他认为这是搞得玩的,来读你这书也没有啥子意思,读书还是有饭吃,不读书亦还是有饭吃,为你两小时的读书耽误了我的工作,多么不便,他们就用这类的话来解释是多么头痛,所以你得在开报名会的时候,大声疾呼地宣传读书与不读书的利害关系,但是来传习处的人还是很少,假若用政治力量来强迫他们来,逼慌了就拿一个儿童来就了事,在工作中要算是最恼大了。在这短短的工作过程,虽没有得到好多经验,而所收效果亦也不少,不管工作的困难与否,我们总之想方设法地去克服它,尤其我们从事乡村建设工作者要小心翼翼地去推行它。

（作者王安国,时任江北县第二辅导区水土镇第十社学区民教主任）

选自璧山区档案馆藏华西实验区档案,档号:09-01-115

说传习处

伍洋波

　　乡建工作,谁都知道是复兴农村、改进社会,来完成一个自由平等的国家的重要工作,责任是非常艰巨的,效率进度是非常迟缓的,非具有出类拔萃的特殊知识及百折不回,尤能忍苦耐劳的伟大精神的人才,始能克服万难,来完成这个任务。谈到这里,真是困难极了,岂不是,就置工作于不顾了吗!那么就大错而特错了,好在三十年前,就有我们的晏阳初先生,就提倡了平教运动,以四大教育、三大方式来治疗,民国十五年(1926年)后,在河北定县就开始了乡建工作。直到现在,对于一切措施设计,早已与一般先进的老先生们,周而且密地计划详尽了,也用不着我们来耽心劳神了。不过我是一个初学入门的人,来谈乡建工作,真是班门弄斧,自惭形秽了,但是我又不得不谈,只好把我开办传习处的一切经过来报告,请列列先生们指教。

　　谈到传习处的开办,第一就是选择地点和招生留生,与导生的征聘,种种问题。说到地点的选择,虽说不易,究竟可以屈就,或马虎相处地完成,说到招生,也就费尽唇舌,才来了数十人。起初数日,不到人数,不过百分之几,大体尚还不差,再过数日,则继续减少。除民教主任,人事比较周到的,还能继续维持其受教人数外,恐怕一般的传习处,都不免有此现象。但是我第一传习处的学生,来源特殊,是有工会组织的,每天不到人数比较还少。

　　说到导生的征聘,也就非常困难了。因为我国,是一个文化落后的国家,说到识字的也就很少,稍具有知识的人,不是出外谋生,便是各有其业,虽以种种关系要求充任导生,亦不过情不可却,故事奉行而已。我预备开办传习处三所,总共聘有导生七人,自从第一传习处开学起,导生只有陈淳樵一名,每天都到并能任劳任怨,真是不可多得的。其余的导生,不是来一两天就不高兴来了,便是说学生复杂,或不听教,种种问题也就不愿意上课了。综上情形,都是传习处的困难,民教主任纵费九牛二虎之力,也不过尽其劝勉之能事,其收效亦很稀微。考其原因,实基于民教主任"脚下无刑,头上无法",虽民教主任口若悬河,亦难应付其生活无着之请,虽明知其无故不到,亦无法制裁,纵有强制留读之法,亦难尽人施行。此点拟请当地保甲协尽督促之责,民教主任专司教育则工作不难推进也。

至于导生,原义务职,其责任亦非轻易。衣食丰足的,决不承任导生,纵然有之,想亦凤毛麟角不可多得。所有能够充任就聘的导生,大多数都是中下阶层分子,那么对于生活,就非有相当工作不可,若欲其枵腹从公,实属难事。因此之故就演出了导生不来,主任自兼导生的传习处比比皆是。说到这里,也就引出了我的若干疑问:

第一就是现时生活膨胀,除米一项,较为便宜外,其他如油、菜、炭、房租等,与日俱长,试问以一个每月领得十多元的薪水的人,能够维持一个简单家庭的生活吗?当然不能。那么还能够安心处事吗?恐怕谁也不敢担保他不另兼其他事业,是不是对于职务有影响。依我想来,民教主任尚且如此,那个无给职的导生不尽职责,又何怪耶。今天说到明天,若要别人家办事,他的衣食俱也无着,他还能够安安心心与你办事吗,恐怕事不可能。不过认识清楚的人,深明大义的人,还能够忍饥受寒,任劳任怨地刻苦下去,不肖的人也就不免敷衍塞责了。总之,都应该要想法子来补救才好。

(作者伍洋波,时任江北县第二辅导区水土镇第二社学区民教主任)

选自璧山区档案馆藏华西实验区档案,档号:09-01-115

记吕二嫂进传习处

王文海

吕二嫂今年三十四岁，因为她排行第二，所以一般人都称她吕二嫂。她有一个结实健全的身体，一张长长的油黄脸，让人一看到就知道她是个能干的女人。她个性倔强、顽固，一张小嘴说起话来有时会滔滔地东拉西扯讲个不断，因此只要住在水土银沱湾的人，九个中有八个都会晓得她的大名的。

她早年就遭受到家贫的痛苦，小时只读了个小学一册班就失学了，一直到现在她脑筋中还印着"来来来来上学"的字句。她没有享受到快乐的学校生活，她一直都被"贫"所榨压，把她训练成一个做事能干的女人。她常常地遭受不识字的痛苦，尤其是在她生意上，尽管她有一张会说话的嘴，但总感到美中不足的是"不认得字"，因此她有时也会受到人家的欺骗。要不是她做生意有经验的话，恐怕很难弥补这意外的损失，她同她的丈夫为了生活不得不忙着他们的水果摊生意，有时当她看到一群一群的天真烂漫的孩子抱着书本到学校的时候，她内心感到一股说不出的滋味。她似疯狂的盯住他（她）们，羡慕他（她）们。

传习处开学，虽然她有一些害羞，但终经我再三的开导，变成我所最忠实的学生。授课一月后，我发觉到她不但从未缺席而且读书的努力是我们传习处的同学中最优秀的，她读书的上进使我非常的感动，往往因为一个字忘记，她不惜跑很长路来我家问我，她那油黄的脸孔带着微笑告诉我："我现能看懂街头上的标语了，我知道了读书的真正好处，我感谢你……。"我不知怎样一句话也说不出来,仅仅地向她说:"多多地努力。"她回家,我送她到大门外,慢慢地她离开了,一直到人影也再看不到,我还仿佛看到她那油黄的笑脸在对我说:"我知道了读书的真正好处。"

（作者王文海,时任江北县第二辅导区水土镇第一社学区民教主任）

选自璧山区档案馆藏华西实验区档案,档号:09-01-115

我所遭遇的学生问题

王文海

一个蕴藏在内心很久的欲望，终于今夏实现了，我得到进入建设乡村的工作机会。尤其是这工作在目前到处被枪火所笼罩中，只有破坏，没有建设，它无形中更显得珍贵、稀奇，人们总对它怀着一个新的希望，因为广大的农村正待它去扶植，新的中华正待它去培养。

读完了平教运动史，使我更了解到这工作的重要与意义，中国四大弊病"贫、愚、弱、私"，使我深深地体会到唯有"乡建"才是这四大弊病独一无二的金丹，我感到这工作的需要与迫切，同时也要增加了我对它的兴趣与信心。

受训一完，调查工作就开始，我到处宣传让大家都知晓这工作对他们的好处，慢慢地他们开始了解到，虽然有少数的顽固者，但我总算是说服了他们。

似卖狗皮膏药一样地我时时站在街头上大院宣传，以弥补我这工作无经验的人的意外收获。传习处开学了，三十多位同学来开始上课，好不容易找到的二位导生和我在这传习处轮流地细心地向大家同学讲授。我们努力地教导他们，打破他们以为这种读书的观念的那种说法："和尚修起鬼都老了。"他们往往借此推却甚至拒绝读书，还有顽固不化视为我们讲习同讲"圣谕"一样，我感到他们中一些没有了解读书的意义，更没有感到读书的需要。

在他们脑筋里已中了中国传统思想的余毒，只知道"读书做官"，不知道今天来读书受教育是为了求新知识,学新方法。他们对读书始终抱着一个错误的观念与不同的看法,甚至有因害羞而不愿进传习处者。屡屡的劝导打破了他们的害羞心理,但对读书的错误观念在他们的脑海中仍保存着。为了工作的前途,为了消除他们的错误的观念,我不惜抽出晚上的时间到那真实读书的每位学生家里,细心地苦教,让他们摆脱封建的传统不主张读书的枷锁。他们没钱买纸笔,我愿供给在真正读书的条件下,一天一天地过去,慢慢地学生和导生都在开始减少了。两个严重的问题在我面前出现,好在导生都是我中学时的同学,凭了旧时的友谊拉住他们来充任。虽然一个导生走了,另一位却天天来上课,除掉特殊的原因外,学生少了,我厚起脸来,像传达天天亲自去,直到我也不好意思再去请了,我还鼓着勇气,厚起脸皮支持下去。在"找生活高于一切"的事实表现下,他们有时不到,是再也请不来的,因为总不能叫人家不吃饭来读书,一个学生老实地告诉我:"他们的确是贫苦,如果有钱的话,早已读过书了,也就不会再来读这书,正因为自己为了找钱吃饭穿衣等问题为解决之先,早已将读书之事抛于九霄云外了。"我听了这些话深深地了解到他们的困难和苦处,惜自己无力替他们解决。

本来留生问题是我们工作同志每位都感到的严重问题,因此也曾数度研究讨论,然而总无一个具体切实的办法。工作两月后,我发觉到单凭民教主任的嘴舌去推行工作是件最困难的事,我更感到无法治力量单凭学术团体的力量去推广这种工作收效是并不如我们所理想,今天我们工作也感到政教不够合一。尽管工作有重重的困难,但当我一看乡村的凋敝情景,就忆想到乡建工作是刻不容缓的,毅然地我鼓起勇气来和我面前的困难搏斗!

(作者王文海,时任江北县第二辅导区水土镇第一社学区民教主任)

选自璧山区档案馆藏华西实验区档案,档号:09-01-115

从事乡建以来的回忆

——导生问题及其他

童象植

我本来很早就开始想望着有今天这样一个真正是在做事的工作,那是在去年的秋天,一个已经参加了这个工作的朋友告诉我的,最先他是指出了晏阳初先生的乡建运动的历史及其伟大的使命,把我打动参加推引乡建运动的动机。于是,我开始对这工作产生了兴趣。

今夏实验区在江北新开辅导区,我得到了这个献身的机会,今便毅然放弃了我几年置身小学教林的生活,决然地踏上了乡建之路。

几年来,我在小孩子队伍里,虽然感到他们的天真可爱,需要加意地扶植起来,然而眼前更需要我们去扶植和改善的是那些吃不饱穿不暖没有受教育的劳苦大众,他们所需要改善的,已经是很急迫了,因此更鼓舞着我为人服务的热忱和坚定了乡村建设的信心。

当我怀着满腔热情和无限的希望,走进了人民的队伍里,尤其是农工劳苦的群众中,我才认识了我国农村的真面目。

几月来,我开始清楚地了解我国农民受"贫、愚、弱、私"的四大病压得翻不起身来。他们是受够了苦,他们需要改善,虽要科学与教育,需要组织与团结。这对我解除"苦力之苦"和开发"苦力之力"的信念,越发加强了。

起先一般人民对我们这工作并没有多大兴趣和信任,甚至他们相反地认为这又是什么新的骗术,再加上地方土劣的摧残,因此我又感到这工作不是我所理想的那么轻易。虽然在我多次地受着客观环境的压迫下,但我并没有灰心,跌倒了,爬起来又干。

我以苦劝说服的方法去迎得一般人的信任。我想我应该在工作中去学习,从工作中锻炼出来。

慢慢地他们对我信仰了,在调查人口经济的时候,居然有大多数的人以上并不瞒隐地老老实实地告诉我他家里的情况。这从他们真诚的态度上,我是看得出来的,于是经验告诉我:我们这工作真正的要有教育者的态度,宗教家的精神,不然准会失败的。

因此,我有着这实践的经验,比以前希望更大,而愉快了。

不久,他们已没有拿观望的态度来对我,并且很多事情,他们都自动地起来帮助我,保甲长天天跟着我拿起笔墨东跑西跑,任劳任怨,似乎也在所不辞。一般老百姓也善意地为我到处宣传。当传习处开学前,一些比较现实顽固的人,他们也相互地劝导和吹嘘,这对于我开学时没有感到多大困难,帮助不少,我想这就是我苦口婆心所得来的收获。

传习处开学了,大家帮忙找到了一个导生,但刚上课不两天,很多学生都不来了,这又把我难着了。后来我问一个学生,问他们为什么不来,他说,"我们这样大个个的来读书,先生多教几次,我们都认不得,问起来多不好意思"。这样我才明白了,因为我这个传习处的同学,全都是女的。而导生又是男的,因她们还有着这传统封建的余渣存在。似乎生怕露出了自己的天资愚蠢,尤其在一个男先生面前,是应该保持自己的自尊心的。我明白了这点,除尽量向她们解释外,只得又去请了一个女性的导生来,结果她们都心满意足地,向我说:"这样才好,我们都可以随便乱问,不怕笑了。"虽然如此,但我处理这导生问题,都失败了。

导生问题,本来很困难,就是不容易找着一个好的,甚至几乎找不到人来。经过这次学生对导生的性别选择后,我以后传习处的导生,费了我很多心血,都得不到解决,结果只得又去找辅导员商量。还好,辅导员告诉了我几个办法,就是由学生自己推荐他们自己所信仰的人,所拥护的人来,另外由我将传习处上课时间错开,自己来教。果然这办法引通了,于是我像卸下重荷一样地高兴了。

现在新的困难出现了,传习处的学生渐渐地少起来了。心中不时感觉惶恐,但是另一个念头又涌上我脑海,"在工作中学习从工作中锻炼出来"。

(作者童象植,时任江北县第二辅导区水土镇第三社学区民教主任)

选自璧山区档案馆藏华西实验区档案,档号:09-01-115

传习处的导生教学问题

童象植

在传习处刚开学时,凭着自己的一张嘴,说服了几个在家闲着的朋友来作导生。本来这费力不讨好的工作不是以私人情感找来帮忙的话,是不容易有人自己愿意出来的。我第一传习处的导生,是一位女子师范毕业的,过去在小学教书,都颇负盛名,当然在教书技术上是决不成问题的。当他们入传习处来上课后,从各方面来讲,除他自己感觉吃力外似乎还没有多大的进展。

起先我在导生传习工作介绍座谈会中——形式并不如此——我就详细地告诉过他,传习教育及教学技术的大概轮廓。后来他又谦虚地要我给他作一个示范教学,我也并不客气地让他当了半天学生,这样我大可放心了,但结果他虽然没有辞去这事,然而他在教学上却始终走错了路。

这其中的原因是这样的:因为他是一个过去的小学教师,他的教学动机仍保持着"死守书本"。他一到传习处,就照本宣科地照例教几遍讲几句,就喊鸟兽散,其中我虽也曾有过好几次的亲自来教。但他却始终如此,并不改去他的作风,仍是做到他的为教而教,弄得我也不好深沉地谈,又生怕他一翻脸不干了。这样又经过一段时间,我实在看不惯了,我就向学生作精神式的讲话,因为他在侧边听,除了鼓励学生怎加强学习外,我便故意地旁敲侧击地讲述着传习处教育不是为教而教是要教人习,教人用,教人传,习的人不是为习而习,习了要用,要传等传、习、用的大道理。我想这样满可以一改他过去的"死守书本"的教学动机。第二天他在上课我去一边协助,仍然如过去一样,照着书本教几遍讲几句,就完了,我想这样实在对学生没有多大益处。每天除了上过读本外,我又去加上算术音乐,一方面可使学生多学些新的东西,一方面也借此多给导生作示范教学。

一天我和导生在闲谈中,又把话题转向传习教育的教学技术上去,并且我特别强调导生传习是一种组织的活动,不是随便地去教人,也不是个人一己的教育,而是全民生活的改善和文化水准的提高。

现在看来似乎好得多,每天除教学外,解释也用问答的方式,一切问题他都从生活中谈起,并指导学生去怎样实践,有时也教教算术和唱歌,一切都大有进步。

正当导生教学技术优良以后,传习处的学生都少了起来,现在我正积极地从事留生问题的处理,我想,我们工作的成败,实关系整个乡村建设的前途。

(作者童象植,时任江北县第二辅导区水土镇第三社学区民教主任)

选自璧山区档案馆藏华西实验区档案,档号:09-01-115

从调查谈起

罗永明

吾国以农为主,在一百个人中有八十多个为农人,对教育当然就谈不上,要想整顿中国必先从乡建工作为首。在二十年前早就为我们晏阳初先生所知道,同时还发现了吾国之四大毛病,因而对症下药,创办了四大教育兼用三大方式来挽回今日农村改善农民教育普及。这只能为平教会之目标与希望,然实际到乡村工作者,恐怕会发生许多困难吧,在这里谈谈我几月来的工作经过,请各位先生们指教。

我是一个初入乡村建工作门口的人,等于门外汉,对于乡建工作经验也就不丰,实际工作起来所遇到的困难比较多。在我未调查户口以前,利用他们保民大会之时间出席参加大家认识,讲述平教史,以后的优待你们,教你们读书识字,并说写户口不是抽丁,经济调查不是完粮。以后读书也不要钱,讲得"天花乱坠"之时,大家同声呼欢,我也来读书,他也要来读书。户口调查开始挨口私访,为了认识环境,一面留意导生及传教地点,大家很乐意来作导生,还有许多请求入校者,我很满足地完成初步工作。

第二步,传习处开学了,先前觅定之校舍,他不承认了,因作统计工作,少与他们接近,大家又陌生了。重用方法以社会袍哥相谈言语拿顺了地点,虽不顶好,也不算坏,校址问题算是解决。招生又是一难关,先前请求入校的学生今天少数来外,大多数都不来查其原因:一、"贫"病沉重为生活所逼迫,"愚"病太深只知机械工作不知寻求快乐读书有何用啊;二、为一般愚民胡说乱吹,如果你们去读了平价书,就要把你们提到外国去当兵。以上二因,费尽唇舌与他解释,又得保甲长之协助,情面相处,勉强来校。在一星期内,情形甚佳,每一传习处里有三十余名不缺课、不迟到、不早退。时间久了,留生问题则发生,眼前有的拿书来退,有的不退不来,皆以家庭有事耽搁人为理由。对于导生略读儒书、稍懂道理、为桑梓服务、为民众"领袖",初觉名誉新香,时间久了,则不甚负责问道,则说"学生太大不好管教",再一些导生则直说"吃各人的饭,穿各人的衣,何苦如此名誉,有何用? 又不能吃,又不能穿,或是给学生们,或是给先生们一点实惠,以解'贫'症,则事可为也"。

(作者罗永明,时任江北县第二辅导区水土镇第八社学区民教主任)

选自璧山区档案馆藏华西实验区档案,档号:09-01-115

开设传习处之过程

李燨章

传习处这个名字！大多数人都知道是平教会华西实验区设立的。是补习男女成人们未读过书的好地方！但是在办理时，却是一件很困难而不好办的工作：第一个难题，就是找导生。因为导生是没有薪俸的，完全是尽义务，同时乡村里有钱的人们，根本不愿意来担任，没钱的人家，又要在困苦中求生活，不得抽闲。所以今天我作民教主任，就首先考虑到，要找生活稍为有着，而每日又要有余闲的人来担任导生。故就设法与地方人士，讲讲交情，一面和衷共济的，实现我的愿望！是以我首先很周到地到保上各个公务人员及有名望的士绅之家，挨次拜访（也就是拿言语）。述说我们的工作是很伟大的，而更是没受过教育的男女成人们来读书的好机会，是救济教育成人的男女们实际的工作，同时又解释不识字的苦楚，向各个人士说得清清楚楚。以是才得到他们的同情和赞许。而传习处之地址及导生，和招生、留生、学生等问题，顺利迎刃而解了。

于是，就在九月二十六日第十保之万寿宫成立第一传习处，到达学生三十四名。观礼者有周镇长乐君及当地保甲人员与士绅，相继演说，鼓励扫除文盲。言恳辞切，闻者钦佩。导生为保代表费文渊先生，热心称职教导有方，可庆得人。又举办第二、三传习处，一设在八保之周家岩口，一设在王家祠堂。两处均各有学生三十三名。得此战绩，全系当地公务人员努力和士绅赞助，故得依次宣告成立。

由上以观，本来办理新兴事业，在众人未理解以前，如果人事处理不善，那功亏一篑之苦，是没法避免的！人事既理，规模已具，则按部就班，计日程功地工作，尤其应加倍努力，以求无奈于厥职，那是分内的事，而为个人所不能辞责的了！

（作者李燨章，时任江北县第二辅导区水土镇第五社学区民教主任）

选自璧山区档案馆藏华西实验区档案，档号:09-01-115

工作的实际

王培之

余自本年六月正式受训后,深入乡间,与农民相似,办理户口经济调查工作。但是一般的农民感觉奇异,心慌意乱,不知其故,可是尽力宣传我们工作重心,可是少数农民半信半疑,信者为真,疑者为调查壮丁及清理家产,故以问题百出,实难得到正确的调查结果。

可是在这种情形之下,余尽力与农民接触,比较有效,再多方与当地绅士谈及平教会的宗旨,纯粹是使农民走入乐园,并非有其他意外举止,在这段时间生效更大,可是每日东游西荡,调查工作延至七月底方告结束。

我为了以后的工作顺利起见,多方抽时间与大家农民谈天,又说到成立传习处的利益,以安慰农人们的心理。

调查工作完结后,一面准备整理,一面准备传习处的开幕,导生的选择及传习处的地点问题也先行决定。导生务必多方考虑,说不尽的好话,将第一、第二传习处的导生决定了,总计工作延到八月底,方将初稿办理完竣。

余社学区内山脉纵横,人烟稀少,面积直径在十五里以上,周围在八十里有奇,而不识字者占百分之九十以上。全区有私塾三所,儿童入学不到一百人,故路途崎岖,生活极苦之情形。导生问题,故将三所私塾先生邀请协助,但是很热心帮助,在九月上半月办理统计甲乙两组方告完成。九月二十四日是本区社第一传习处开学了,农人们非常的热心,参加者达五十人之多,情绪非常热忱。

九月二十六日的那天,又是第二传习处开学了,参加学生达三十八之数。可是第三传习处延至十月十九日才开学，乃因环境所迫再其次统计工作，务须先行办竣。又第一、第二的传习处刚开学，亲身随时兴料，但是总没有意外的理想，这就是看工作同志的手挽及导生的努力了。

发给麦种，但须是少数，农人们是非常高兴，在这一点小小的东西，农人们是非常的感激，故传习处的学生缺席者更少了。

最后，余之希望，将这种工作扩展到川北一带，因为川西北边的农民生活同时也受到痛苦务必同时设法去改善，这是余的唯一希望。

（作者王培之，时任江北县第二辅导区水土镇第十二社学区民教主任）

选自璧山区档案馆藏华西实验区档案，档号：09-01-115

入乡工作之基本知识

成国阶

余自考入华西实验区,受训后开始工作。深入民间,举办调查,斯时问题丛生。假若你是一个学生,刚从学校这个圈子跳出来,是不会有社会经验的人,哪怕你才高百斗,保长甲长根本也不会理你。

所以在这时的你应尽量放低你的身份,初向保长、甲长打成一片,共同携起手来。次与老百姓(花户),多用闲谈方式,交往方式把握时机,宣传工作之始末及宗旨,将来对他们好处之深。那么,像这样以来彼此咸欣,了解了你今天来之使命,自然会欢迎你、恭敬你,并且很爽快地将乡间之实际情形一一地告诉给你。如是,可以减少你工作之麻烦,无形中增加了你工作之效率。

从此无论你去兴办何种事业,皆众口同音,中间决没困难。譬如调查工作完竣后,马上又开传习处,找导生、招学生,比你调查之困难,胜过百倍,但是今天只要你讲究方法,众家长能互相鼓励,难吗?天然会消失了。这时,你更应该不断地联络,建树谊情,增长你工作之生命性,这才是你未来的成功之特效哟。

(作者成国阶,时任江北县第二辅导区水土镇第七社学区民教主任)

选自璧山区档案馆藏华西实验区档案,档号:09-01-115

办理平教工作以来的概况

邓自立

　　我国素以农业为主，国内民众百分之八十以上都是农民，其中大半数都是不识字的。我们晏阳初先生早就看清楚了中国每个角落都发生了"贫""愚""弱""私"四大毛病，故特对症下药办理平民教育扫除文盲，非如此不足以挽救中国。今年四川第三行政区正在着手办理平民实验教育，本县也划在范围内，所幸我也是其中的一员，从今天为止我真是实地到乡村去工作三月余的人，现在我可把我实际工作的情形写在下面，请各同志指正。

　　到乡村我们首先去办理的就是调查工作，这工作的困难就是与地方人事不熟悉。你走到乡村去，那些民众还不知道你是来干啥子的，保甲长不照你的闲，保民代表也不理你，甚至到每个院子去连赶狗的人都没有。如果老老实实这样做去，不与地方人士联络定会碰钉子，一点也办不通的。我们有了这一个经验，首先得要与地方人士联络，如保甲长保、民代表以及地方士绅都要预先会熟"言语拿顺"，然后再由保甲长引导，挨门挨户去调查，把每户的户长及农民介绍给我们认识。一方面自由我们宣传，把我们来办理平民教育的目的告诉他们，使他们了解我们，这第一步工作就会很顺利地进引，通行无阻。

　　第一步工作办竣以后，接着就是找寻导生及开办传习处。拿导生来说，是一个没有薪金，而光尽义务的人，要想找寻这样的人来尽义务是一件很不容易的事，也是每个民教主任拿着最感困难的问题。比方我们去找个人来当导生，他第一句问你的就是有薪金没有，如果你答应他说没有的话，是义务职,他就不再往下说了。不管你怎样向他解释说,我们一个人生到社会上来要为工作而工作,要替大家服务,为国家民族着想,不应该以私人利益计,但他回答则说,你所说的一律都是在唱高调,我只晓得肚子饿了要吃饭,衣穿烂了要钱买,我为什么吃自己的饭,穿自己的衣,要来替你教书呢? 因此找寻导生就成了一个难以解决的问题。我们除掉用私人感情同很大的鼓励去找寻导生外,别的恐怕就找不到再好的方法了,我的导生就是用私人感情找来的。

第三是招生及留生问题,招收学生也是不容易的。在开学的时候要那些成人来读书,他们都说不得空,我们每天有我们的事,我们要吃饭,我们要为生活忙,哪有时间来读书呢? 有些又说,我们老都老了读起书来有什么用,后经我们多方面的宣传说你们读了书是你们自己得好处,老了也可以来读,多认识几个字总比不认识字的好。一方面又经保甲长的劝导,他们不得已是来了。发书的时候,有些不来读的民众,见书印得很好,都争先恐后来领书,都说愿意来读,结果图一时的新鲜,读几天就不来了。虽经我们各方面的引导,读了书过后又教他们唱歌做游戏等,使他们尽量感到读书的乐趣,但他们仍不愿来。结果经我挨门挨户去问他们不来的原因,他们都异口同声地说,我们家里实在贫苦得很,天天要靠我们一手一脚做来吃,要是来读了书后,我们的生活又怎么办呢? 由此我们更知道中国的贫病太深,如晏先生能再对症下一剂良药则平教工作是不难办的。

以上所说是我用来工作的真实状况,希工作同仁教正。

(作者邓自立,时任江北县第二辅导区水土镇第九社学区民教主任)

选自璧山区档案馆藏华西实验区档案,档号:09-01-115

我怎样使平民到传习处来？

柳廷海

作为平教会的主要理论和方针,终极目标的就是教育平民。如何去教育农民,在农村困苦、人民生活极端不安定的今天,生活使他们无暇外骛,要他们接受教育,的确是一件不容易的工作,尤其是当一个工作经验并不十分充分。如我,干起这件工作来是更不容易讨好的了。

由于平民天生的对于工作的热爱及因时常受骗而累积成的怀疑,对于任何工作的展开——不论是对他们有利或有害的,只要不会影响到他现在的饭碗,他们是绝不理会的。即使是被迫着来了,但他们仅止望望就去了,下次又必得人去挨家逐户地催。初次成立传习处的时候,我就遭遇到这种困难:读书的人越来越少。而且他们借口要"做活路"而把这件他们所认为的苦差推托了,即使选上门去教授也是一样的。尽管一再劝导,情况也并不良好。开初也确实使我感到苦恼,也曾非常沮丧,但一想到一个平教工作者应有的精神是应该"克服一切困难",勇气不禁又从我心里生起。于是,我思考了很久,才决定了一个方法:一切适应他们和环境。

以后,我选择能在他们中间起作用的人时常接触,解释,争取他的友谊,在他们工余之暇,我和他(她)们一道聊天。谈得很密切,取得他(她)们的信任后我才反复说明这一切的重要性,并以实生活为例,在最末,我希望他(她)们能够进传习处试听听看。尽管他(她)们的记忆差使得自己生气,但我竭力平静自己,耐心地教下去,逐渐地他们发生了兴趣,竟自邀约一些他们的戚友邻近进传习处,而催逼我多教些了。

（作者柳廷海,时任江北县第二辅导区水土镇第六社学区民教主任）

选自璧山区档案馆藏华西实验区档案,档号:09-01-115

传习处的留生问题

曹子飞

留生包括留导生与学生,假如你只将导生留住而没有留住学生的话,传习处是有人教而没有人读,如果你只留住学生而没有留住导生,传习处会有学生读而没有老师教,那么,这个传习处的寿命定没有好长,在不久的将来,必致于瓦解冰消,所以这两者间的关系是非常密切,决不能脱节偏废。可是两件事情是不能同时并进的,那么我们就应该决定一个先后的次序,如何留生的方法出来在这里我有一点浅见,敬献给亲爱的同仁们作一个深刻的研讨。

(一)先留导生——当我们选择导生的时候,或因朋友介绍,或以亲戚关系,碍于情面不便推辞。在开学之初尚称尽责,若时间太久无形中便会敷衍塞责、阳奉阴违,故在导生人选一定,即应施以适当的办法,以笼络其服务的热情。笼络的方法最重要的是根除封建余孽的阶级制度官僚派习惯,用谦恭和悦、真诚亲爱的态度去接近他,借以和其性情怎样,学问怎样,对于传习处的义务工作是否发生兴趣,俾于对症下药,满足他的需要,遇有疑难更当力为排解,以期获得圆满的结果,而予以精神上的安慰。"人非草木孰能无情",由于我们的和善也会引起他们的爱戴,由于爱戴的心理更进而有恭敬的心理表露出来,那么你以后对于传习处的一切处施,除了"唯令是从"而外,简直没有反对的余地了。

(二)后留学生——到传习处里来的同学,情形非常复杂,有是真的为了自己的需要,有是一时高兴,也有为好奇心所行动,或为某种外力的驱使,时间稍久,各种不同的原因会失掉原有的效力。因其如此,故在传习处开学之后,即应视其程度上的需要,给以分班的教学方法。例如一时高兴或为好奇心所行动的同学多半是认识字而又不能了解和应用的人,如果课程的进度总以不识字或天分迟钝的人为标准,其余的同学会觉得平淡无味,到传习处来的次数目会稀少,甚至于绝迹,更进一步会影响到真心求学的人。为了杜绝这种现象的发生,必得采取分班的教学法,使能尽量发挥其天能,不受教导的束缚,余亦视其环境的需要,而给以适宜的方法,所谓"因地制宜"正是这个意思。能够实践力行,做到这点工夫,不单是能使已到传习处的同学不会逃学,并且能够使顽固而没有到传习处来的同学会虔心地来听你的教导,学生日益增加,其竞争与好学的心理亦必日渐浓厚,导生服务的热情亦必随之蒸蒸日上。就连自己下了一番耕耘的苦功夫,能够结出这样硕大无朋的果实来,于内心也是愉快而安慰的。

相反地有了这种官僚派恶习,不仅是会引起学生与导生的反感,即使地方人士也会有不好的印象,工作的前进一定是荆棘遍地阻碍繁多,纯钢而不是橡皮的钉子更可以随时碰到的。

(作者曹子飞,时任江北县第二辅导区水土镇第十一社学区民教主任)

选自璧山区档案馆藏华西实验区档案,档号:09-01-115

马戏团拉走了传习处的学生

郑光帼

去年八月二十八日,当我在璧山讲习班结束到达指定的工作地点后,就首先拜访各方面人士——地方士绅、乡长、乡代表、校长、保甲长等,以期与他们取得密切联系,在工作上能得到他们的帮助。然后我更尽可能地,带着民教主任或乡公到的干事,视察各社学区,这样去认识环境与了解环境。无论在茶饭里、学校中、家庭内,或会场中(乡务会或保民大会),总是常和他(她)们接近,详细观察哪些是他(她)们所需要,而我们能尽力量给予帮助的。

之后,第一社学第一传习处,在我们努力工作和得到地方人士协助后,终于在十月十五日开学了。那天我率同民教主任,并邀约乡长,主席代表等一道去开学。非常热心的乡长,为了传习处开学,整整忙了一天,又亲自向学生们训话,所以那天情形很好,出席人数竟达七十余。可是行课之后,不到一周,学生们就逐渐减少下去了,我因忙着另一传习处开学(当时该乡仅有民教主任一人,因县府经费困难,各社学去所缺民教主任一时不能增加),故只有请保甲长催请,但情况仍未见佳,学生是愈益少得可怜了。

正在这传习处奄奄一息的时候,忽然有一天,当地来了马戏团。他们恰好在这所传习处的附近,选定一空地表演,红红绿绿非常惹人注目地布置起来,敲锣打鼓,异常热闹。于是,这在乡下老百姓的心理上,马上引起了很大的骚动,他们是喜欢新奇的,热闹的场合,所以有跋涉很远而来的,有挨着饥饿而来的,男男女女扶老携幼,人山人海地拥挤着去看马戏团表演。我们传习处的学生,尤其是场上的,当然不会例外,差不多都去饱了眼福。就是导生,也被吸引为马戏团的观众了,这简朴的乡村,外来的快乐是如何地诱惑着诚朴的老百姓呵!

于是,场上两个白天上课的传习处的学生,更少到几乎等于零了。这时,全乡仅有一个民教主任的我,只有求助于热心而和蔼的乡长,几次商谈的结果,实在太困难了。最后,乡长很为难而又很客气地说:"请辅导员准许传习处(指场上每天上课的)放两天假,后天就叫马戏团停止表演",当然只有这样办了,因此,马戏团被我们赶走了。

马戏团是走了,热闹的空坝又恢复了寂静的常态,这该是学生们回到传习处上课的时候了,但是当我到传习处等了一个多钟头后,仍然空疏如故,学生寥寥,出席人数少到不能再少。马戏团是拉走了我们传习处的学生,和驱散了美好而和谐的读书声,于是劳动保甲长再去催请、劝导,可是这次对于那些松懈的人心,是完全不生效了,就是保甲长也都在啧啧烦言,抱怨不止。

在这种情形下,简直使我没有办法,只有带着读本再去拜访传习处的学生和家长(开学时曾挨户拜访过),挨户去和他(她)们闲谈,比方说:"吃过饭了吗?""在忙啥子?"或"生意好吗?"一阵家常后,我们都感到很愉快,就这样在不知不觉中,和他(她)们中间的隔膜也消除了。然后,用经常通俗的话句,说华西实验区的工作,是完全为了要帮助大多数的老百姓,又受传习教育后的种种益处。知识胜过珠宝,它是世界上最珍贵的东西。最后我就说:"马戏团已经走了,明天都来到传习处上课啰",于是"要得,要得",一阵嘻嘻哈哈的笑声伴着送我离开了他(他)们,这样在潜移默化中,使他(她)们很乐意地接受了教育。

现在,他(她)们是重新回到传习处来了。

每一想到这些,想到工作的艰苦,自己担负责任的重大,就想到了那个马戏团,那个拉走了我的学生的马戏团。就像一个爬过了崎岖的路后,回首瞻顾的人,不禁欢愉和微笑又从心底升起,听吧:"传习处的读书声和歌唱又响亮地萦绕在我的耳旁。"

（作者郑光帼，时任江北县第二辅导区水土镇辅导员）

选自璧山区档案馆藏华西实验区档案，档号:09-01-115

乡建工作经验谈

周承煜

余自任职乡建工作以来，业经五月余。适逢本区（华西实验区）三周年纪念，上峰规定，凡吾辈同道之工作人员，须著一篇偏面之经验谈以支竞赛。吾人系处于江北县太平乡所属之小村里，因见不开，识不广，任职不久，在这短短的时期中，又有何丰富之经验，写出于这篇文字上。然吾人也不甘愿落后，曳戈而逃，就这短短时所经过之实际情况中，择其传习教育工作，敬献芜词。供吾辈互切互磋，精诚揣摩，研究良法，辗转参考。

吾人任职太平县第九社学区，地理环境，不算优良。因位于西山之麓，山多地少，故人民生活较难，文化水准太低，正适需传习教育，以供辅助。但人民谈到读书，正如游鱼得水，岂不悦乎。往往有因生计所迫，不能如愿者，多也。但我们的传习教育，也不能因任何困难，而阻碍其前途。最主要的办法，是在"随环境而施教"，若家庭环境比较富裕者，可以每日入传习处，或全家人轮流入传习处皆可，其于未入传习处者，皆可给他一本书，让入了传习处的学生，回家练习传习。如此教育，先生教学生，学生再教学生，人人皆能有机会受到教育。国家文盲，定可扫除，传习教育，收效伟大。乡建工作之前途，亦可乐观也。

（作者周承煜，时任江北县第二辅导区太平乡第九社学区民教主任）

选自璧山区档案馆藏华西实验区档案，档号：09-01-115

太平乡传习教育之回顾

陈志尚

一、前言

本人于六月底由巴十二区奉调江二区工作,当蒙晏主任升东派驻太平乡。到职后,即遵照层峰厘定计划与指示努力以赴,希有所作为。四月来承地方保甲与民教同仁之协助努力,各项工作得以顺利推行,差堪告慰。兹值总处成立三周年纪念,举行扩大庆祝之际,尚不能文申贺。谨将属乡办理传习教育之概况扼要叙述,希我平教先进及乡建工作同仁,不吝指教,俾资奋勉是幸。

二、自然环境与学区划分

太平东与石坝、三圣接壤,地势平坦而肥沃;西南与静观毗连,丘陵起伏,梯田较多;北与柳荫、文星交界,山多天少地瘠民贫。全乡拥有人口近二万,佃农居百分之八十五以上,失学成人约三十左右,可耕田地面积有二万五至两万七千市亩之间,夏季作物以水稻、玉米为大宗,冬季作物则以麦、豆为主要,常年产量,差可自给,丰年亦极少外输。土壤以砂质壤土为多,棕色黏土为次。行政区共有十保,依人口面积山形地势为标准,划社学区九,每区置民教主任一人,办理该区户口经济调查与成人教育及农业经济建设等重要工作。

三、传习处之筹建与分布

自八月底户口与经济调查完竣后，各区开始传习处地点之选定与导生之选择及黑板、粉笔等之筹制。经与各民教主任及保甲长研讨与详密考察后，在适当地点设置。计全乡九区，其设传习处四十八所。至导生来源，除聘请地方热心教育人士，担任义务教学外，并由保民大会讨论，推选大部分生产农民担任之，计共选聘导生七十九人，中生产农民即占百分之七十。关于黑板、粉笔，除少数为地方保甲筹募外，大多发动富户及热心者仗义捐助，在进行期中困难虽多，然由本人亲身拜访宣传与督导之下终获好果也。

四、传习处之入学情况

各区传习处设定后，由民教主任根据户口调查表对十五岁至四十五岁之男女文盲，列册通知甲长，逐户劝导入指定传习处就读。不用招生办法，因招生为自由选择，来否两可，而实行此法，又近于强迫入学，一则课本不敷分配，再则可免子女来故父母不来之流弊。在已开之十六传习处四七四人中，十三岁一下者仅占九三人，故扫除成年文盲确收大效。

五、传习处之教学活动

各区传习处均自九月起先后开学，其上课时间早晚不一，长短各异，多由导生与学生共同规定。除教农民读本外，并加珠算、音乐两科：一能使即学即用，一能使恢复疲劳兴奋精神。于每日或隔日由民教主任讲述故事及新闻，使能引起学生之踊跃就读兴趣，其他如合作社之筹办农作物病虫害之防治、优良之品种推广等，均逐步讲解与实现中。此种办法实施以来，在塔坪传习处颇受功效，且能自开学迄今学生人数保持永恒也。

（作者陈志尚，时任江北县第二辅导区太平乡民教主任）

选自璧山区档案馆藏华西实验区档案，档号：09-01-115

乡村工作经验谈

黄远世

乡建工作是在开发民力，解除民苦，是完全为改善人民生活而服务。我本着这个原则，坚守岗位，努力工作，没有什么经验可谈。只就平日工作中，亲眼见到实际问题，总结出了几个粗浅的办法：

一、学生不知受教育的重要——要使民众对于教育的重要，民教主任在调查户口时，就应该挨户宣传，每一家都走到。每一个失学成人，都和他有一番深切的谈话，引起他们识字读书的强烈动机，并相机解决他们入学的困难办法。

二、学生不入传习处读书——有一般民众视读书为畏途，均不入学者，我以为要实施强迫入学，实施强迫入学，最好由保甲长负责。强迫的方法，民教主任可按各保各甲促各人入学，但保甲长自己及家属有不识字的，应首先入学，免得一般民众借口。否则应照强迫入学的办法，加倍处罚，这样一般民众，便自然不敢不入学了。

三、学生中途退学——学生中途退学，大部分的责任由民教主任和导生负责。要解决这个问题，我以为：

1. 要解除民众入学的困难：如民众农忙时候，没有工夫上学。我们可以在农暇的时候上课，农民实在没工夫入学，可实流动教学，如因生计困，马上兑现的给他小本贷款帮助他解决生计问题，这样自然不会中途退学了。

2. 要随时考查与督促：民众每天入学的时候，必须有一个精密的考查，除去因病因事请假者外，不许有一次的无故缺席，更不容许有中途退学。否则要依照强迫入学的办法,施以处罚。

3.民教主任和导生态度要改正:一般民教主任和导生对学生很疏远,教师总是摆出教师的架子,对学生不大理会,对学生提出的困难问题,也不愿解答,不愿帮助他们解决,这样很容易使他们不信仰教师,便不惜中途退学。要免除这种弊病,做教师的态度,要照上面犯的毛病改正。

以上问题,如能切实做到,传习处学生自然增多,教育就难普及了。

(作者黄远世,时任江北县第二辅导区滩口乡第一社学区民教主任)

选自璧山区档案馆藏华西实验区档案,档号:09-01-115

乡建工作经验谈

刘英培

我抱着满腔热情入乡工作，恨不得在这乡村的一角，立刻建设起来。谁知不干还相安无事，努力干问题竟如潮水般滚来。初入乡作社会调查就碰壁不少，传习教育开始问题又发生许多，诸如：

失学成人不愿入传习处读书。

教育力量不行非借政治力量不可。

导生找寻难。

个人精力有限干不了许多工作。

这些问题是我们乡建工作者所到的一般现象，自然我们不能因为问题而阻碍工作的进行，应求得积极的解决，才是我们的态度。我在数月的工作中，获得下面的一些心得：

初入乡作社会调查，对失学成人，已曾善言劝勉入学。未开学前，我曾数次参加保甲会议，邀请保甲人员协助促失学成人入传习处读书。有时参加神会，借以与乡民认识接近，宣传读书的重要性。在传习处开学时，除邀请了地方士绅及保甲外，并有乡建工作人员讲述读书的益处，这样来失学成人不愿入传习处读书的，却兴高采烈地入传习处读书了。

有时教育力量行不通而借行政力量协助，因用行政力量而引起乡民的厌恶、怨言，但我们的工作又常与乡民接近，应该要发生好效用。于是改用了政治力量配合教育态度，以政治力量作形式，以教育态度实地工作，因此减少许多失败。

民教主任作导生——义不容辞,当我第一传习处开学,入学比很踊跃到达约五六十名(成人妇女及儿童),不几天人数减少仅二十多名(成人妇女减少)。查其原因,导生信仰不够,教学不力(职属义务),保甲及传习处学生要求我亲自上课,为不负他们所望,我竟做了这个传处的导生,以后传习处学生鲜有缺席者。

民教主任除负了一个传习处导生外,又要常辗转于各传习处辅导教学,很急切待办的工作,如农地减租之登记,合作社成立。以个人有限的精力,干这许多工作,似乎太困难了。但是以我们的工作信仰,下定最大的决心,努力干去,许多问题都会迎刃而解,许多困难都可立刻打破。不退缩,不颓丧,我们要勇敢,要积极干去才能完成乡建工作的使命。

(作者刘英培,时任江北县第二辅导区滩口乡第二社学区民教主任)

选自璧山区档案馆藏华西实验区档案,档号:09-01-115

关于传习处学生人数减少问题

黄远鹏

目前有很多传习处的学生人数都一天天地减少了！究其原因,彰明者为三:1. 学生学习精神减退;2. 导生负责热情不够;3. 农村经济破产谋生不易,无暇学习。于是就演成今天普遍的传习处学生人数寥寥,如果这个现象让它永远发展下去,将来可能的是传习处"闭门大吉"。那么,所谓的"通过教育而完成建设"的口号岂非失败？所以谁也不能否认这问题的严重性吧。无论如何要纠正过来,进而消减问题的起因。

我觉得治本的解法如下:1. 稳定农村经济;2. 健全地方农会组织。

治标的办法就是:1. 选择为地方希望的人为导生;2. 用保甲力量强迫学生入学;3. 提高导生待遇(物质待遇)和精神安慰;4. 予以合作社社员贷猪、贷牛。

我想:如果这样或许传习处的学生会变得踊跃,导生认真负责起来吧。

(作者黄远鹏,时任江北县第二辅导区滩口乡第五社学区民教主任)

选自璧山区档案馆藏华西实验区档案,档号:09-01-115

谈传习处

黄远芳

从事乡村工作已将近六个月了,这六个月的日子,都是在计划、忙碌中度过的。

是吧!我想凡是从事于这工作的人,都有同样的感觉和同样的忙碌。尤其在我们这贫瘠的滩口乡,靠近山边的地方,更难于着手。因为谁都知道,在今天去从事乡建工作,那是比任何工作都艰难而不容易展开的。因为在这整个的农村都贫困和饥馑的现在,人们忙着自己的生活,比任何事件都重要。那么在这时候我们要给他们生活上另一种的要求和帮助,在实际上他们是需要,怎么不高兴呢!但高兴是一回事,一个已经成人的来开始读书,可发生的实际困难又是一回事。于是问题就在这里了,就是怎样去教育他们。

找导生这是大家事先就知道的,不容易找,不是能力或信仰不够,就是能力信仰都有的不愿作。这是一个必须解决的问题,这问题得不到解决,我们的工作展开是一定会受到阻碍的。以民教主任私人的人情去找,并不能解决问题的全部,借行政力量吗?更不可能,只好以私人关系去找导生,但只能维持短时间尽义务,时间久了,就因为得不到利益,对工作就松懈下来。所以导生难觅,的确是一个很困难的事。如果要解决这个困难的话,最好的办法就是作导生的人的家。除了正当的作民教主任的,就不要怕碰钉子,还要多方面地劝告和宣传,同时更以温和的态度去多多和他们接近,以谈天的方式告诉他们增加生产的常识和读书的益处,使他们由不安静的生活当中来参加学习。像这样,我想学生一定很踊跃地到传习处来受教育。

最初,我就发觉了这点困难,所以,一贯地这样去做,每天并亲自到各个传习处巡视和教学,毫不畏惧着什么困难。总之,作民教工作的人,要抱定吃苦耐劳的精神和决心与毅力,才能完成这神圣的使命,也是不辜负平教诸公们对我们殷切的期望。

（作者黄远芳,时任江北县第二辅导区滩口乡第四社学区民教主任）

选自璧山区档案馆藏华西实验区档案,档号:09-01-115

如何对学生

王孝均

　　乡村建设,以扫除文盲为首要工作,此为平教会既定方针,若文盲不能扫除干净,则其他一切乡建工作,均推动有碍。是以实施传习教育,华西实验区各乡镇保普遍设立传习处,招收文盲而教育之,诚法良而意美。夫文盲者,即实施传习教育之对象,亦即传习处之学生也。余从事乡建工作,半载于兹,自调查人口经济已迄于传习处之开学行课,有觉于对学生方面,应有特别注意之点,否则难达预期目的,兹一一提述,愿与我热心乡建工作同仁,共商策之。

一、乡镇保甲人员应如何对学生?

　　传习处招收之学生,非普通学校可比,学生不能自动到传习处受教,犹以吾国文化落后,一般失学成年男女,更不能认识读书为其权利。故在招生之前,须调查文盲人数。具有领导性之保甲人员,使学生不能归避,则臂助之力,至为宏大。如凭民教主任单独招生,则人事生疏,学生不言家务繁忙,无暇读书,即称年龄老大,读书无补。种种支吾之词,将使民教主任束手无策。例如本社学区有一学生,进入传习处之后,深能用心学习,但其家长以有碍家务,坚不准许,并将其所读本没收。虽一再委婉开导,又补发读本,然终难偿愿。后经保长出面,责其非是,该生始得依然课读,足证乡镇保甲人员,不特对学生之招收有臂助之大力,且能对学生维持继续,此无他,盖其本身具备有政治之权能也。故乡镇保甲人员应对于学生,除尽力开导之外,最后须以强迫之方式行也。

二、民教主任应如何对学生？

乡村人民，对人对事，毫无认识。尤对民教主任，目不相关，在盲目自由生活之下，当不知教育为何物也。故吾人实施人口经济调查之时，难免不遭白眼，若遇此种情形，遽而生出距离，则影响所及，将使传习处学生，个个裹足。须知吾国属伦理社会，素重情谊，和爱对人，绝无冲突。倘发现有应入传习处学生，则即时作简单之宣传，必能得其答应就学，此经累试累应者也！然离时稍久，其心理动摇，或因年龄过大，羞愧自惭；或因天资欠聪，畏惧责骂，是以迟疑莫决。为民教主任者，务要详加解释，提起其愉快心理，则其领书而入传习处，可谓次步之工作成矣！学生既受传习之后，因事缺课者有之，好逸缺课者有之，若认真执行传习处公约，则其颜面攸关，必减低其求学情绪，反而缺课多！故在课室只可轻微提说，课后私加开导。如能对其聪明智慧，加以赞许，则从此勤学无间矣。故民教主任应对学生有忍耐之精神，博爱之心理，斯能事功告成。

三、导生应如何对学生？

传习处之学生，大都中年，且多妇女，素未受过任何拘束。一经规矩课室之内，时感不舒，是以间有随便行动之真情流露，此时如严加责备，会使学生恼羞成怒，灰心向学，并可减低其崇尚尊师之心。故课室之内，须有欢乐景象，人人活泼，使学生视传习处如乐园，勿视传习处如禁室。倘学生有所发问，若答以"讲授之时，太不用心"，或云"教书多次，实在愚蠢"等类言词，则事后学生必三五集群向民教主任报告：或提出退学，或谓某先生敷衍。一经解释，自然解释，须知导生服务，虽然义举，亦应耐烦从事，了解传习教育之真义，对学生如友，对发问则答，循循善诱，如斯者是谓明教吧。

综上三点，仅余在短短半载期间，从事乡建工作，实施传习教育对传习处学生之薄薄经过，爰书管见，望我先进同仁，不吝教焉！

（作者王孝均，时任江北县第二辅导区滩口乡第四社学区民教主任）

选自璧山区档案馆藏华西实验区档案，档号：09-01-115

我如何适应乡村环境

成 纪

　　任何一件工作，必得顺应着工作的环境，从中取得协助，适当地推动自己的工作。但适应并非屈服，而是在有范围地去协调，以避免工作上不必要的阻碍。

　　乡村的环境，是形形色色、非常复杂的。对于外来的人，除了隔膜以外，一种是避而远之，一种是用一种怀疑的态度，观察你的言行，用几件稍为不易办的事，审判你处理事件的能力，然后好决定他们对待你的态度。因此我常常依据着自己的经验立下一个方针做去。

　　第一，就是详细认识和分析这地方上的情形。用多看多听的态度，注视着每个在地方上居于领导地位的人士。哪些人是热心公务而没有一点自私心理，首先我要注意他对于一切事情的处置，是否办得非常公正合理？对于工作和有益于社会的事业是否有热忱、有正义感？工作是否认真，私生活是否严肃、正常？其次，我再多方面地去听别人对于他的批评，借此弥补我主观上的偏误之处。待我很清楚地理解后，那么我就和他多接近，以诚恳相处，取得他的友谊和支持。

　　第二，我竭力勉励那些公正人士以身作则，为社会树立一个良好的楷模。而且我也尽可能采取他们的意见，在互相批评鼓励中，多做一些于己、于人、于社会有益之事。

　　第三，无论做什么事，尽量避免空谈。遇事说上些废话，有头无尾，因此有损自己以后信誉的事，决计不做；即使暂时有利一时的事，不可轻去谈。

要说话兑现,言行如一。

第四,不论何种工作,艰巨的或者是容易的,一定要自己动手去做。不怕劳动,不坐地冲锋。坚定别人对于自己的信仰,这样对于工作的推动是更容易得多。

无论在任何场合之下,我总照这样做去,而且尽力和别人开诚相处,以取得别人的谅解和帮助,那么许多困难,一定能迎刃而解的。

（作者成纪,时任江北县第二辅导区滩口乡辅导员）

选自璧山区档案馆藏华西实验区档案,档号:09-01-115

第四篇　合川县

乡村工作经验谈

　　乡村工作在表面上看来是一件极平常的事但是以我国这個農立国家来说国家任何施政必需达到乡村為首所以乡村工作就是政治工作并且考查我國目前社會上一般现象多数起源扵乡村或受乡村的影響所以我们对中國鄉村能够了解那麽我们对中國的社會也就整個的了解了至扵设对這樁工作的经验可以说是無限的廣泛也可以说是一從说証苏就对事对入兩方面来作一個简明综合性的研究

対事方面

　　对事方面是應该経過调查計劃實施檢討這四個步驟调查計劃也可代替学習與研究现在我们暫時不该学習與研究首先该调查這件事（一）调查工作　至一件事未得大体明瞭以前是無法着手调查的恰像一個大都市的人投未没有到過一次鄉村也不会知道鄉村的農人分兄程農地分兄種那要他不去学習或預先未一次普通的观察就叫他去做调查工作是決不可能的由此可知道调查的仍贵基備工作重要的是学習與習通观察其次是要能接近我们调查的对向以鄉村调查工作未说这对向多数是農人我國農人多辛是文盲并且從未受着壓迫假若你態度过今嚴肃者官架子戴来你的衣着你的语言你的生活習慣与他们完全不同他们就會对你怕

乡村工作经验谈

王华伝

乡村工作在字面上看来是一件极平常的事,但是以我国这个农业国家来说,国家任何施政必须达到乡村为旨,并且考察我国目前社会上一般现象多数起源于乡村,或受乡村的影响,所以我们对中国乡村能够了解,那我们中国的社会也就整个地了解了。至于谈到这桩工作的经验,可以说是无限的广泛,也可以说是无从说起,兹就对事对人两方面来作一个简明综合性的研究。

一、对事方面

对事方面是应该经过调查、计划、实施、检讨这四个步骤,调查、计划也可代替学习与研究,现在我们暂时不谈学习与研究,首先谈调查这件事:

(一)调查工作。在一件事来得大体明了以前,是无法着手调查的,如像一个大都市的人,从来没有到过一次乡村,也不会知道乡村的农人分几种,农地分几种。那要他不去学习或预先来一次普遍的观察,就叫他去做调查工作,是决不可能的。由此可知道调查的初步,准备工作重要的是学习与普通观察,其次是要能接近我们调查的对象。以乡村调查工作来说,这对向多数是农人,我国农人多半是文盲,假若你态度过分严肃,有官架子,或者你的衣着、你的语言、你的生活习惯与他们完全不同,他们就会对你怀疑恐惧,甚至于仇视,那当然就会妨碍你的工作,反之你能与他们亲近。农民是忠实的,是热情的,他会帮助你顺利地推进工作,这一点是不能不注意。第三是要具备综合分析与评断的能力，才能认清事的症结，辨别事物的真伪，这样的调查工作才算完成，有了这样的调查材料，才能使你拟定一个完美而合实际的工作计划。

（二）计划工作。计划的材料就是调查中得来的，但是我们拟定计划的时候，必须注意以下的三项事：第一，应注意到人力、物力、财力作适当的分配，这一点在交通不便，文化闭塞的乡村，我们不能不顾虑周到。同时宁愿尚有余力，绝不稍有不是。第二，要分别轻重缓急，控制时间与空间，作适当的分配，我国施政是犯了百废俱兴一事莫举的毛病，农村凋敝的今天，实在经不起齐头并进的办法了。第三，拟定一个假想的目的和应达到的程度，也是很重要的。

（三）工作之实施。工作的实施是要注意对象，接近对象，同时工作者更要有眼到、口到、足到、手到的修养，才能实施工作。过去的乡村工作，属于官府的都患了不能接近农民的错误，承办的保甲人员，不是对政府的办法不了解，便是从中取利，或者因为政出多门无所适从，或者因为事物既繁，责任又重，以致不管轻重缓急，竟来一个敷衍塞责的办法，所以处处都形成失败的反结果。现在我们去实施工作，一定要了解这工作，要先经调查，要自己先有计划。要具备以上的修养，同时领导的人要有一贯主张与认识，这样工作的实施才能顺利推进。

（四）检讨工作。我们现在对作事的办法，就要改变过来，这样才能发现我们工作上的错误和必须改正的地方，才知道我们进行所到的程度和未完成的事体，才能决定我们第二步的计划和办法。乡村劣性更深，工作者更应该注意检讨这个必经的阶段。

二、对人方面

这一件事是属于工作者本身的修养，乡村工作者的对人，重要的可分对对象与对协助机构两方面来说明。

（一）对协助机构。我们对协助机构的认识，除本身应先树立品德能力的信仰外，对他们应采不具形式的宣传办法，使理论深入，使他们能对办法了解,然后用商讨的方式争取对方协助工作,完成后当众宣扬是人家的助力,这样一来协助的人日渐加多,必能收众志成城的效果。

(二)对对象方面。乡村工作的对象多数是农民,只要我们工作者的生活习惯,不要与他们相差太远,就容易亲近。在这时候就应该树立信用、公正、勤俭、热情的信仰,然后用和蔼的态度,随时施以教诲,人民就可乐于从命了。

以上的主张是就个人所见到的一些枝节问题,但是以对事对人这两件事来说,应本着以诚应事以诚待人的办法,万事都不会再生困难,乡村工作当然也就迎刃而解了。

(作者王华伝,时任合川县第二辅导区白沙乡第三社学区民教主任)

选自璧山区档案馆藏华西实验区档案,档号:09-01-122

我对于乡建工作的意见

梁宗肃

谈到乡建工作，表面上看起来，似乎很容易，实际工作起来，那就困难重重了。凡事都是这样，不仅仅是乡建工作如此，乡建工作的难，究竟在什么地方。我是从事于乡建工作者，对于乡建工作的得失，当然要侃侃而谈，以便于同仁今后的检讨，好策励于将来。

我们被派来到乡村从事建设，好像是站在客位的立场，而未站在主位的立场。要是我们工作推动，就要去迎合"偶像"，否则就走不通。所谓"偶像"，就是已往至今的乡镇诸公，一般农民那里有好多知识，只要乡保长指鹿为马，无有不俯首帖耳，认为鹿是马了。如果以我们身份谈乡村建设，纵谈得天花乱坠，他们以为我们是吹牛。我国数千年传统的偶像思想牢不可破，我们无疑地要去适应环境。换言之，也就是一般人所讲的口头禅"人对事对"，以人对事对而去工作。这中间就有马马虎虎的存在，只要大家不讲什么话就是了，用这种人对事对的方法，去干别的工作无有不可。试问我们要脚踏实地地从事乡建工作，哪里能够可以马马虎虎就了事。

我相信我们的工作同仁，大半数都在感觉烦恼。就拿传习处来说，农民读本发出以后，一般农民因为受了"偶像"的权威，头两天还勉强来应付场面，继续下去就是一些儿童。有些传习处连儿童都没有，这样传习简直成了一种强迫性和被动式的教育。我们比喻方法去劝导，他们认为他们不需要这么一套，诸如此类，哪里能够再谈到农民组织咧？如二五减租政府法虽严，而弊还是很深，如有"偶像"的地主们，还是照常收租，而作佃农者，甘愿为之承认已经二五减租。无"偶像"的小地主和佃农就发生竞争,这些不平现象,对于乡建工作进行一定会影响到的。

以我数月来乡建工作的经验所得,自然归罪地方"偶像",而对于一般农民心里的"病态",并不能因归罪地方"偶像"而一笔抹杀。所谓农民心理的病态,一方面固然怪其服从"偶像",这是他们的知识不到。所以晏阳初先生主张"先教育而后建设",这种理论的确很对,不过实行起来,就有困难之处。因为人非生而知之,"学而知之",农民因为生而未学,此时要他们来学,所以他们不愿意接受,用"偶像"方式使他们来学,他们衔起烟杆到传习处,吸吸烟,认为是听吹牛而已。一方面是他们自私心理的病态,如果用利来诱导他们,那就容易得多。也就是个人的愚见,最好将理论放在后面,把事实放在前面,因为事实重于理论。例如国父所创三民主义,理论虽好难于短期实现,既是农民心理有自私的病态,我们就从事实际工作,去迎合他们的心理。换言之,凡是我们华西实验区的地方硬要偏重于实验。

谈到这里,不能不引起我对华西实验区总处贡献两点意见:一是实验问题,最好将各种动植物,优良品种普遍分发,各种合作社立刻成立,方才见诸实效;二是工作的同志应该以才而用其才,不应该以资格而用其资格,因为这样,才能达到人尽其才。

(作者梁宗肃,时任合川县第二辅导区白沙乡第一社学区民教主任)

选自璧山区档案馆藏华西实验区档案,档号:09-01-122

"热"—"冷"—"不冷不热"

刘有德

我参加华西实验区工作,到今天已经有半年多的时间。说来这时间并不算长,比之拥有两三年历史的巴、璧等区,当然谈不上有什么经验。可是虽在这短短的几个月当中,从认识环境到目前组织农业生产合作社为止,其中亦有一二所获,今愿贡献给日后本区新开辅导区工作同志们作为参考。

我这标题看起来不知是些什么? 这原来却是我们初到乡间的一段时期中所遭遇的简单描述。我们初到乡间的第一天,曾受到地方人士的热烈招待,这种招待一直继续了好几天,使我们都觉得有点莫名其妙。经多方探询后,才知道地方人士以为我们这批外来者,给他们带来了大批的援助,并且又听说他们当中已经决定了参加组织保管委员会的名单。所以我们能受到如此优待的原因在此,因此这几天算是我们"热"的时期。

继后当我们在举行分乡工作座谈会时,把我们今后工作之重心及其方式解述后,他们才知道不是他们所想的那么回事。于是也就一天天地对我们冷淡起来,有事接洽,也就敷衍马虎。这段时间是我们"冷"的季节。

再后待我们在各乡举办传习处后,地方人士中有一部分同情者,他们曾经协助过我们,也有一部分不理不问之士,他们既不帮助也不阻挠我们。这时期也就是我们"不冷不热"的时期。

也许我所说的这件事,会是新开区发生的一般情形,并不需特别重视。但是我之所以提出,是因为我曾经在"冷"的时期中,感觉到异常灰心,今后希望新同志们能够明了这点,方能在那一时期中忍受下去,以免减低了我们

— 234 —

来参加乡建工作的热忱。

最后还要谈的,就是这"不冷不热"的时期将成过去。从各方面对我们的观察者,他们确实是一天天地已在向我们这边走来,预计在不久以后,我们又可重回到"热"季去了。

（作者刘有德,时任合川县第二辅导区白沙乡辅导员）

选自璧山区档案馆藏华西实验区档案,档号:09-01-122

无薪制中之导生

陈万忠

导生在乡建工作中,负有难苦的使命,是乡建战争中之直接斗士,他也可以说是乡建工作推动中之原动力,他在无报酬中担负起教育与启发民众责任,导生在乡建工作中,实为可歌可颂的中坚分子。

鄙社学区共分十五甲,全社学区人口有一千以上。现划分为五个传习处,分由五位殷勤导生领导,一切的一切可称尚为正轨。导生皆能对工作方面负责,每传习处学生近来逐日皆有增加。学生不分天雨晴,皆扶老携幼来传习处授课。本区人求学上进之精神尚佳,唯程度方面欠整齐。导生之教学法无以着手,此乃导生之极难事也,又总处之规定教程,实难对今之乡民程度,此实可惜。

(作者陈万忠,时任合川县第二辅导区白沙乡第五社学区民教主任)

选自璧山区档案馆藏华西实验区档案,档号:09-01-122

民教主任该下乡

龙颜铭

乡村教育，乡村建设，从前不过是在一般人口头谈论而已。今天要来实际工作，未免不感到有点手足无措，无从下手的地方。本年合二区开办乡建工作，我也参加了进去，工作分配于白沙乡，最偏僻的一隅——即九、十两保。这时的我，而在那异地陌生的地方，去从事那新颖的初兴社会面临的工作，叫何下手。

那块地方，有小山，有奇形怪态的石，有森严的树木，也有少部分的平原。老百姓默守成法的精神很强，初入境域办事的人，若不精心注意，一味老诚地去访问他、接见他，他就认为你是在"拿言语""求张罗"。若说是来办公事，则认为你是"巫教"、"混薪俸"、搞钱的，不然的话，还要遭"拒绝入境"的打击。个人处此境遇当中，而又身担民教工作的责任，每自忖此工作欲推行，必须与地方父老，互相往来，随时接谈，才有办法，但又要免除他们的猜疑，所谓"拿言语"者的话，那就不得不另寻方式了。

一天的午后，有个老百姓在耕耘他的红苕，我跑去说："哎！你的红苕还好哩！"他说："不及去年的好。"这时彼此通了姓名，于是二人就有谈话的机会了，我把握住时机，尽量插入一些话去谈，说得他高兴极了，叫我到他家去坐坐，去吃烟，我也不客气，同他一往。语其家中人曰："我们现在有办法了，有人给我们的好种子，好肥料，并还能贷耕牛我们，教我们识字。这是民教主任龙先生，他是办这些事情的。村中妇女孩子，妁妁而语，笑容满面。"这次该村院里的住户我真认识了不少，嗣后，我随时与他们往来，情谊便一天天地浓厚,对我的工作帮助不小。

有一次,在调查户口经济的时候,发现一位私塾教师在本地很有声望,从其学者不少,我去做调查时他又未在家,但调查工作不能不作,第二天我又到他家去,对他说:"某先生,对不起,昨天来访你,你未在家,调查表上,是否有错误,请你瞧瞧吧!"其实我是想见他的面,借此谈一谈华西实验区的话,不过,我这样地去见他,比较用其他方式去见他,还有效得多。这次,他很高兴,留我在他家吃午饭,结果,愿作导生,担任传习教育工作。

时间一天一天地过去,迄至今日,我下乡将近半年。在这短短的时间内,经过了不少的艰难困苦,才融入老百姓群中,与农夫们打成了一片。总之,凡属一件事,不能不说是没有困难的地方,尤其在今天这个乡村落后的国家里,去办那乡建工作更不用说了。只要我们能集中思想与精力于一点,去工作,去实干,把工作放在第一位,按部就班地办下去。

(作者龙颜铭,时任合川县第二辅导区白沙乡第八社学区民教主任)
选自璧山区档案馆藏华西实验区档案,档号:09-01-122

开办传习教育简史

游冠群

个人初到白沙，初次与地方人士接触，以乡长借居本保，又环境比较熟悉，因而工作阻碍很少。即办调查工作，迅速完成，继作统计，速告结束，于是奉令开办传习处。在未开办之前，个人在选拔导生工作中，所费周转不少。

对于导生的选拔，地方人士都对个人提出意见，最好应有少数待遇，现在乡间普遍对于地方义务事业，无真实了解，学者很少，教育程度太差，都不愿意做义务工作。但是个人想到今天实验区经费有限，困难多重，要是导生支给薪金，根本就不可能。于是忍苦各处奔走，尽量宣传，并找私人友谊多方面联系，大约花了一周光景，始将导生聘定三个。即到乡村各院落宣传，诱劝各农民入学。接着挨次打开三个传习处，当传习处开学时，各传习处报名情绪，颇为热烈，农民们都谈到实验区主办民教工作很有意思，都愿意趁此机会识识字，获些普通常识。对于传习教育兴趣极为浓厚，并且要求改上夜课，都愿意自备灯油。至于各导生见农民向学的热忱，即被感动了，每天上课异常兴奋，拿出全部精神，愈干愈加劲。

个人见得大家这样有味，于是每天也就轮流加入各传习处，协同切磋传习工作。地方士绅同时也被感动，即私捐部分经费以作传习处灯油津贴，本社学区传习教育因而很顺利地进行了。

（作者游冠群，时任合川县第二辅导区白沙乡第七社学区民教主任）

选自璧山区档案馆藏华西实验区档案，档号：09-01-122

乡建工作,最好有点政治力量

杨华美

乡建工作是一个文化团体,没有政治力量。其工作重心是在实行"扫除文盲,灌输民众基本智能"和"建设新农村,改善人民生活"。这本是一个良好的农建方针,也是一件极繁难复杂的事情。其方式采取宣传、劝导等方法,使民众们入传习用的康庄大道,并不是以武力强制他们。

据一般稍有知识的看来,这种方式是合理合法的,可是处在未受教育的民众中,用这种方式请他们入传习用的大道,不及用一点行政力量强迫他们干所收到的成效大。怎么呢? 就拿传习处的导生来谈吧! 如选拔导生,有的说因导生没有待遇,大家都不愿意干,用精神鼓励,只能兴奋一时,情绪不能持久;有的说乡村中忙人多,闲人少,辛劳之余,不愿再事劳累⋯⋯。难道地方上做保长的有待遇吗? 是乡村中的闲人吗? 工作未尝不繁重呢? 为什么偏偏有人愿意去干? 就是做保长的有政治力量。如有人民阻扰政令,他就可用政治力量强迫或惩戒,可以使工作顺利推行,干起来不觉得乏味。而做导生的,只能宣传或劝导民众入传习处,若不来,就无力量强迫他们,未受教育的人顽皮的很多,而徘徊观望的亦不少。设甲今天不来,则丙明天不来,丁后天也就不来了。等于一个演剧的地方,没有人看,演剧的人当然不加劲,久而久之,就要垮台。与其干这些劳而无收获的事,不如不干为妙。我想不愿做导生的,也怕为了这个缘故吧!

由斯观之,乡建工作,要使能顺利推行,除宣传、劝导而外,最好有点行政力量!

（作者杨华美,时任合川县第二辅导区白沙乡第六社学区民教主任）

选自璧山区档案馆藏华西实验区档案,档号:09-01-122

传习处的前瞻后顾

黎祖碧

　　我从事乡建工作(民教主任),不过仅五个月的时间,加以我是一个欠能力的女青年,做起事来,格外感觉吃力。这可说是我自己示弱,说到经验,那真是使我惭愧极了啊! 在户口调查完毕后,就预料到传习教育开始后的艰巨和招生、留生的困难,生怕传习处开学后没有学生上学,更没有先生教书,那岂不更糟了吗? 这样一来却使我惶恐万分,尤其乡下的导生,最不容易找,这是一个最困难而重大的问题。但后来经本乡(合川县龙洞乡)辅导员和各位民教主任同志也多方帮忙的联络的结果,这个问题,也就迎刃而解了。

　　导生有了,只是等待传习处开学的命令到了,经跑了许多路和说了许多话的结果,终于把传习处次第展开了。家家户户,亲自送书上门,完全用劝导方式,婉言劝道学生入学。卖不完的劝世文,想要他(她)们自愿入学,这样我们的传习处一变而为农友们读书、识字的好地方,热闹、欢乐的场合。同时,各传习处我是每天必须去一趟的,如遇学生请假缺席的时候,就联络导生,进行家庭访问,以明了请假的原因和实际情形。在空闲的时候,便和农友们谈谈家常,使他们有困难和有不能解决的问题发生,能尽量提出请求帮助和解决。学生能够自愿入学,同时又认为是自己授业解惑的唯一帮助者,留生当然也就不成什么问题了。我所预料的困难,也因此化为乌有了,这都是不怕跑坏两条腿的收成啰!

　　(作者黎祖碧,时任合川第一辅导区龙洞乡民教主任)

选自璧山区档案馆藏华西实验区档案,档号:09-01-122

社学区户口经济调查
及办理传习处的经验

梁霁光

余常阅关于农村教育书籍,深知吾国农村教育需要迫切,早欲深入农村,做一点对于社会国家有所贡献而现实的事业。这种开荒工作,谁都知道是很艰巨,但一个具有热忱和兴趣的人,也就不畏这些阻碍与困难了。本年六月,余参加合一区民教工作以来,匆匆又是四个月有余,今将这些时日中的工作经验,作简略的贡献于后:

(一)户口调查。当我们办理户口调查时,为了使农民们了解这项工作的使命,首先用各种方式宣传今后对农民生活的改善及农村的复兴,但他们的反应都是疑惑,他们不相信有这样好的事,在他们的面前实现。我们的第一项工作就受了阻滞,除了对人口调查比较精确以外,其他的经济调查等却是得不到一个正确的数字,这是我们最大的遗憾。

(二)招生的困难。传习处开学之先所召集的户长议会中,虽经详细的宣传和解释,使他们能自愿入学,再散发传单通知名单,交由保甲长督促入学,但终于失望。当第一传习处开学那天,一个成人学生都没有来校,所以也顾不得雨天泥泞,到成人学生的家庭,个别访问与劝导,并又重定开学日期,幸好我们的传习处在这惨淡的情况下开了学,与这稀疏不整齐的人数中,还在继续谋发展。

(三)留生问题。传习处招生困难,留生亦非易事。我们虽然采用了教学方式,将一个传习处分成若干个组,使学生自治以及由学生自拟公约实施团体制裁,但他们根本就没有自治的精神。他们的内心,都想如何逃脱传习,谁也不愿管理谁,在这情形下,留生都是一个严重的问题。

(四)解决招生及留生问题。传习教育本来是开荒的工作,农民根本就不是用宣传劝导所能说服的。要树立传习教育的良好风气,解决招生、留生的问题,必须采取"政教合一",切实配合行政力量,以期迅速达成传习教育的目的。再用教育的力量,传输给他们对于民主意识,自治的精神,诱发求知的兴趣。六个月余以来的经验,使我明白了这些,他们都是只能处之于被动,做一个民教主任一定要树立威信,带领他们从事学习,进而树立其自动自觉的精神。

(五)他们需要经济上的实惠。目前的农民,在八年的抗战期中,贡献了最大的人力、物力、财力,近几年的戡乱战争,又加重了莫大的负担,农村经济穷困到极点。他们得不到政府的救济,他们只好在旧式生产的形态下,整日不断努力地工作,以求饱暖,所以他们需要的不是扶持,而是救济。传习教育虽然是在使生活改善,但他们每日求生不暇,哪有闲心接受教育,传习教育不能顺利进行的原因也在此,要完成乡村建设,固然应以教育为手段,但在未完成的过渡期中,希望本区当局应斟酌施以救济。

(作者梁霁光,时任合川县第一辅导区龙洞乡第三社学区民教主任)

选自璧山区档案馆藏华西实验区档案,档号:09-01-138

从社学区概况调查谈到传习处

梁自南

　　我参加乡建工作(辅导员)是本年(三十八年)三月份开始的,到现在(十一月)仅只有八个月的历程。华西实验区总办事处的工作座谈会,合川第一辅导区区办事处的民教主任训练班,这两次团体生活的情形都还在恍惚如昨! 所以谈到工作经验一层,那简直是"幺毛弟"而要诚惶诚恐了啊! 但是为了我华西实验区三周年的纪念(本年十一月十二日),又为了受着总办事处的吩咐,实录两点冀获"愚者千虑"和"刍荛之言"的机会。

一、社学区的概况调查

　　开始期的疑虑。六月十四日我率领着本乡(合川龙洞乡)的六位民教同志自区办事处(合川沙溪乡)返回本乡,次日即分别偕赴各该社学区去了。第四日乃联络参议员、正副乡保长、乡民代表、中心校及保校校长等开工作座谈会。他们对乡建的表情,尤其对概况调查,均存疑信参半的态度,即诸民教同志也各有难色。一则因为调查表的内容很复杂,二则因为老百姓怕说实话(年龄不说实话,怕抽壮丁,财产不说实话,怕被征借),果然,赓即工作起来的时候,我和民教同志等都拿出了许多勇气。

　　进行期的先难后易。六月十八日到七月二十日算是概况调查动作的进行期(中间曾因表册不敷用关系,耽延了几天),初先民教同志填表不甚熟习,被调查的人不容易说实话,的确很困难,工作进度也当然非常迟缓。后来一再联络民教同志,简直可以说是调查一家,宣传一家,兼之六位同志和我都是本乡人,因此越是较后的时候越发一帆风顺了。什么鸡要抽蛋,人要抽丁的一切谣言,统统冰释。

结束期的确实性。七月二十一日到九月十日,算是概况调查的结束期(整理及统计工作均在内,中间以传习处因农忙关系开学日期展缓之故,又曾延长时日)。根据本乡自治人员的公认,和本乡以往户籍册的校对,结果确实性在百分之八十以上。故十月份内,罗广文司令的清剿指挥所,要各乡呈报关于户口经济的各项表册,本乡各保的保长,均曾联络我们,提供了许多现成的资料,他们皆大欢喜,认为我们对地方自治工作,确有一些帮助。

二、传习处

筹备的波折。黑板、灯油、粉笔及零星用具本来乡公所是早年奉着县政府的统筹命令的,可是一开会商量,热心乐捐是人少至于无,由各保摊派,保长首先辛苦。于是想不出具体的办法来,我正在苦闷之时,恰好区办事处发来了农民读本和传习处的标记点名册等等,一般乡人见了,都认为非常观火(装潢、纸张,都使他们发生兴趣)。我于是乘机,一面向对自治工作有责任的朋友,尽量引起动机,一面婉言解释,由地方筹备用具的教育性,并在壁报上为文广示宣传。结果我和保长们协议,黑板由他们在壮丁费下省俭一点来开支,灯油、粉笔由我分别联络各该社学区的民教同志,自行设法劝募。还有传习处所需的房子、桌凳,也无一不有问题,适中的地方,不一定有恰当的房子,有恰当的房子,房主人不一定乐意,桌子多半是方的,凳子多半是长的,而且为数不多,也多半不乐意出借,一面过着穷苦的生活啊!好容易"说好话","拿言语",用私情公谊等的理论和事实去激励他们,总算勉强解决下去。

招生的不踊跃。全乡的传习处共计二十一个,先后在九月底十月初完全开了学。除了两个街上(龙洞沱、枫木垭)学生比较踊跃而外,其于十九个乡下的,那就成了大问题,我亲自跑来跑去,找不着要领,更找不着解决问题的方法。接着终于穷极智生，乃联络各个社学区的民教同志来研究——招生为什么不踊跃？街上的为什么比较踊跃？于是就发现两个原因：①街上的人觉悟性较强，住所比较集中。②乡下的人被宣传的力度还不够，工作和生活也比较更苦。两个办法：①利用保里开会的机会，跑去恳切地宣传。②民教主任和导生们亲自送书上门（引起动机）同时又婉言开导。果然这样一搞问题就解决了十之七八，今天的每个传习处里，都有一些学生的结果，实在不是偶然的事，也实在不是一二人的力。

留生的困难。招生的难关刚刚打过，留生的难关又横在眼前了，我虽然在招生的时候，就想到留生的问题。联络民教同志和导生朋友，怎样注意教学，提起学生兴趣，怎样议决公约，使学生自规自守，怎样告诉学生要想改善生活，非入我们的传习处不可，非天天来不可，等等方法，去解决留生的难关。但是到今天为止，仍然有不少的问题：丈夫阻碍妻子的上学，老板阻碍帮工的上学，以及不勇敢的学生被风雨吓退了上学，没决心的学生因小事耽搁了上学。现在我们为了不肯放松这个问题，又在实行分组的办法，把每一传习处的学生，或因同路的关系，或因天资的关系，或因友谊的关系，分成若干组，每组公推组长一人，再由组长公推学长一人，希望由组长和学长来控制缺席和学行，并且寓公民教育于此项组织中，这办法是学区主任（毅）指示的，我们感觉是个很好办法。

学生的素质不十分符合我们的要求。我们传习处的学生唯一的对象是以青年农民为准的，这是因为第二步要组建农业生产合作社或其他合作社的缘故，但是每一传习处里妇女和不满十三岁的小朋友都相当多，初先我们不看"有教无类"的观念，把他们都容纳在我们的传习处里，现在因为奉了李区主任的通知，已分别婉言谢绝把小朋友们都请出去了。

此期的保国民学校，因时局关系，大多裁撤了。又因为农民的子女，没有书钱，没有时间（须负责做些割草、放牛、打杂的事）。所以我们的传习处，就成了他们每天两小时的乐园，可是现在呢，为了他们不是我们传习教育的唯一对象，他们这一群——活泼得比成人还可爱的一群，竟被我们摒弃了。我心里实实有些难过，实实有些放心不下，我打算联络民教朋友们，商请区办事处,在每一个社学区里,另办一个儿童传习处,不过课本和时间问题,还没有考虑成熟。课本是否另采? 时间是否缓在第二期? 等到考虑成熟了,当将整个计划,联名呈报区办事处鉴核。

（作者梁自成,时任合川第一辅导区龙洞乡辅导员）

选自璧山区档案馆藏华西实验区档案,档号:09-01-122

乡建工作经验谈

秦少甫

乡村建设的四大目标:扫除成年文盲、提倡乡村卫生、增加生产及办合作社,这四项就我所知随便谈一下。

先谈扫除成年文盲。其方法为办传习处,劝农民入传习处读书。在接近都市的地方,农民深受不识字的痛苦,这都很容易。要是在穷乡僻野的地方,这件事就难办了,你劝他进传习处读书,他说我知道读书很好,但主要到田野做工,才有饭吃。早晨或是中午耽搁了,大为可惜,叫他晚上来读,他说灯油很贵,并且因为白天工作疲劳,晚上需要早休息。

若对他说办合作社,他说我几次拿钱去加入保合作社,结果一文钱都没有收回。劝他购新麦种或新稻种、南瑞苕等,他说我不相信,因为我前年买了几升洋麦子来种,结果一粒都没有生出苗来。

谈到卫生,厕所要离住处远才对,他说厕所必须和猪圈在一起,因为怕小偷将猪偷取,所以猪圈必放在院内。且为了饲养方便,猪圈必放在厨房左右,于是厕所连同在厨房左右了。这种种事实弄得民教主任,从事乡建工作,处处遇到困难。

要除去以上种种的困难,依我看来,劝农民入传习处读书不如稍加些行政力量来得容易。因为小学是义务教育,强迫学生入学,民教部既是小学内的一部分,当然可以强迫学生入学。农民进了传习处后,以调节他读农民读本的枯燥,用很趣味的口头话,将乡村卫生,增加生产及合作社的很多事实,编成故事,灌输到他们的头脑里去,像这样,成年文盲便可扫除,乡村卫生及增加生产,也可收到良好效果,同时合作社也可很容易成立,很顺利地得到成功了。

(作者秦少甫,合川县第一辅导区沙溪乡第十一社学区民教主任)

选自璧山区档案馆藏华西实验区档案,档号:09-01-122

指导学生活动的又一种办法

何　权

　　活动是一种实践学习过程,在活动的过程中,可以摄取各种真实的经验,可以引起各种学习的动机,可以铸成各种良好的习惯,可以增加社会的活动力,活动过程即教育过程,活动乃真教育。

　　此所谓活动是集体的,非个人的,故须有组织,其教育的意义在组织中,其力量亦产生于组织中。无组织的活动,那是一种乱动,那是一种冲决社会、毁折个性的行动,所以活动与组织是不分开的。有活动就要有组织,有组织才有活动。

　　现在中国际此非常时代,急切需要的就是力量,我们有了集体的力量,而我们要突破这一难关必须在整个农村的力量上团结。教育是为适应此需要,故须造成力量,而力量的激发与持续,要于组织中求得,因此学生之活动问题,亦即学生之组织问题。

　　关于学生(农民)组织以半民意化的"保甲组织"为最方便,而最有效,同时应以"学生保甲组织"为中心,引发含有教育意义的活动,兹分述说明其做法:

　　一、学生保甲队组织

　　学生队,是一种训管的组织,也就是一种研究的组织,更是一种活动的组织。其目的,以组织的力量,使学生能互相训管、相互研究、共同活动。学生——农民在传习处里受过组织的训练,习惯了团体的生活,将来一定能做一个贡献能力而又严守纪律的良好分子,或者离开团体,就会感到没有意

味,没有力量,在队的组织之下,每人至少可以养成这三种团体道德:

(一)能管人。在组织中,每人都有做一部分管理者的机会,当了管理者就要学着管人,发挥其管理者才能,同时自己做了一个管理者不使胡闹。

(二)能受人管。在职责的相互关系上,一方面在做管理者,另一方面即在做群众,别人管我,我也管人,"所谓己所不欲,勿施于人",服从是团体中的一种基本道德。

(三)能自己管自己。在纪律的制裁之下,在群眼的监视之下,在惯性的团体生活轮回之下,自然会养成一种何者该做,何者不该做的习惯,形成每个分子好像固有的德行。其爱淘气与捣乱者就给以管理者做,那个管理者也便管住了自己。兹将学生队之组织方法,简述如下:

(一)学生队组织:

1. 每八个或十二个为一甲,每甲举一甲长,即小队长;

2. 每二甲至四甲为一保,每保举一正副保长各一人;

3. 每甲合组甲务会议,甲长为主席;

4. 各甲合组保务行政会议,保长为主席。

(二)工作分配

1. 甲长之工作:A.充任甲会主席;B.执行甲纪,维持秩序;C.监督自习与勤务;

2. 保长之工作:A.充任保务行政会议主席;B.执行保甲纪律,维持保甲秩序;C.核计保甲人员生活习惯之进度。

(三)训管

1. 每甲长均有一甲纪簿,遇同学有违犯甲纪者,即记于甲纪簿上;

2. 每星期开保甲行政会议一次,开会时各甲长报告犯规之学员,即议决处罚办法,保甲行政会议之程序如下:A.开会,全体起立;B.读总理遗嘱;C.静默;D.报告;E.讨论;F.宣读决议案;G.散会。

(作者何权,时任合川县十塘乡第六社学区民教主任)

选自璧山区档案馆藏华西实验区档案,档号:09-01-122

合一区九塘乡建工作经验谈

陈贤良

1. 接见方面——"未接见先通知"

大凡初到一地方去做某种工作,办某一种事情,一般要接见当地的负责人员及社会贤达,进行起来才顺利,才不至于失败。但在未到之前,必然要先行通知,才不致形成交背之势,率然寡兴。

本年三月我奉了华西实验区总办事处的使命,为了九塘乡乡建工作。初到的一天,竟未先行通知此地自治人员与社会贤达。故到达目的地的时候,去接见他们,他们都不在,以致率然寡兴,这便是我的失败。所以要"未接见先通知"为妙。

2. 宣传方面——"集团不如个别"

当到九塘的次日,得中心国民校教务主任向学生们介绍,我便将来意与办乡建的宗旨一一告诉他们,又依次到各保校照样地告诉各学生,且趁开乡民大会时,又照样地向民众一一讲演以后,觉得他们都还有点不大相信。嗣后我才常与老农老圃们打堆,一天天详详细细个别接谈,信仰的人渐渐地多了。可见"集团宣传,不如个别宣传"。

3. 招考民教主任——"不再资历高,只要品学好"

合一区招考民教部主任,我也参加的,报考的有大学专科以上毕业的,或肄业的及高农、后师各毕业生,服务两年以上的,缴纳证件相片报名的共有七十多人。

考试结果,正取四十三名,备取七名,资历高低都有录取的,训练之后,即便分开各乡工作。资历高的成绩反不如资历适中的成绩好,所以说"不在资历高,只要品学好"。

4. 调查方面——"宜分工"

本乡调查工作,有两人合作的,有一人单独调查的,调查结果。合作的有误,单独的清楚,所以说"调查方面宜分工"。

5. 统计方面——"宜合作"

当调查工作完成时,即办统计工作,此种工作有合作的也有分工的。合作的一人持表呼唱,一人执笔记载;分工的,右手执笔记载,左手翻着表张,结果合作的既迅速又清楚,分工的又慢性又有错误。足见得统计方面"宜合作"。

6. 传习方面——"只收成年男女,不收儿童"

本乡开办传习时,有少数儿童与导生有密切关系的,向着导生要求参加传习。儿童较成人踊跃灵动而先登,及成年男女到时,课本不敷分配,巡视者察觉,立命别除未满十四岁儿童,收回儿童所领的书转发成年男女,致有儿童,家属到处质问咕噜,虽再四说明理由,总觉怀恨不满,所以说传习方面"只收成年男女,不收儿童"。

7. 视导方面——"对学生宜明示,对导生宜暗示"

视导人员到传习处时,偶然发现学生对导生有抵触时,可当面明白指示学生的不对处,如见导生有差错时,可暗中劝勉导生,以免导生于学生方面减少信仰。

8. 对民教部主任方面——"宜刚柔并济"

对民教部主任方面,平时宜温和宽厚,在不慎职或有过错宜正色雍穆大义激发,使之幡然悔悟,心悦服从,自然工作努力,成果渐卓著,故须"刚柔并济"。

9. 对导生方面——"勉以地方义务当尽,将来功德无量"

导生原系地方领袖农民,为地方尽义务,依本区规定,仅有少许奖金,说不上权利,非勉以地方义务,当尽的大义。乡建事业发达的成果,于民有利,于己有德。抓不住他的心,他们不肯干,故宜"勉以地方义务当尽,将来功德无量"。安了他们的心,他们才有教不倦的精神。

10.对学生方面——"勉以求得知识可贵,合作社有利可享"

对学生方面读之书,使你们知识发展,处事有方,生财有道,精神充足,平生取之不尽,用之不竭,故宜"勉以求得知识可贵,合作社有利可享"。

（作者陈贤良,时任合川县第一辅导区九塘乡辅导员）

选自璧山区档案馆藏华西实验区档案,档号:09-01-138

调查工作的会议

谯常逊

　　我是一个初加入民教工作的生力军,自投考、受训、工作以来,大约不过五个多月的时间。初入伍的新兵,只有在各种工作进行的过程中去体会、去学习,谈得上什么经验。站在同仁的立场,兹抛砖引玉,约谈以往以供校阅。

　　现特本人"户口与经济调查"的经过情形,约述如下:

　　(一)调查前的宣传工作——一般农民的心理,对于"户口经济调查"是非常的害怕。他们对于户口调查,以为是政府要抽壮丁;对于经济调查,以为政府要没收多余的财产,或摊派什么税款。本人为了要解除一般农民的误会起见,在调查前,尽力地向农民宣传,使他们了解本区调查的意义,但是宣传工作,本人除了在重要的道路上,贴漆标语外,同时又利用保民大会和逢场的机会,向他们分别地解说,并且再利用中午农暇时,到他们的村庄里面去作拜访的方式,一面观察他们的生活,一面同情他们的痛苦,再方面宣扬我们的工作和解释调查对他们的好处。这是我在未调查前,用这样不拘于形势的宣传来建成我调查工作的一种方法。

　　(二)调查工作开始时的人事利用——调查开始时,我想一人单独到各甲去完成编户工作,可是我为了要明了当地的一般情形,和与地方上的人事配合起见,在开始调查的头一天,邀请当地保甲长与士绅等,开了一个"调查工作推进研究会"请他们多多发表意见,要如何编户、如何调查等问题,提出来大家讨论,互相磋商,才能适合将来组社与传习工作的便利。并同时请他们派人协助,以便达到政教合一而收事半功倍的效率。在短短的一月中,不觉已将调查工作,顺利完成。

(三)调查时的注意事项——一般农民认为怕调查,所以就发生了虚报的事项。我在工作推进的时候,发现他们所报的数字不正确的情形有如下几种:

1.属于地主所报方面:"自有田地"面积数量少,而各佃户项下"租出石数"的数量多(把各佃户"租出石数"栏数字合计,应与"自有田地"栏数量相等),同时"收租石数"栏的合计数,比"每年实收"数多,甚至有超过"自有田地"面积之数量者。

2.属于自耕农所报方面:"自有田地"面积数量少,而实收的数量与生产的数量多。

3.属于半自耕农所报方面:"租人田地"石数少,而"交租石数"的数量多。同时"耕种田地",与"生产数量"的数字均不相符(生产量多)。

4.属于佃农所报方面:"租入田地"石数,比"交租石数"与"自得石数"的数量少,有时所报的"生产数量"更有超过"租入田地"石数的。

此外,有喂猪五头报一头的;养鸡十只报两只,未负债而报有债的。此等情形,不胜枚举。我若据此虚假的报告调查下去,不但牛头不对马嘴,得不到正确的结果,就是将来组社传习等工作,亦诸多不便。于是我根据以上的情形,想了一个"主佃比较、数字核兑的办法",来应付这个局面。

所谓"主佃比较",即是查某地主时,据他说的某某佃户,在编户册上该佃户项下的备考内,记上地方的姓名,等到调查该佃户时,再访问地主的田地数量、收租石数等。同时将该地主的调查表取去,双方对照,其确实的数字是不难调查的。这样也可以应用相反的方法,来调查佃户的生产与交租情形。

所谓"数字核对",即是在调查的时候,根据对方的报告数字,在调查表上个别的核对,若对方报告的数字不虚,核对的结果,难逃上述四种情形之一。至于防止虚报的方法,不一定要照着调查表上所载事项的程序去调查,可用反复无常的方法去抽问,使他在言语混乱的过程中,而确定他所报的是否虚实。总之,要善于运用各人的性格,当地的环境,周围的人群,使他们互相申述,自由报告,而达调查的目的。

关于调查的整理工作,可根据《怎样整理社学区户口经济调查材料》一书,说明的方法去运用,就行了,用不着谈什么经验。

(作者谯常逊,时任合川县第一辅导区九塘乡第五社学区民教主任)

选自璧山区档案馆藏华西实验区档案,档号:09-01-138

如何与地方保甲拉拢

杨荣德

乡建即乡村建设,乡建工作即实施乡村建设的计划。平教会的乡建工作为时虽短,但迄今已有三年。当然在三年中实际推动工作时间只有一两年,实验区域亦只有小部分,时间的短,区域的小,影响乡建工作的发展当然很大。再加上多数推动工作之下层阶级——民教主任对工作的敷衍或不力,以致使今日民教工作与理想相差悬殊。

至工作者为何推行工作敷衍或不力呢? 其主要原因有下面三点:一、农民对乡建工作未能深刻地了解;二、地方的限制环境的复杂;三、农村经济破产,农民为了最低生活,无余力来协助乡建工作。以上三点造成了直接影响了今日民教工作,间接影响了我国农村的复兴。如无法挽救,乡建工作再办几年也是无多大收获的。但以上三点如何挽救呢? 除一、三两点本文不赘述外,主要就第二点在此作一点小经验谈,以供我工作同志作一参考:

一、工作者应采的态度,必须与地方保甲开诚相见,谦恭和蔼,切无摆架子,耍资格,否则民教工作定是不能深入的。

二、顾及农民所不能懈者,如民众在此时有必须请假者,应予允准,切不可一意往下干,每天学生非到不行,如是民众生活能安定,当然对乡建工作一定会接受的。

三、工作不可过急,民教工作达到我们的理想当然还早,如一时要怎样办好,根本不可能,只好慢慢地来,黑板没有,可用乡建农民之柜盖或其他可写粉笔的木板代之,应用文具可斟酌乡有决定,切不可要一定非做好不行,如是民众也可少花一点经济,然后再慢慢设法配置之。

四、了解乡间习俗,工作者必须能知悉乡建习俗,然后慢慢灌输有关的知识及农民读本以及农民急需的东西。

以上四点只不过是一点小经验,如能照做,不管再有多大地方势力及多复杂的环境,都会慢慢转移的,乡建也可能成功。如是农民幸甚,国家幸甚。

（作者杨荣德,时任合川县第一辅导区九塘乡民教主任）

选自璧山区档案馆藏华西实验区档案,档号:09-01-138

半年来的工作漫谈

毛金财

  被派来九塘担任民教工作,计算下日子,已是半年的光景过去了。记得由区处来九塘,中间隔着高山峻岭几十里地的山坡,真够我用尽了全身力气才好容易拖回去的呢!这坡的过去,摆在前面将要踏上的踏程就是九塘的去向,这时我内心该是多么高兴啊。"快要到了",我大声的向着同伴喊着,谁知走近跟前,九塘竟是这么十余户人家组成的街场,其宽窄当可想而知。由这种情景,使我反想到这地方住着百姓,该是多么的苦啊,更是四面包围着荒峨峨的大山,多少生产足供他们生活啊,不由得我内心被激起一番同情。由此,我不禁反影着乡村农民的一片极苦的生活情形,使我报定了给他们解难的决心来从事乡建工作。

  来到九塘后,为了要见地方上有名绅士,不免要耽搁几天。这几天的过去,接着就是我们工作的开始了。首先当然是户口调查工作,在工作之前我也曾想到这正是探究出他们生活反应的好机会及借以明了他们的经济状况。殊不知农友们,给我们的印象真出乎意料,非但不认我们是乡建工作者,反疑是剥削他们的快刀及政府壮丁、户口登记的人员。这样大的误会,真是莫明,其实这种惊奇,的确是历年强迫拉丁的缘故,后来经过详细的解释,也就安静得多了,并且有显出可恭可鞠令人可亲的模样。每一逢见就前来恭敬地迎接,由此,农友们认清了我们工作的目的,就心甘情愿来给予我们工作上的便利,这样我的调查工作经过了一月的光景,便顺利地完成了。

户口经济调查完竣,接着的便是统计。说起统计工作也真够恼火了,计统计表格有十八个之多,其中虽然也有些是相关,可以省去些麻烦,然而其余的可也够累了。如教育程度的统计,有纵的横的统计,设如有一项错误,便会涉及其他,因为这样不下两次地去仔细翻开调查表。俟全区统计完竣,该是要翻来覆去的有上多少次,也真难说,虽然这已是过去的工作了。

统计后的工作,也可以说是我们的最基层工作,就是传习处的创办。传习处教育实施,在今天创办传习处唯一感到困难的事,不消说是招生留生问题了,尤其是山平地少的九塘,农友们生活的痛苦,整日被愁容锁着,是不堪形容的,哪还会有什么闲心来我们传习处,这岂不是我们的难题吗?

虽然经过若干次的劝导,有的牺牲了他终日生活所必须付出的时间来到我们传习处受传习教育。在上课时得到老师讲解课本上的知识,闲暇时互谈着庄稼的情形,和唱着曾经学到的歌,乐而不厌地凑着趣,真起劲呢。尤其是那上了年纪的老翁老妇也被邀加入了行列,用着那嘶哑的喉音又和唱着,实也不亚于那些年轻的活跃呢。

月末的传习处,每于上课前,各方向着传习处来的歌声,广泛着整个的村落,似乎不是从前的村落了,再是沉寂的气氛了,此以我们传习处的开办来给予他们的印象已是日甚一日地好起,较之以往的乡间沉闷的气息兴奋得多了。

几月来不时与农友们在一起,过着乡间朴素的生活,很体味出些他们的生活滋味。有的坦白纯洁告诉了我们积贮心中发泄不出苦处,有的谈到年成好时心境的快乐,但这是很少遇有的,更有的咆哮着贫富不均的不平及一般有势力的不堪压迫,津津有味、滔滔不绝地吐露着,希望我们这一来该是他们的救星,能给予他们以无限的期望正是目前最急迫等待着的呢。

目前在我们工作几月来的影响,反推想到整个国家各农村经济小型手工业的破产情形来看,人民生活的不安,实足以我政府重视及解救,可是至今有多少,村落是受到实惠。人民生活极端的苦得到解决,实被忽视了。虽然这正是我们应替政府协助的工作,亦即是我们本来的工作,因之开发民力,启发民智,经济建设农村,适值长期战乱人民受封建思想传统压迫,生活极端痛苦的今日,辅助及振救的工作,该是我们工作的目标了。

(作者毛金财,时任合川县第一辅导区九塘乡第二社学区民教主任)

选自璧山区档案馆藏华西实验区档案,档号:09-01-138

第五篇　铜梁县

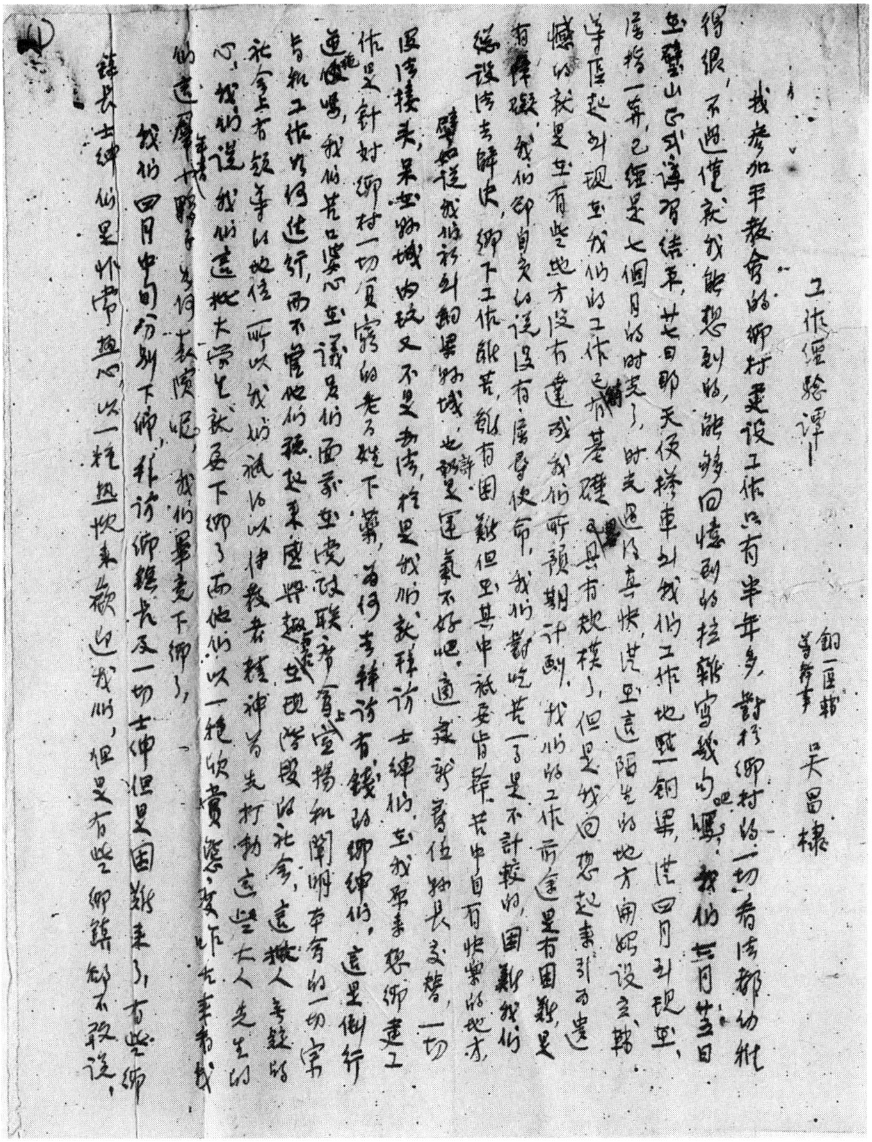

工作經驗譚

铁道部
書算事 吳昌棣

我參加平教會的鄉村建設工作已有半年多，對於鄉村的一切看法都動搖得很，不過總覺我能想到的能够回憶到的拉雜寫幾句罷。

我們五月廿三日至碧山以求實習結果，芒日耶天使搭車到我們的工作地點鋼果，廿四日到現至，途經一算，已經是七個月的時光了，時光過得真快，從至遠偏遠的地方，別媽設立路……

（以下文字為手寫毛筆字，辨識困難，僅錄部分）

鄉下工作能苦，但有困難但其中祇要肯苦中自有快樂的地方……

我們四月中的分別下鄉，我訪鄉鄉長反一切收貴憑，發生外無事看我……

韓長士紳們是作常熱心以一種熱忱來歡迎我們，但是有些鄉韓都不肯說，

工作经验谭

吴昌棣

我参加评教会的乡村建设工作只有半年多,对于乡村的一切看法,都幼稚得很,不过仅就我能想到的,能够回忆到的,拉杂写几句吧。

我们三月廿五日在璧山正式讲习结束,廿七日那天便搭车到我们工作地点——铜梁。从四月到现在,屈指一算,已经是七个月的时光了。时光过得真快,从在这个陌生的地方开始设立辅导区起,到现在我们的工作已稍有基础,略具有规模了,但是我回想起来,引为遗憾的就是在有些地方没有达成我们所预期计划。我们的工作前途是有困难,是有障碍,我们却自负地说没有屈辱使命,我们对吃苦是不计较的,苦难我们总设法去解决,乡下工作虽苦,虽有困难,但在其中只要肯干,苦中自有快乐的地方。

譬如从我们初到铜梁县城,也许是运气不好吧,适逢新旧县长交替,一切没法接头,待在县城内玩又不是办法,于是我们就拜访士绅们。在我原来想乡建工作是针对乡村一切贫穷老百姓下药,为何去拜访有钱的乡绅们,这是倒行逆施吗?我们苦口婆心,在议员们面前,在党政联席会上宣扬和阐明本会的一切宗旨和工作如何进行,而不管他们听起来感兴趣与否。在现阶段的社会,这批人无疑在社会上有地位,所以我们只得以传教者精神先行打动这些人的心。我们说我们这批大学生,就要下乡了,而他们以一种欣赏态度来看着我们这群青年。如何表现呢?我们毕竟下乡了。

我们四月中旬分别下乡,拜访乡镇长及一切士绅。但是困难来了,有些乡镇长士绅们是非常热心,以一种热忱来欢迎我们,但是有些乡镇却不敢说。这些乡镇长及士绅们根本漠视这种工作，认为只有政府官员才是他们欢迎的，他们也只有以逢迎政府官员为伎俩。不管你怎么叫乡建工作，什么叫替农民服务，根本与自己无关，有关的就是问可不可向平教会借钱？整个乡镇在他们控制之下，有些农夫是他们社会选拔的兄弟，我们的工作主要是和农民接近，但是你要如何才能去接近呢？所以因为我们是学术机关，只好低声下气婉言地请求他们替我们召集镇民代表会、镇民会议。我们既到乡村工作，忍气也是必须学习的。我们想尽办法去接近农民，深入民间。

现在我们是深入农村了，但是又有问题来了，就是如何去和农民打成一片。中国的乡村老百姓，他们是善良的、淳朴的，但是在积习数千年来官吏的淫威下他们可怜得很，习惯忍气吞声地生活，畏官如虎，表面服从，心里愤恨，不管任何公事，总视为于他们有损的。我们下乡，他们初时也视我们和政府官吏一样，称我们为某委员、某指导员。你说话他口口称是，问他却又得不到回答，本来乡间开导是耽误他们工作的时间，在他们已经不高兴，你还要质说一番，不管你说的与其他官吏所说的是否一样，他们听起来"振人"也一样，这真叫我们头痛。我们调查户口、经济状况，他们认为要抽丁抽税捐，经我们下乡的同人苦口婆心地讲，有些才慢慢听懂。但是乡建工作假如你没有任何事实表现，他们是不信的（虽然我们是在为他们着想），机会以后就来了，也就是事实表现。

七月中旬我们发起捕蝗运动，因为本区西泉、虎峰、大庙、天赐近山等处竹蝗很多，竹蝗损害竹子很大，而竹子是造纸所必需原料。我们以纱换竹蝗，起初是二两蝗虫换棉纱一排，乡间老百姓因为去年捕蝗虫政府说是可以得钱，但后来又变，所以也以为我们这套也不过是去年的花头一样，都不肯来。后来有人换纱，才传出去，来的人渐多了。我们忙得不亦乐乎，乡间老百姓说今年的是平教会主办，不会欺哄人，人人去换纱，有些贫穷的人竟靠捕蝗换纱维持生活。同事在宣传捕捉蝗虫时，辅导员、民教主任在烈日之下，在生长蝗虫的地方督促农民捕捉。我们能吃苦，这也使得他们惊异，不再说你们是官，而说你们平教会是来替我们谋福利的，我们一面挥汗一面心中感觉有说不出的高兴。乡建工作的种子在萌芽了，所以下乡工作对老百姓要诚恳,要不畏艰难,要拿事实出来表现才能实现我们的一切。

赓即我们组织合作社,办传习处,现在合作社已经有领贷款的,所有乡镇的合作社如雨后春笋般渐渐成立起来,但我们又有困难来了。乡间的老百姓读过书太少,要找充任合作社的理监事和职员的人选很难找,找得出来的也就是他们里面的佼佼者,能识字能说话的这些人却较其他无知识的老百姓难于驾驭,我们恐怕他们从中舞弊,有辱我们的使命,所以我们竟从旁监督,总使合作能达到合作的目的。

现在我们的工作日加繁多,将来遇到的困难是愈多的,我们不管困难怎样,我想乡间工作唯一就是苦干,苦干就是解决困难、扫除障碍的办法。

(作者吴昌棣,时任铜梁县第一辅导区干事)

选自璧山区档案馆藏华西实验区档案,档号:09-01-122

铜一区点滴

吴昌棣

原来我们在受讲习的时候听说下乡有种种困难,也有称之为三灾八难的,但是我们这一个区除了三灾之外,还有一灾,就是豹灾。近来,天锡山靠东山那边常常有豹子出现,已经伤有人畜,民教主任出来查传习处非要乡丁带起炮火陪同不可。

"从古未有的事。"西泉镇刘店纸业生产合作社成立的那天,孙主任亲临指导,槽户们说:"这是从古未有的事,我们这穷乡僻壤里,就是连县长和指导员等也未来开过会,现在孙专员亲自来,哈哈……"

"西山在呼应东山了。"靠近东山的乡镇"西泉""大庙""天锡"都已经组织有纸业生产合作社,现在西山的石鱼乡也不落人后,槽户们已经将合作社组织起来,西山在响应东山了。

"归去来兮,故乡无人织布胡不归。"机织业合作社本来璧山才有,但是在璧山的织布工人,有三分之一是石鱼乡的人,现在因为璧山拉壮丁很凶,他们大半回了家乡,石鱼乡织布业本来就发达,现在更加繁荣了,因此申请总处成立合作社。现在已经批准,创立会已开了,正申请登记中。

"贷款买碱皆大欢喜。"西泉刘店纸业生产合作社已经领到购碱贷款二千五百二十元,他们的经理戴元成先生已经到重庆去买碱,增加生产减低成本。

"槽户统计表供不应求。"西泉镇因产纸而出名,西泉本会又办有合作纸厂,乡内手工业的槽户们我们又组织有合作社,凡是来西泉参观的人,参观了纸厂一定又要访问合作社,问问手工造纸情形为何,我们只好拿统计表给他们看,这位看了拿一张,那位看了要一张,真是供不应求,以后只好油印了。

"月中集会乐也融融。"西泉镇是本区办了处所在每月中旬开辅导会各乡辅导员集聚此地,一方面是开会,领薪水,一方面是游泳,彼此见面问问工作情形,末了,在大家离开之前,还打牙祭一次(辅导伙食)。

"德政巍巍。"前次西泉镇唱川戏,特为孙主任、康主任及各辅导员唱一本戏,我们真怪难为情,工作一切尚未就绪,他们这样,真使我们感动。

"标准导生李学渊。"西泉镇的李学渊先生自被聘为本区导生后经常热心,自己亲自贴标语,欢迎学生上课,每日自己躬自督导,向本区康主任已报请孙主任嘉奖之。

"你也捐来我也捐",大庙镇的士绅们对传习处很热心,特别捐了黑板八九十块以备应用,石鱼乡的士绅也很热心,材料已捐正催工赶制中。

"联总工程师来到本区",联总工程师王绍祎来本区视察除参观纸厂外,并参观石鱼乡机织生产合作社、西泉纸业生产合作社及西泉附近手工业碗厂及槽户等制作情形,历时凡三天。

(作者吴昌棣,时任铜梁县第一辅导区干事)

选自璧山区档案馆藏华西实验区档案,档号:09-01-122

调查的一撇

高远治

我刚下乡后还不到一个月的时间,那时正是炎热的夏天,整天都是火球似的大太阳挂在天上,真有些让人怕。可是为了工作的急迫,每天早饭后还是邀同甲长一道到各家去进行调查工作。

我是本地的人,除保甲长认识而外,认识我的人都很少,所以走到一家,别人总是用奇怪的眼光瞧着我。当走到门口的时候,他们总是不理我,见到这种情形,心里很不高兴,但是为了工作的关系,也不能同人家闹别扭,只好强着声音地喊一声"老太婆,好吗?"真的,这句话终于有了效力,于是他的脸口也就跟着挂了一丝笑容的招呼。

甲长也就会跟着替你说明"这是平教会派来的民教主任","他是帮助我们农民,以后对我们各方面均有很多的利益……","现在他们要清查户口,你们都来各人说各人的,不能代替"。他们都带着半信半疑的眼光看着甲长说话。当甲长的话说完后,他们就慢慢地来了,等着你的问话,这样就可以顺利地进行调查工作了。

(作者高远治,时任铜梁县第一辅导区虎峰乡第一社学区民教主任)

选自璧山区档案馆藏华西实验区档案,档号:09-01-122

乡建工作的回顾

王立龙

予来平教会实验区铜一区虎峰镇第九社学区服务,迄今已阅五月矣。回顾往昔工作,据实记之如下:

一、奉令到职。本县民教主任之任用,系经考试录取而受训期满,由县府派令到职,予之任斯职亦然也。回忆到职时,先晋谒本乡辅导员,请示到职后应办事项,并在辅导员处录列该社学区内乡政自治人员姓名(保长、乡民代表、保校教师等)以便拜候,借此商洽工作之进行。此时所遇之困难,则食宿难于解决,无公地者尤甚。即有公地,多缺床桌等用具,凡食宿之不能圆满解决诸多,何谈生活之舒适,是以知乡建工作同志非具忍苦特性不能安于职也。

二、开始办公。社学区办事处地址,将寝室权作。首去便函保办公处,叙到职之缘由,并请协助推动工作,定最短期内召开保民大会,且报请辅导员参加指示,本人于会议席上报告乡建工作之意义及步骤等。并由民众选举导生,择定传习处地址,传习处范围应两甲一所,地址应适中。导生需在地方具有资望而品学优良者充任,此时所遇之困难,唯导生不易选中理想人物,中选者多属农民,学识不高,领导力亦弱,是以知导生选拔是难事也。

综上数端,均属吾人已办完之事,皆有困难存在,兹欲解决者,固然乡建工作同志应忍苦耐劳,其主要之障碍,民众无自觉自动能力,事事须保甲协助,不然则搁浅,办事不尽职,其责在乡建工作同志,既尽责而不能收效者,应以保甲是问,如此庶几乡建工作之有效也。

（作者王立龙,时任铜梁县第一辅导区虎峰镇第九社学区民教主任）

选自璧山区档案馆藏华西实验区档案,档号:09-01-122

漫谈调查户口

龙大明

  调查户口是乡村建设工作最初步,而且最必要的工作,这种工作从表面上看来是很容易做的事,其实要做到迅速准确那就颇不容易了。就是他们地方上的保甲人员对于各户农家都不能怎样了解得清清楚楚,何况是一陌生的民教主任走到生人生地的乡下呢。要是你一个人去到人家户里去调查,那些农民是根本不会理你的,无论你怎样地说明,故不能单独一人就去调查,是应该借重保甲的力量的。

  初到社学区的时候,就应该要结识保甲人员,和他们取得联络。请他们协助调查之先要请保甲人员们作宣传工作,并且要请保长召开一次保民大会,在会议上保长他会介绍你认识许多协助你推行工作的人员,并且还会介绍给全体保民认识。作民教主任的就应借此机会说自己的来历,并将平教会的史略宗旨等一一讲给他们听。其次还要说明到乡下调查户口的原因和目的,一方面也可把平教会的组织情形讲给他们听,使他们知道民教主任所处的地位及所负的责任是什么,使命是什么,然后才好进行调查。

  但是还是不能单独一人去调查,就须得要调请甲长一道指引路径,不然就会发生岔子,并且不知道所辖的地方究竟是哪些。有了甲长一路就可挨户地指引给你调查,并且也可免掉农家对民教主任的陌生而发生不告诉等情事,一甲调查完结时便可寻二甲,甲长照例指引路径调查,如此循序而进就可完成你的职务了。

  在调查时态度要和蔼可亲,言语要化俗清畅,还要随机应变。如调查年龄,每每不会从实告诉你的,二十岁至三十岁间的,他会说在十八岁以下,三十岁至四十岁间,他会说出在四十岁以上,如此作调查的人就要视察他的面容而定了。还有一法,假如他有妻子的话,就可照他妻子的年龄上下一二,因为乡下多数男子均在蒙蔽壮丁年龄,但大多数的女子是从实说的,而男女之偶成夫妇,年龄是相差无几多岁的。

又如调查田产,地主们根本不会说出实际数字,那就只有从侧面的调查。也即是间接调查,走到东家便调查西家,走到西家便可调查东家,遇有谎情事便可从实填写。

再如调查家畜要知牛有几头,有时一看便知,或根据农户种田的多少,也可决定猪有几只,就要根据家庭有多少杂粮或多少田土,需要多少肥料而定。

调查机台数是最易之事,只须一到农家便知,并且大多数的织布家庭早已明了,璧区的机织合作社是对他们有利益的事,故很乐意地告诉的。

至于借款方面,就要严厉急迫地问,他说得迟缓些或说不出债主姓名及日期等情事,就知是虚报了。

以上是余所经验过的,仅以照实写下。

（作者龙大明,时任铜梁县第一辅导区虎峰镇第十四社学区民教主任）

选自璧山区档案馆藏华西实验区档案,档号:09-01-122

传习处开学前后

胡天麒

调查中物色的理想导生,传习处开学前,脑海中顾预着将来的新希望、新幸福……,因为他们有高中、初中和私塾十年以上的学籍,面目总是露着微笑,期待着总主任的聘约早日到临。

那正是集期的晨早,前辅导员谢偕同曲主任康,搭着西泉纸厂的货车驶过集期集会的议事茶社门前,忽而又在操场的角落地,机师敏捷地掉转机头回驶过社前的另一家茶社门前停住。中等身材的两位出现在集会社面前,手中提携了一大束纸簿。

存着好奇心的我,待谢还未开口的当儿,心里想着那束纸簿是什么公文,决没有想到是它——聘约。

红色石印的对方纸上印迹明显的字痕,短短的几方呈现在我的眼前,渴望了好多天的聘约今儿是兴高采烈地接受,端待转发。

微风细雨整天地下个不停,九月二十八日十时,约同区自治工作人员及热心教育之导生八人在泥泞的土路中步入了村院——保办公室。

纷纷到会的人已经不少,在议会中报告了开学日期及应入学的成年男女名单,后又到社区的另一保办公处。

成天的雨仍下不停,那正是开学的早上,几个传习处中仅两位男的儿童来上学,是民教主任办事不力吗?是读书的真相未明、风俗不开吗?抑或是保甲长督催不力吗?唉!真辜负了平教会实验区的善意,而放弃这读书的好机会。

　　开学后一周,因学生进校参差不齐,教学课程难于进行,恰在这时正办减租忙不过来,只好在每天喘息的两个钟头中谈谈总处分发下的减租连环画,传习报中的《王二姐思夫》等,确也受到他们的最大欢迎,因又到传习处来的学生是增加了不少,这补充读物可说是占了宣传的大位。

　　不识字的痛苦和受教育的重要,经保甲长的宣传和连环画的功能真的了解了,但一般的农妇农夫们为了他的生活他的一切,缺席太多,尤其是年近二八妙龄,不识字的少女,经过保甲的督催和亲友的劝告勉力来学一次终于缺席了。

　　在讲习后,个人分发在这陌生的虎峰镇里来,食宿诸问题均赖于保甲长,可以说每位民教主任都是应该感谢的。平教会新创于西泉,虎峰镇里的居民探询,保长替我解答平教会的旨意也就够麻烦地给我们解答了。

　　保长是上天给予他们的神父,正直公平的保长,他们就是这样看法。如果平教会再假部分行政力量给予辅导员、民教主任,那么乡建工作的基层人员便利不少,因在那老大绅士派的保甲长中没有政治之假,请他帮忙,噫!真难极了。

　　(作者胡天麒,时任铜梁县第一辅导区虎峰镇第十五社学区民教主任)

　　选自璧山区档案馆藏华西实验区档案,档号:09-01-122

随 读 一 段

官平锦

　　乡建工作,棘手的问题固然很多,但是只要我们会克服困难,就比较容易推行了。譬如我们初到工作地点的时候,同事们十六七位,为了要认识本社学区各重要人士,奔跑了一个整天。结果一部分遇到热心和明大义的保甲长及士绅们,固然诚恳地欢迎外,剩下的一小部分食宿依然无着。其主因非辅导员及民教主任不力,实为少数顽皮及愚鲁的人士私心太重,以为民教主任就是祸殃,在他家里食宿一定各方面使他们麻烦或吃亏,因此互相推衍终于难得结果。

　　我们必须千万注意,遇到这种行为的时候,切忌强力克服,总之我们报定建设乡村的目的,去适应他们。最有效的,宜用各种适宜的方式,尽量同他们接近,然后再以和蔼的态度顺着他们的个性获得他们高兴,使他们尽量认识我们,这样以后我先行一定会得到他们的欢迎和厚待的。这种行为就是我们常谈的对症下药。

（作者官平锦,时任铜梁县第一辅导区虎峰镇第五社学区民教主任）

选自璧山区档案馆藏华西实验区档案,档号:09-01-122

平教社在虎峰数月来之所得

杜曲民

　　乡村建设重在实际切忌虚缈,每一举措既经决定,即应着手实施不宜谈而不行,凡百措施尤应针对农民需要与适应农村环境为前提。建设之领导固须知识分子,然事实之表现则要赖劳动阶级的人民,劳动阶级的人民又须要每一件事能够明明地摆在面前,他们才会开始动作的,所以谈到建设是首先应该抓住人民。

　　本区平教工作,自开始以来,实甚感力量之不逮,诚恐有负上级期望及不能达成预期理想。后来始谨慎地遵照着上级的指示和预订的计划,按步骤地去实地工作,虽未做到事半功倍,幸赖各方融洽初步达成。兹将数月来工作之所得暨经过愿望等,概略底谨草于后,俾供指正。

　　一、宣传:社学区的工作首先是宣传,宣传的目的是在启发人民能对吾人所办之工作发出兴趣,人民有了兴趣,终能生出信心。有了信心他们才会实际地工作,工作的结果才是事业的表现。所以宣传是每一工作开始前不可或缺的条件,宣传的方法是要放下知识分子的架子,眼睛要向下,能站在各阶层人民的阵营里去,要实际做到所谓深入人民间,并要有良好的态度和悦耳的谈话资料。这样才能将他们拉拢在一起,融和成一片,使他们乐意地去作你所希望的事情。

　　二、调查:社学区的第二步工作就是调查,调查的对象是社学区的人民,调查的目的是要明白该区人民的生活状况及经济情形等。调查工作难于宣传,因为调查时须要身临其境地去查去问,尤其要得到实在,凭空的盲目的根本就得不着良好的收获。调查工作一要有计划,二要有技术,先要作概括的初步探讨,然后才分别地去详细调查。又要作直接的访问,又要作侧面的探索,对调查的对象又要作利益的引诱,更要作种种的说明,要这样去作你的调查工作,才不会空虚,才不会不确实,终能够名副其实地得到成功。

三、办传习所:传习所之设置在目前是急切的需要,如现在政府准备实施总体战,要人民切实地做到能与政府配合,方能得到成功。无知识的人民,我们就要借此机会在传习所里向他们做警惕的劝说,要使他们做到有钱出钱,有力出力。譬如现在的输粮,亦要作宣传式,使他们踊跃纳缴,以应军需。但这些事情始终得不着良好反应,好像漠不关心似的。但我们马上改变方针,说凡是社学区的人民,只要是参加了传习所授课的,将来都能得到平教会的优待,如耕牛、猪只、机织等的贷款,并还有许许多多的优先权利。经过这样一说,来到传习处读书的就比较多了,又少缺席了,所以说乡村建设是一定要择其人民之需要者而先施之。

四、协助推行减租:实行农地减租以改进农民生活,而安定农村社会,政府为力求贯彻起见,亦促本会尽力协助,期收事半功倍之效。奉令后,即赓迅向民间作有力的宣传,并曾分别向农民作详细的说明及说明政府减租的措施是完全为了劳苦的农民作想,希望全体农民起来向大地主作有效力的斗争(商洽),并说政府有法律作保障等语。协助推行减租的结果固然得着了农民拥护,但是于地主方面,相反的是不愿意,简直在他们的眼中好像成了仇人。

五、办合作社:农业生产合作社,上级刻正令筹备组织。经我们向区内的自治人员和有声望的士绅们交谈的结果,他们全都有热心的表现和急速开办的希望。因为他们憧憬着合作社成功了即可得到平教会的经济辅助和耕牛等各项贷款欤,更希望优良品种的推广,协助兴修水利等,所以他们都愿望着这些利益才乐于办理。但考察他们对合作社的热心,其原因完全希望本会于他们生活上、经济上有利益的帮助,否则仍是不会怎样热心的。希望本会亦能握住民意,针对农村实际,以期达到乡村建设之成功。

（作者杜曲民,时任铜梁县第一辅导区虎峰镇第十一社学区民教主任）

选自璧山区档案馆藏华西实验区档案,档号:09-01-122

传习处的招生方式

侯必华

　　传习处的导生于普查户口前的一次保民大会选举出来了,调查时注意导生的核定后,都于十月一日开学,迄今已一月半之进度,各传习处的学生多不整齐,考察其学生不整齐的原因,概由招生的方式所影响。

　　各传习处招收的学生,不外自由报名与强迫选送两种招生方式,但各有利弊。自由报名,固可根据农民自主的意志入学,对于功课,特别感到兴味与需要,加供用功。常见自由招生入学的农民,开学时学生济济一堂,至进度于正轨时,即寥若晨星。各地方党政教育机关主办之民众学校,亦常犯此毛病。

　　强迫入学,固可补救上述弊病,且亦不至有悖民众有强迫义务教育之意义,但学生入学,就固勉强压迫,常有憎恨畏避等现象发生。虽身在传习处,心存鸿鹄,甚至视传习处如监狱,导生如寇仇,虽云彻底,实际上收效果极微,实非教育之终极目的。

　　欲救以上两种招生方式之弊,唯有两者兼用。一方面招生,自由报名;一方面限各保甲选送。自由报名者,如有中途请求退学,经调查证实,准予中辍,迫令入学者,如有冥顽不灵,秉性难改,得中途除名,如此兼施并用,再加以潜移默化之方,可收完满之效果。

（作者侯必华,时任铜梁县第一辅导区虎峰镇第十六社学区民教主任）

选自璧山区档案馆藏华西实验区档案,档号:09-01-122

半年来之我见

游文志

    乡村建设工作实为目前最重要最积极的业务，本人从事于这种基层的建设工作，负此重大之责，自觉能力薄弱，又乏处世经验，即膺重任，实时不在自发儆惕，时虞陨越。到职以来，现已半载，幸承辅导负之规训，上级指示，经这半年之久，始将调查经济户口工作、传习处、合作社等办理完竣。兹值本区成立三周年纪念，谨拟一文，将工作经过，略略陈述，以供先进者之雅正。

    一、调查经济户口。乡村建设事业，系深入民间，与任何民家均有发生直接关系之可能。在调查之先，首问地方保甲为密切之联络，次则集保甲长及地方公正士绅，开一次乡村建设会议，将平教会的宗旨意义，用谈话的方式为有力之宣传，作具体之接洽，并抽象的与知识分子畅谈，以期得其良好之印象。无论老弱妇孺均为之和平相待，从无倨傲凌人之气，以免民众之畏缩不前，至令全体人士，能了解乡村建设之意义，屡屡称道者，实基于此。唯有少数不识时务者，亦应详加解释，仔细分析，或借此熟悉民情之人，分头宣言，明咨暗访，务求与实际切合，借免住户之蒙蔽，得以了解乡村经济，认清农村瘠苦之效，调查工作由是得以顺利进行。

    遵此可知，事业之难，不难于先计后工，而难于先工后计，不难于业务之纷繁，而难于纵横之联系。譬之一事，若有计划，阻障先有考虑，便设法善之在先，行之在后，事半则功倍矣。

    二、传习处。传习教育之首务在乎使其学生之自动，而不在乎勉强。勉强者不言可以不读,即读者,时来时去,学生人数零落不齐,传习处秩序,教学进度,影响非鲜无。要除此病,非在调查工作之时,奠定一种潜伏的力量,将适于读书者,暗作决定,然后随时接近。待人以义,敬人以庄,以昭其自身之慎重,使人望之俨然,及之也温,听其言也厉,然后以良言引诱,直接或间接之开导,以期得到心悦诚服,示其志趣之所趋,自觉事实之必要,自动参加,比之勉强,收效更其大矣。

传习处工作之难,不难于得人,而难于得心。得人者,表面虽从,是为应付,属于勉强;得心者,乃求事实之实际,事心如一而不变矣。乡村建设工作之首务在于实际,而不在于勉强,故不在乎得人,而在乎得心也。

（作者游文志,时任铜梁县第一辅导区虎峰镇第一社学区民教主任）

选自璧山区档案馆藏华西实验区档案,档号:09-01-122

下乡数月工作的过程

李鸣锜

　　自西泉受训毕业后,奉命来到乡村,做户口的调查。所调查的,一是人口,二是经济,三是正产与副产之数量,四是家畜等。此种的调查,诸多的人首先见此情况,都是以多报少,并无一人以少报多。在这种情形之下,对于各种项目,就不能收到实际的效果,亦就影响自己的权利。对于我们工作的进行,就不能收到整个的彻底。但是我们来在乡村,应做的第一步事,首先是调查,而到每一户去的时候,就先与他们解释我们的来历,我们并不是像过去行政的调查,不是征兵就是搜刮人力、财力等,增加苛捐杂税。我们在今天的调查,是来解决你农民的痛苦,如像你们耕种他人田土,一天到晚,一年四季,都在辛苦劳力中,而每年的收获,都交纳主人。而每年这样辛苦劳力,而自己余落不到好多,对于生活都成问题,难以维持。像你们就得去与主人几成议租的理论,受了这些压制,久不能抬须伸腰,倘有些当主人拿着良心的问题,不过对于当佃客,客气让份一点,而也不过多。

　　所以晏阳初先生见到这些情形,农民的痛苦,才赴各地做宣传,主办了平民教育促进会,才与政府联合,招收人员训练后,才派我们下乡调查。我们调查结束,就要继续呈报平教会总办事处,或政府,赓速就要实行二五减租的方法。才使你们农民,耕种他人之田土,每年辛劳力,实行二五减租,才能收到一种权利,至于生活才能收到一种安定之日。有时主人还要任意加租升押,甚至于撤田换佃等情,经过我们这种的调查后,呈报政府,以后当主人的,就不能随便加租升押,更不能任意撤田换佃。所以我们是来建设乡村,拔去你们的农民的痛苦,救起你们经济缺乏,生活的安定,并增进你们的福利。希望你们在这种情形之下,我们所调查的像人口、经济、家畜等类,决不可隐瞒怀疑在心中,决定要实说实报,我们才知道你们的经济生活安定等情形。而你们又有一种好的机会,好的便益,并在调查结束,亦要组织农业生产合作社,便于你们农民经济生活缺乏的时候借贷。

又如像有些人,有力无资本,难以求生活,以至绝食,一家人问着户长要生活,甚至吵闹,而各离散。所以这样一来,无资本的人就难以佃耕他人之田土,或其他某种之业务,若像这样无经济的人,就可以向合作社贷款,或买猪牛及种子等类,倘若青黄不接之时,生活缺乏,亦可以向合作社借来补救,想想是对你们农民何等的福利。至于还有一种约克夏猪种,每年所长的分量,比你们本地所养的猪,大约要强百分之二十以上,此乃分量超过,而饲料粕等,这又是何等的便宜。在这优良的猪种,我们平教会还要配额分给你们农民试养。至于所种的各种子,亦比你们现植所种的好,每年你们的收获的数量,拿我这种优良的品种能超过你们的收获二分之一强,但每粒肥壮。所以在这一切畜类种子类,在以后运来配给你们,而你亦可以除旧植新的优良品种等类,促进你们农民新的技术,新的工具,新的方针,新的倾向。对于水利泽地,应当筑堤凿塘,以被免天灾水患,使苗生长,不要受到损失,每年丰收,你们的衣食住行,才能得到安定!

又见很多的农民不能识字,对于默默无言,其中的意思不能发表,而但是对于文字毫无思于心,只是以务农为基础。像你们这样不识字,亦很危险。在我们调查完毕,就要在本地设立传习处,便宜你们农民读书,扫除文盲。所以你亦必须要受到乡村教育,而乡村教育才合符你们程度。

至于传习处,开学的时候,很多的人都来报名读书,而还是带着他们的旧习惯。经过导生热心指导,叫他们把一切的旧习惯,不合符现代化的事情,一律抛去,再从新的学,再从新的做,学新的习惯,做新的事情,从新的娱乐,发扬乡村农民的精神!注重生活的适应,生活的方针,具体之需要、组织与改进,并扩大社会的教育范围,采用、试用新的方法,将地方自治、自卫、卫生等,推广农业的事业,都纳入乡村的范围,更要以教育的力量发展农民固有的无限的可能。所以农村教育建设是从教育出发,使农民能自发自动,改进生活,改善环境等,试用新的方法、技术与工具来引发农民的力量,增速农民的福利!

（作者李鸣锜,时任铜梁县第一辅导区虎峰镇第一社学区民教主任）

选自璧山区档案馆藏华西实验区档案,档号:09-01-122

下乡后的初步工作

周智贵

讲习期满,我怀着极大的困难下乡,总以为不受乡下一般父老的欢迎。食宿成问题,恶势力的难于应付等,都满装在我的脑子里。可事实上并没有想象的那样困难,食宿问题顺利地解决了。接着便开始了我的宣传工作,如平教会能给他们猪牛的贷款,优良稻种麦种和桐种的配发等。所有的父老都乐意听我的谈话,由于我早晚都爱和他们接近,他们也是笑嘻嘻地和我谈话,一点儿也不陌生。

一面他们听我的谈话,一面我也请他们谈谈他们的近况。但他们一开口便说粮款太重,今年又多雨,收成并不怎样的好。虎峰镇上的兵,又常常下乡来不给代价的讨菜。总之他们的叫苦,是不说皆知的。因为田赋名目特别繁多(见铜梁田赋处布告),壮丁谷和杂款差不多都是连续而来,稍有知识的老年人常长叹。由此可见乡下父老的心!总之他们对于平教会都是充满了希望,希望平教会能伸出一双救援的手来,对他们施以公正可靠而有效的救济。

(作者周智贵,时任铜梁县第一辅导区虎峰镇第六社学区民教主任)

选自璧山区档案馆藏华西实验区档案,档号:09-01-122

创办传习处

周贤钰

创办传习处实在是煞费心思,乡下的风俗人情,我只有顺应,不得诋毁。由于我的顺应风俗人情,对导生的聘请有聘女导生的必要,调查和访问的结果,恰巧有二位识字的女士。一位是成都益州女中毕业的,在家帮助丈夫教私塾,另一位是高小毕业的,是一个年轻的寡妇。前一位由于她的堂弟是我高中的同学,很顺利地便受聘了。然而后一位,由于刚才我所谈的风俗人情所限制,故花费了很多的精力和时间,来做聘请这位女导生的事。第一步观察这女士的周围是什么人与她接近,我有能认识者没有;第二步,看她平时做事是否有耐心;第三步便是激动她附近的一些中年妇女和她经常交往的家门亲戚,使他们的心都欲想推她出来作导生;第四步便是选择好的机会,当她正在与其邻居和家门一起在谈话时,便去与她公开地接谈,请她出来作导生,以教导附近的一些不识字的妇女。这机会是最难得到的,但终竟有此机会。我当着大众向她提出聘她作导生的请求,一方面由于我诚恳的请求,一方面由于临近的家门亲戚也乐意在他们熟识的女子群中,让这一位有见识有学问的女子出来作推广妇女教育和领导妇女的工作,如此她就无法推卸了。这件事作完善后,我实在松了一大口气,高兴地自语:"完成了此艰巨的任务。"

男导生的选聘比较容易,但资质实在说不上,也是由于整个大环境如此,非我不选拔高才。至于传习处的学生,实在太难了。有一保总是小的多(不满十二岁)大的少,这是由于地形的关系,两保的地形连起像一支枪且两保共同一所保校,适中的地方没有校舍,有校舍的地方,又不适中,故只能便于一保。有一所传习处,竟有四十七人,而成年人仅有六个。如果说,不让小朋友来读书吗,那么他们只好回家放牛、割草,家里根本就不让他们到远竟有七里之遥的保校去读书,同时有的父老竟这样说"小了不能读,那就只好到十三岁满了再读吧"。这句话说得如何的有理,如何的悲惨,我只好默然,有一所传习处仅有十二、十三岁的各二人,余皆小孩。这也难怪,我见着本区的一所保校学生仅十余人,而我们的传习处学生有多至四十七人者,而且还在陆续地来。这当然是由于保校老师不负责,和读保校时间花去全日,而所多学者,仅几个阿拉伯字而已。国常每课的字数根本就不及农民读本每课的字多(指一二年级),然而乡下父老,对于"新学"不甚了解好处的所在,他们只知道多读几本书,多认几个字便对了,而我们的传习处,时间仅二小时,又不要书籍费,认的字较保校尤多,这当然是小朋友多的最大原因。

(作者周贤钰,时任铜梁县第一辅导区虎峰镇第八社学区民教主任)

选自璧山区档案馆藏华西实验区档案,档号:09-01-122

我是怎样推行乡建工作

谭仲篪

那是初夏的时节,桃花开得正盛的时候,奉到总处令,派到铜梁区大庙镇任辅导员。起初我非常高兴,能够参加伟大的乡建工作,为广大的人群真实地服务,可谓如愿以偿了。反之,另一个念头涌出,使我担忧一个学浅能低的纯全学商的人能否胜任其事,尤其是在文化落后偏僻的大庙,从来没有推行过乡建工作的地方,是否没有绝大的阻力呢?

想仅可以那样地想,我都不能有所畏难而退缩,反而勇敢地接受一切人为的困难。我想一个良好有志的教士都能够英勇地到穷乡僻巷,完成神圣的工作,何况具有政治信仰而且为人民谋福利的事情呢?

当我第一次出现在大庙街头,奇异的装束吸引着一大群好奇者,若干副陌生的面孔不断地轮流注视,议论纷纷地谈着。为了工作顺利地展开,经常与地方绅耆接洽相处,宣传乡建工作的性质,阐明其重要性,经过若干时日宣传的结果,反映成绩并不佳,仅获得口头上的欢迎而已,实际上没有一个人热诚地支持或帮助。即是在划分社学区工作的时候,曾千方百计地设法,也没有获得多大的帮助。这种工作虽然艰苦,终于给我刻苦地完成了。

到了六月份,民教同志陆续来报到,工作乃得积极地展开,商讨宣传的技术,如何使大部分的农民明了我们的工作与身份。可是人为的困难也就随宣传工作的展开而产生,这一群农民似乎没有时间与我们接近周旋,甚至不与我们接近而取远距离,好像我们并不能替他们解决衣食问题,反而恶意看待,被认为一群抽税的人员。这种现实主义的思想,使我们一时感觉头痛。

七月份开始,全体动员参加治蝗宣传,并深入治蝗队工作,争取农民的信任,使他们知道如何地替他们谋福利而取近距离。以至携手,排除无谓的隔阂,同时工作地方小组讨论,研究风俗习惯、生产方式以及其他特殊的事情,得明了真相,了解农民,在推行工作时,胸有成竹,自然无形中减少阻力。

八月份展开户口经济调查工作,在调查之前商讨调查的步骤与技术,如何才能得到真实的结果。这项工作却引起了许多麻烦,因详细盘问而造成误会,我们被这一群无知的农民认为共产党,因此有许多事实被隐瞒。后来再三地宣传,才获得谅解而顺利地完成调查工作。

鉴于农民的不十分了解与地方人士的不协助,乃发动二五减租宣传,使他们明了减租的意义,再度争取信仰。并开始筹备各社学区传习处宣传平民识字教育,可是地方人不热心公益事业,无薪金的导生遂成严重的问题。但是另一方面大多数的农民存观望态度,有些抱着成见,读书是富有者的事情,甚至遂有些顽固的人,认为年龄过高,老朽无用,或者害羞,或借忙衣食为辞,学生来源又成一问题。幸赖各民教同志费口舌之辞,终于先后成立。

八个月以来的经验告诉我们,任何一个地方的人民其接受程度的大小与文化的高低往往成正比,虽然他们接受很慢,我们都不慌不忙地注入。他们那种固执地现实主义思想,都一步步地被我们改变了。地方人士袖手旁观的态度,也被我们辛苦地工作成绩倾覆了,我们相信不久的将来会得到各方面的协助。

(作者谭仲麓,时任铜梁县第一辅导区大庙镇辅导员)

选自璧山区档案馆藏华西实验区档案,档号:09-01-122

西泉的纸业生产合作

尹光耘

西泉是铜梁产纸区，素来著名。这里山多田少，因为得天独厚，遍山遍岭满是竹林，造纸的原料丰富，所以西泉的纸业，极其发达。

西泉在过去兴盛时代，有槽户二百余家。计分熟料厂，制造官堆、贡川、连史、勾遭、新闻等纸，生料厂造草纸，纸壳厂造表青纸。那时有四五百架纸槽，从事生产。每架槽年产纸七十至一百挑。畅销于重庆、合川、资阳、内江、遂宁、太镇、自流井、江津、涪陵、丰都、万县等地。远如陕西省，都是畅销。西泉并没有纸市，全是商贩来厂预先订购，陆续交纸，常是供不应求。纸价极高，不仅槽户有大利可赚，连造纸工人及其家属二三千人，都靠纸业养活。由此可知纸业的兴盛，那时正是黄金时代。

近年以来，因为受时局的影响，百业衰败，大规模的机器造纸工厂都倒闭了，这些农村经济破产中的槽户，更是经不起打击，一蹶不振，纷纷关门了。因为造的纸没有销路，市价太低，成本过高，蚀尽血本，只有倒闭。在上年七月间我们调查槽户时，正值青黄不接之际，连工资食费，都难于开支，勉强在那里维持的只剩三十几家了，恰是造纸业的厄运。槽户关门，工人失业，几千人生活无以维持，抚今思昔，不堪回首！

乡村建设，要繁荣农村工业。当以纸业危机影响农民大众生活的时候，我们应该设法拯救，并进而改进，求其发展。但是这决不是一人或少数人的力量办得到的，所以必须联合各个槽户力量，组织纸业生产合作社，群策群力，共谋振兴。平教会实验区以二万余美金，顶购铜梁西泉纸厂，作为合作纸厂,将来由各纸业生产合作社组成的联合社接管,为槽户所共有。把这一个具有近代工业设备的纸厂,作为发展铜梁乡村纸业的堡垒,这是我们的工作目标。但是要组成若干的纸业生产合作社,使其健全能发挥力量,也是一件不轻易的事。

在作槽户调查时,我们就把组织纸业生产合作社的意义,向他们宣传。我们访问了槽户,了解了他们的生产情形和生活状况。并明白了他们的困难问题,作为我们乡建工作参考。

槽户们在垂死挣扎中,听到我们要筹组合作社,他们如获得灵丹妙药从死中复生,非常欢迎。但是他们以为:他们处在困难中,所有一切的困难,合作社都能解决。平教会有的是资金,他们需要全部的救济,参加了合作社就能分得大量的金钱,解决纸业的危机和全家的生活。因此我们费了很多的唇舌去解说,告知了他们要自力更生,我们平教会是从旁资助,辅导纸业的发展,要利用合作组织的力量,去改良生产,营谋大众的福利。这一合作教育的实施,开拓了储备工作的坦途。

西泉共十保。以一至五保为业务区域的汤峡纸业生产合作社,业已筹备就绪,订于十一月二十日开创立会。以六至十保为业务区域的刘店纸业生产合作社,早在八月十九日已经开了创立会。当时孙主任亲临指导,还有专家薛觉民列席,孙主任准予贷款扶助,如造纸所需的碱、煤、石灰、碾牛,皆以实物贷给,使每社员获得实惠。该社有社员五十六名,即槽户五十六家,有纸槽八十四架,选举出来的理监事、经理、司库、会计等职员,都很热心公益,为大众服务。

合作社的成败,与当事的职员有密切关系,但是乡村领导缺乏,有合作知识的人,更是凤毛麟角。所以对于合作社成立登记手续,我们要指导他们办理,对于合作社的经营技术,更要加以训练。但是绝对不能代庖,一定要他们自己去做,从做中去学,这才是教育的好方法。这样做才能使他们知道合作社是他们自己的,要好好地经营,才有前途。

刘店纸业生产合作社申请贷款,经总办事处派王成鳌先生前来审查,按每槽贷碱二桶,以时价计,共贷款二千五百二十元,利息八厘,借期十月,使槽户免去了高利贷的剥削。该社赓即令同辅导区的人赴渝买碱，但时值物价上涨，仅是购碱一百桶。由合作纸厂派汽车帮忙运回，已经监督分厂各槽户，现在社员们用以造纸了，碱占造纸成本四分之一强，由合作社统购，既然便宜，又得到纯碱，所以社员大为欢喜，加以我们民教主任有几位是造纸职业学校毕业的，指导造纸技术的改良，扶助生产，槽户获益不少。上年关门的许多槽户，现在得着合作社的帮助，又纷纷造纸了。

得了贷款后应尽的义务，是要向合作纸厂供给纸浆，社员的纸有了此一大销路，非常乐意。合作纸厂与合作社的交易，仍采自由订购办法，可先期付款，陆续送纸浆。纸浆力求标准化，社员送纸浆先由合作社检验是否合符标准，然后盖图记送纸厂验收。

自然有少数槽户自私，对于供应纸浆，不免有些错误观念。以为合作纸厂将来既然归槽户所有，那么槽户正当危急之际，纸厂理合救济他们，纸浆价格应该提高，既是一家人，纸浆因系手工业，不能一色标准化，稍有不合，应该循情收称。这少数人的错误想法，我们为他解释，已经改正过来了。自然合作纸厂不是如普通资本家的开厂牟利，应以合作精神及其乡建的旨趣，扶助槽户。在纸业不景气的今天，顾到槽户生产成本，顾不到纸厂的成本，纸厂垮台，也非槽户之福，只有双方合作，共谋改善。或者规定纸浆合法利润为百分之几，本成由合作社据实具开交纸厂审核，涨跌创百分之几时，按市价调整，这样双方都有利益了。至于纸厂收纸浆，力寻方便，过称使槽户不吃亏，付款能如期照给，这些都是槽户所高兴的事。所以大部分社员送的纸浆很好，颇具信誉。因此我们不能以少数坏人，概观全体。人上一百，样样俱全，这告诉我们一切人事，不能全都是好，或全都坏，只要善于教育和改善，坏的也会变成好的。乡建工作者，要以教育为手段，这正是顶好的证明。

这里我来为槽户算算账，在今天造一挑勾边纸，需要成本：碱三元，炭三元，石灰一元二角，材料一元八角，工资六元，共计十五元。而纸的市价仅卖十元左右，要赔本四五元。这样可见槽户不得不关门了。但是为什么还有一些槽户在生产呢？因为他们是靠纸业过活，丢了就不能维持生计。全家男女老小都从事工作，除了捞纸、晒纸专门技术工人需钱雇用外，自己的人工,是不算钱的,这样赔本就少了,假使纸价好转,稍有利可得,也还能抵偿。西泉槽户,没有一家自己有五十石谷的资本来生产的,大都是将就原有的设备,借钱经营。抓借腾挪,咬紧牙关挣扎,一直到撑持不开,亏尽血本时,就关门大吉,摊偿债务了事,这也是他们死赖的一途。这样看来纸业的危机和槽户的穷途,是社会与时局造成的。这一重大困难,要用合作社的力量去解决,颇需研究。

(作者尹光耘,时任铜梁县第一辅导区西泉镇辅导员)

选自璧山区档案馆藏华西实验区档案,档号:09-01-138

下　乡

刘守绪

　　乡间生活，却有它朴实的象征，而在马路旁的石鱼乡，带有一种半城半乡的风味。经过几个月的接触，把我们的工作，向乡下人表白一翻，相处久了，他们都明了我们的工作，非常相信，而且他们那种需要的迫切，使我异常感奋。乡里农民很直截了当，谈判组织合作社，他们就希望马上实现。因此传习处里也招来不少的男女农民们，孜孜不倦的读书声，所以纸业合作社，以及农业机织生产合作社，随着长育起来。

　　老百姓们每天忙于生活，一时一刻都在划算怎样去找升把米。就是抽空来到传习处也是想得到生活上一种补益。他们都在念，可以贷款吗？你告诉他，须待合作社依法组织好，受了相当的教育，把你们知识充分，大家团结起来，成一个健全的国民，贷款是无疑地要给他们，所以他们就等待着。这样可见得乡下人，是坦白直率。乡下人是多么的热忱，多么的谦恭，多么的和蔼，你只要同他接近多了，自然他会同情你，相信你，只要欲办的事告诉他，他们就很竭诚地接受。这种勇往直前的精神，唯有乡间才有这样新生的气概。

（作者刘守绪，时任铜梁县第一辅导区驻石鱼乡辅导员）

选自璧山区档案馆藏华西实验区档案，档号：09-01-138

第六篇　北碚管理局

鄉建工作經驗譚

我來實驗區目的有二：一、服務——本區政治澄清，文化發達，風景優美，況人生以服務目的，故來此工作。二、進研究院——實驗區為一所最完美的模範工研究院，有品學兼優經驗丰富的教授，足夠我們地諸所，如農林指導員智學等有廣大的農場足供我的實習，因上失係，放对該工作深感興趣，兹將兩月來工作候縣之得失撮其要者列述於后供諸鑒查，

一、民教部份：

佚名著《乡建工作经验谭》部分原文

乡建工作经验谭

佚　名

我来实验区目的有二：一、服务——本区政治澄清、文化发达、风景优美，况人生以服务目的，故来此工作。二、进研究院——实验区为一所最完美的模范研究院，有品学兼优经验丰富的教授，足够我们地请示，如农林指导员、督学等，有广大的农场足供我的实习。因上关系，故对该工作深感兴趣，兹将两月来工作经验之得失择其要者列述于后供诸鉴察。

一、民教部分

1.配合保甲发生的力量

本区原有传习处三所，导生三人，失学成人一百六十一人，入传习处者仅五十二人，本期传习处由三所增至五所，导生由三人增至九人——皆原保甲的协助。

2.独负家庭生活责任失学成人入学问题

本区失学成人中有百分之三十以上，均原挑煤工作、小生意以维持生活，常听他们言：实验区虽费巨大财资，反而增加了我们的痛苦。我等为顾及他们起见，凡独负家庭生活责任者，准予两天入传习处一次，这样一来，入学者，非常踊跃，由五十多人，突增至九十三人。

3.若如传习处学生成绩优良，宜切实与小学部取联系，利用中年级学生，授以传习课本，充任小先生。因失学成人，记意力极弱，加以家务羁绊，人虽在传习处，心不在焉，一离传习处，仍一字不识。如用小先生时刻教导他们，不但能温故，而且还可知新。

二、农地减租换约部分

1. 换约时常见的现象，而业主借口收回自耕，控调历年佃户租子不清为名，企图避免减租者皆凛遵政府保佃减租之政令，断然处置，毫不徇情，其间以三年硬性之规定。

2. 业主经数次催促仍不换约者，由保甲长出文件证明，给予佃户单独办理，如涉及法律问题时，留待层峰办理。

3. 本区计有佃户一百零六人，业主四十一人，主佃双方皆能深知大义，虽有上列事件发生，但极少数，按法理情三方面处决，故得讯予完成。

（作者佚名，北碚管理局澄江镇第二十一学区民教部职员）

选自璧山区档案馆藏华西实验区档案，档号：09-01-282

谈一年多来的工作

倪光普

去年新秋参加实验区工作,整整一个年头又七十天了。在那一个年头的工作,是住居市区,作澄江镇镇民教主任,兼任镇公所文化股干事。除节日例外老是在办公室坐着,风雨的晚上,每个传习处必巡视一朝,在那百忙的日子里度过了一整年。

本年暑期肇始,决心踏入广大的农村,假期末请上级组织调往乡间,幸得允准,九月一日奉调镇属十九保边区,地邻璧山县界,位澄镇二十余里左右,交通尚称便利,有石级大道可行。

本期步入了广大农村,抱着"锻炼农夫身手"与那一大群铁石纯朴的农夫接触,比一比谁是农夫英雄。现在把这一期的工作分述于下:

一、民教方面

1.本学区设传习处三所,选有优良导生四男一女,学生共七十六人。

2.送上门教学,学生区内有少数失学成人,因家庭生计难以糊口,或内外助乏人,由导生或民教主任轮次到家里教书,并援以普通常识。

3.示范教学,每礼拜每传习处,轮流由民教主任师范教学,或邀请老师及地方绅耆到传习处讲演,随时教以常识。

4.小先生教学,利用小学部中高年级的小朋友,先将小先生教以农民读本,俟能完全彻底了解后,再授以普通常识。小先生回家去,教他的父亲母亲、哥哥弟弟、姐姐妹妹及邻居,教的地点厨房、饭厅、旷野、寝室等,教的时间早上、晚上、中午,教的课程是农民读本,卫生常识,利用小先生教学收效宏大。

5. 每礼拜定期举行导生会议,商讨教学的方法,并邀请各甲长出席,商讨催生问题。经会议通过,学生一次不到警告,二次不到送传习处留读,三次不到传讯,斟罚苦工或劳役,用这个方法,学生到传习处整齐。

二、农林方面

1. 本学区本年度计推广南瑞苕六八五石,明年除瘦土外,肥土全部种植南瑞苕。

2. 本学区本年度计推广优良稻种,中农三十四号田面积二一九石,预定明年除瘦田外,全部种优良稻种。

3. 本年秋,试种遂宁秋玉米四一窝,中耕除草已达三次,施肥三次,现在生长情形良好。

4. 试种无须豌豆三十四窝,紫色豌豆五十三窝,冬豌豆一百三十五窝,每窝四粒,点播法,施用草木灰,发芽率百分之九十一,生长良好。

5. 本学区共贷荣昌母猪五头,完全打过防疫针。并贷有耕牛二头,也曾防疫。

6. 推行二五减租,本学区减租纠纷很多,经保甲及民教主任调查或解说,推行颇为顺利。

7. 换租约,学区内登记换约者共六十五户,经两天的日子顺利换完(其方法督办员询问主佃双方的押佃、租子,再参照原约,并用铅笔记以符号于原约上,交给登记员缮写,写好后再交与镇公所辅导员核对,无误时主佃盖章,利用这个方法,工作收效大,并无错误纠纷)。

三、治安方面

1. 清查户口,每半月会同保甲长及户籍干事清查户口一次,如有疑户疑人不定期地清查。

2. 本学区位于澄璧大道,双石鼓店子地位适中,来往旅客每宿此店,每晚联络盘查及自卫队人员严格检验旅客行装。

3.自卫组训,清晨束装,协助干队组训民众,并教练学术科。

（作者倪光普,时任北碚管理局澄江镇十九学区民教主任）

选自璧山区档案馆藏华西实验区档案,档号:09-01-282

乡建工作经验谈

唐伯安

乡建工作之要点,在亲近民众、教育民众,以资动员民众。唯有教育的力量才能推动建设,唯有建设才能改善人民的生活,利用科学方法改良品种,利用经济手段发展农业。譬之南瑞苕产量高、品质良,乃充实乡建工作最佳者之一品种,兹特将历年来推广南瑞苕之经验,胪呈一二,望祈高明者指教:

一、来历及特性

1.来历:顾名思义,南瑞者乃南方最佳者。

2.特性:皮黄肉红,组织细密坚实,藤短而粗,叶大而肥,且富营养,每窝可产六至十市斤,土质越肥越大个。

二、推广及种植方法

1.推广方法:宣传该苕之优点,选择示范农家栽种,农民信仰此苕后立即推广,现在大家都知此苕之好处,不推已自广矣。

2.种植方法:选通风良好、阳光充足的肥土作繁殖苕苗的本土,三月即育苗,五六月剪蔓扦插于已耕作好的肥土中,必须中耕二至三次,施追肥一次。

以上数端为种植南瑞苕的普通常识,说不上经验,希冀业此苕者,从此实验将此苕优良特性最量发展,以资繁殖推广。

(作者唐伯安,时任北碚管理局澄江镇第十八学区民教主任)

选自璧山区档案馆藏华西实验区档案,档号:09-01-282

幸福的传习教育

佚　名

　　我相信着这样的话语:勇敢地前进,你的眼前虽然遇到极大的困难,将跟着你前进重重打破。前进,勇敢地前进,那灿烂晨曦之光不久将照耀在你的眼前。那些不知为自己打开一条血路而一味地期待着机会到来的人们,无异期待着光艳的月光变成银质。

　　目前的传习教育,在他的生活压榨下,停止着苦难的声音,来受点教育是万般困难的。假若等待农民生活好转的时候,再来受教育,那么没有受教育的人们的生活,一辈子也不会好起来的,这是天经地义的说法。例如试种优良的品种,没有方法、技巧、施肥等知识,他能收到美满的期望吗? 又如,国家大事没有人传授他能知一点吗?

　　伟大的宇宙它创造了一个永久不停的世界,宇宙的每一个人都是构成世界的分子,我们是人,应得工作,任何机器都是我们工作的标记。亚里士多德曾经这样谈过:"即使法律最严明的国家,无论如何也不许技工们正式充着公民。"这是为什么呢? 因为技工的生活缺少道法的修养,工人不能充当公民就是没有受良好的教育。

　　传习教育,使民众在教习过程中知道做的法子是根据学的法子,学的法子是根据教的法子,养成手脑并用,教学做合一。有人说:"生活没有苦干那是罪恶,苦干而不受教育那是野蛮。"

　　幸福的传习教育,完全是为了我国优秀而苦难中的大众开辟了一条研究知识科学实验的大道,我们要把大自然赤裸裸地展开在民众们的眼前,务使一般人获得博览创造的美丽,享受他至高无上的恩惠来爱这真、善、美兼有的上帝。

(作者佚名,北碚管理局澄江镇第十七学区民教部职员)

选自璧山区档案馆藏华西实验区档案,档号:09-01-282

工作概要

佚　名

一、看到农民工作者得了一点安慰

本学区的农民经民教主任的带领和指示,与他们自出心裁的技巧和经验,对耕作品种都大大地在改进,推广优良品种。他们毫没疑虑十二万分的诚恳接受,而且很细心地去种植,本年计推广中农卅四号九十老石面积、钓鱼兰三十老石、南瑞苔四十老石……,现在他们已经把明年要种的优良稻种交换好了。南瑞苔种已预行交换好了,而且还希望多得一些优良的品种,来增进他们的收益。尤其对作物比赛他们更觉得有趣,没奈土质薄弱,难找最优异的产品。这次黄豆比赛,个个很踊跃地登记,都想作一个有名的黄豆英雄,所以最近几天他们都在土里寻找血汗作成的结晶的东西——黄豆,准备比赛准备作为慰劳自己的宝贝。前几天指导他们选种、播种的方法,他们都乐于学习、实验……,很相信我的话,而且喜欢与我打商量,这是我工作的满意和安慰的地方。

二、田业林间住屋都成了大朋友们的传习

这学区的农民生活太苦了,不是挑(背)煤炭,便是卖力气来维系着他最简单的生活,哪里能完全把他们请到所设的传习处来读书呢?这个严重而困难的问题,非凡人能解决的,所以在传习处未开学的前两天,召集了本

学区的导生和热心教育的人士,开了一个座谈会,来商讨这个大的问题,结果得了一个圆满而充实的办法,亦录于后:

(一)凡属本学区较资深的人都有领导和指示不识字的成人、妇女们的责任,使他们随时得教。

(二)凡家境稍好的学生,非每日按时到传习处不可,否则于保民大会时提出议处。

(三)实不能抽身到传习处的学生,经民教主任查确,准许后,可向邻近较资深的人或学校的小先生学习,由民教主任视察。

(四)导生不得缺席,有事必须请人代理。

(五)筹募奖金以鼓励学习之兴趣。

以上各项是出于他们(导生热心教育人士)真诚的意志所拟定的,他们真有顾全大我,牺牲小我和学不厌教不倦的精神,想方设法地使民众们在学习中能工作,在工作时能学习,使他们即知、即传,所得的知识一天比一天多。现在的传习处,便成了他们(学生)的研究室,田野林间便成了他们的实习场,使他们在生活教育的沐浴中求进步、求生活。

三、一个换约工作的镜头

换约这个名词在半个月前已传入了农民的耳鼓,而且随处都可听到他们想象的交谈。最关心的而最期望着换约能赓急实现的要算一般佃户了。在本区换约的前两天,我送传通知单和催告单的时候,农民们都欢天喜地地迎接着而且很高兴地问换约详情,他们听了,都不由自主手舞足蹈地说:"对呀,我们翻身的日子到了,做梦也没有想到佃户还有这样抬头的一天!"我看他们的表情和面孔都呈露着无限的快乐!

这项工作先行计划的由两个督办员和三个学区的民教主任分工合作。十月二十三日的早晨,露水是那样的大,天也是黑沉沉的,好像要下雨的样子,可是督办和十八、十九学区的民教主任们为了老百姓,为了工作速度,所以很早就到了学校。尤其王主任安康带病工作,是值得我们钦佩的。大约在午前的九点钟,佃户业主们纷纷到来,这时我们便展开工作。业主们都争先恐后自告奋勇,毫没一点疑滞地把约拿出来,由吴主任旭东询问计算及解决主佃的一些问题,次由倪主任写存根,由刘主任写承担人执存,由唐主任写出担人执存,最后由王主任安康校对,这样井井有条地没一点错误。这天换有五十余户,一个也没有困难问题。第二天午前已将本学区办理完竣计换八十五户,期限都是三年,这项换约工作可算顺利地完成了。

（作者佚名,北碚管理局澄江第十七学区民教部职员）

选自璧山区档案馆藏华西实验区档案,档号:09-01-282

我从事乡建工作后

李锡武

我来北碚参加乡建工作时间虽仅短短的二个月,然而我却从工作中获得了无上的兴趣,同时更使我深切地明了今后的乡建工作应当怎样办才能收到真正的效果。

有人说乡建工作虽难办我觉得只要工作人员对此项工作有相当的修养,正确的认识,干起来是不感到困难的。那么乡建工作人员应有哪些必须具备的修养呢? 我认为下面几点是离不了的:

一、要有充分的农业常识

我国乡村以农民为主,乡建的目的在改善农民的生活,要改善农民的生活,首先要改良农业增加农作物产量。故乡建工作人员应将工作地点的土壤气候适合何种农作物生长,地势适用于何种农具等实际情形调查清楚,然后再注意加强选种施肥中耕培植等工作。显然,非无农业常识者所能为,故具备充分的农业常识是乡建工作人员应有的一大修养。

二、要有能屈能伸的个性

从事乡建工作者应与农民打成一片这是谁也不能否认的,若与农民朝夕相处而自己高抬身价不把农民看在眼里,这样不但不受一般农人欢迎信任,且对工作的进行必将遭遇莫大的障碍。故乡建工作人员应能屈,但少数冥顽成性不受劝导的农民阻碍工作进行从事乡建工作者又须利用政治力量给以警告,因此能屈能伸是我辈工作人员应有的第二大修养。

三、要有百折不回的毅力

少数农民迷信太深,对品种改良肥料运用及一般乡建工作常抱有疑惧态度,不予信任,故从事乡建工作者应具有传教士般的精神,不断说明,一俟事实战胜迷信,农民疑惧的眼光自会一扫而空的。

四、要能从小处着手取得农民的信心

要乡建工作办得好,必先使农民对乡建工作人员有坚定不移的信心,而要使农民信任,必先同情农民生活处处为他们解决困难,多多给予方便,让他们深信从事乡建工作者确实是在为他们造福。

五、要能吃苦耐劳

乡建工作繁多且乡村道路崎岖,乡建工作又非坐办公室所能办理者跋涉长途一定难免,若无吃苦耐劳精神怎能担负这个繁重的乡建工作呢?

以上五点是从事乡建工作人员必需的修养,其余如态度应和蔼可亲、对人应诚恳、办事应认真而有计划等当然也是应该具备的。

最后我觉得吃苦耐劳的人,才是真正的乡建工作人员,也才能从改善农民的生活中获得无上的乐趣。

(作者李锡武,时任北碚管理局澄江镇第四中心校民教主任)

选自璧山区档案馆藏华西实验区档案,档号:09-01-282

民教主任工作计划

吴崇金

欲植良才,先剪荆棘;欲种嘉禾,先除良莠;欲成事业,先有计划,此一定之理也。盖笔者初至异境,欲使事业顺利进行而事半功倍,宜先有周详之计划,俾事之临头,有条不紊,有节有迫,如斯为之,事有不善者,未之有也。兹将计划分条叙于下:

一、民教方面

(一)调查统计:全学区民众调查失学民众、调查应入学民众,统计特殊缓予免学,统计传习处地址,调查以及桌凳借用等问题,均须于调查时解决。

(二)导生训练

1. 团体的:在开学前举行导生讲解一般教学技术及开学应办事宜,行课时于每一周或两周召开导生会议一次,以策划工作之推进与解决一切之困难。

2. 个别的:于每天辅导传习处时,如遇教学上及训导上有困难,可助他解决之。

(三)训练学生

宜用积极的奖励,少用制裁、训诫学生,宜用间接之方法使其感化,少用直接之方法予以刺激。

(四)测验成绩

注意平时测验,且定期举行成绩总放核实一次。

（五）举行家庭访问

能明了学生家庭状况而针对施教。

（六）设置民众询问代笔处

学校民教部办公处设置民众询问代笔处，以解决人民之一切困难。

（七）轮回召开甲务会议

由民教主任定期轮流于各甲召开甲务会议，以资训练四权之使用，并灌输农业及政令之新知识，由该甲甲长带领实地去干，收效甚大。

二、建设方面

（一）经济调查

全学区耕地面积、耕农类别、家畜数目、农民人口、南瑞苔优良品种栽培面积、广柑株数及良种推广面积等，均应分别制册详细调查之，并制成统计图标，一目了然。

（二）良种推广

凡适宜栽植之优良品种或饲养之优良家畜均需普遍推广之。

（三）病虫害之防除

树木作物蔬菜等如生病虫害，立即应以人工或药剂消灭之。

（四）利用废物制造堆肥

应劝农家每户堆肥坑，盛家庭渣滓废物而腐烂成堆肥，而增加农民之肥料，而俾使环境清洁。

（五）掘等高线保护土壤

劝导农民倾斜坡度之大坡土，宜多蓄树木，不宜种作物，倾斜坡度小者，多掘等高线以保护土坡。

（六）农作物产量比赛

凡普通作物于收获时举行产量比赛，以资鼓励农民增加。

（七）家畜防疫

定期举行家畜预防针注射，如遇家畜生病即给以治疗。

（八）解释租佃纠纷

以"保护佃农、扶持自耕农"为原则，解释一切租佃纠纷，并切实推行二五减租。

（九）采制标本

收集优良作物及作物害虫制成标本，以资教学之用。

（十）辅导合作农场业务之推进

随时监督农场之业务及清查其账目使业务顺利推进逐渐发展。

三、警卫方面

（一）时常协助保甲清查户口，组训民众，劝导自愿兵，办理国民身份证等事宜。

（二）劝导人民种痘，预防针注射，赤贫生病无钱治疗者，给以免费证明书并定期举行每户清洁检查。

总之，计划虽然如此，而实际实行起来，困难亦乎难免，若欲克服困难，必须具有百折不挠之精神，为人民服务之旨趣，埋头苦干，俾教建工作顺利推行达到预定之目标。

（作者吴崇金，时任北碚管理局澄江镇第十五保校民教部民教主任）

选自璧山区档案馆藏华西实验区档案，档号:09-01-282

应该适合民众的需要

何联芳

谁也不可讳言的,办民教工作的人,应该适合民众的需要。自然,适合民众的需要内容太多,不是一言半语可以谈得清楚的,现在仅就传习处一方面来谈吧。

"传习处"就是即知、即传、即习的意思,传习处设立的多寡便是依着当地的需要而定的。传习处所指导的人,便是聘请当地的知识分子——有声望的、热心教育的、有领导性的、有闲心的,加以教学法训练过后的(即所谓训练导生),再由他们传授给民众。这样的义务教育,的确是省人力、物力、财力,在教育上是有不可磨灭的价值。

但是经本人实地经验的结果,便有"难"和"易"的两个问题产生了。所难者,就是不容易觅着理想的导生,尤其在地瘠民贫的矿区里,更不可多得。纵然有这样的人才他们为生活的驱使,日夜忙于日作,哪有闲暇的日子来尽这些义务呢?即令他们有一点闲暇,尽一分义务的话,然而他们的知识有限得狠,只能死板板地教着民众读本、千字文等课,当然谈不上民众的需要了。既不适民众的需要,便不能达到他们求知的欲望,于是无形中减低了他们读书的信念和兴趣了,同时,也影响了来期招生和留读的问题。再有上课的时间很难确定,晚上吗?灯油问题不易完全完解决,白天吧?他们都忙于工作,没有闲暇的时间。诚然可以因人来定,因地来定,到底有它事实上的困难,不够理想。不过我对于这问题解决的办法,深入民间,与民众为友处处同情,时时解决困难,尽量设法切合他们的需要,也可以收到意外的效果。

　　所易者,就是接近学校的地方,敦请导师导生便是易如反掌了。高年级的儿童,可以训练为导生,教师可以聘请为导师,并且可以各尽其所长予以施教,当然谈得上民众的需要了。如本学区(十二、十三、十四个学区)的第一传习处来说吧,它是设立在澄江三中心校,本训有导生任教,然受教者总不大欢迎,再三请求老师任教。

　　为了达到他们的求知欲望,便敦请中心校校长及老师轮流担任教学,所授学科有农民读本、千字文、写字、算术(珠算、笔算)、音乐,应用文及时事报告等。依着他们程度的高低,实行个别教学,并且每科都制有教具,以便施教,提高他们学习的兴趣,加强他们了解的能力,这样他们便得到了真正的实用知识——能写简单的书信、便条、记账、算账等,也能知道农业上的各科常识,于他们作工、经商等都有很多的方便和益处。自然而然的学教者的源源不绝,一天多似一天,规规矩矩用心学习,唯恐失掉了求学机会,不管是如何的热、如何的冷,如没有特殊的情形,绝不轻易请假或缺席,而来期招生和留生问题不费吹灰之力就可解决了。

　　由以上两个问题的结论,足以证明办民教工作的人员,应该适合民众的需要着手才能有很大的效果,传习处应该如此,类似的问题,其他如组织合作农场,推广优良品种,讲究公共卫生,注重生产建设等问题,不是一样地要适民众的需要吗?

　　(作者何联芳,时任北碚管理局澄江镇第十二、十三、十四学区民教主任)

　　选自璧山区档案馆藏华西实验区档案,档号:09-01-282

减租换约二三事

陈明全

本人自从事民教工作已三月。虽以韶华如斯，然余以驽骀不才，于事无所建，谋无所臧，徒以荒芜岁月。故我依照抚膺思维，良为深慨，今际平教会成立三周年，要为属文，以志斯举。余以善小自忖，谨以减租二三事为文，用志是庆。

减租换约事先之部署：今秋，局奉省府颁布减租条例及即通令局属八镇乡，从事实际之推动，而澄江镇遂于九月中旬，展开是项工作。笔者不敏，亦膺第一社学区减租换约之职务，当即会同各保保长相与商略，若佃农之调查、主佃之催促、减租条例之宣扬、换约之步骤等俱预为筹划，以期便于今后工作之实效。

实际之工作问题：对于佃农保别之划分，仅极含糊，回首事先之调查，仅以佃农之户籍为主，而未兼顾及与耕作土地所在之保甲。但于工作时，即有涉及于是项问题者。斯时，余以事先既未有详明之商略，调查时亦未有以耕作土地为主的划分。是于问题之处理，亦仅系了了，唯今日思及，深为遗憾。故敢质请同仁幸或留意及之，稍事商略。

主佃之纠葛：是项问题之构成，亦亟复杂。兹就问题性质略志于后：

一、业主为求避免减租，而借言自耕，以图地土之收回；二、继租年限之问题，一般苛求之业主，对于减租之举措，多怀观望，以致企图今后对于佃农佃耕土地之易于控制，故亦多争论；三、押金之问题，回首民国三十六七年法币之贬值，一般地主多有加押之举，但今换约时佃农欲求该项押金币值之保障,亟思按照当时物价,折合物资,但于折合时无一固定标准之尺度,以致人执一言,言人人殊,而致悬而未决者;四、对于新约(三十五年八月以后之契约)之问题;五、部分顽固业主,自弃权利,不从事换约之问题。

问题之处理:余于问题之处决,恒兢兢于依法自绳,但有主佃之纠葛,涉及于法律之诉争,与减租实际之技术,则以有越今日工作之范围,留待今后有司之处决。故今日所志,亦仅原则之叙述:一、业主借言自耕,欲求佃与土地之收回。是项问题,虽系情理之常,然亦为一般业主借为口实者,亦往往而有。是于真伪之鉴别,备亟棘手,若不慎而有失厥中,则包庇之嫌,亦系意中之事。故于问题之处决,为审慎计,则遵照政府颁布之减租条例,若业主既非先烈遗裔,又非征壮家属,而佃农亦非有一违及解除租佃条例规定之行为(若一、有不良嗜好者,二、家世不清,行为不法者,三、怠于稼穑之懒农而致租谷不清者),则懔遵保佃之策略,予佃农以法律之保障。

二、涉及继租年限问题,亦按照减租条例之规定,若主佃双方无任何未决之纠纷,则予以三年硬性之规定。

三、押金问题之处决,余意当以政府对于历年规定通货与物价之价值为最善,但政府对于是项条例,未颁布前,而主佃双方俱求于物资之折合时,则按照旧有票据一如同时之簿记,条据等旁证一予以适之折合,若彼此意见各殊,则留待有司之解决。

四、关于新约之处理,殊为棘手。因余初来此地,对于旧有之习俗,亦未深了,尤于是项契约之更易,亦极陌生。个中情理,虽为事理之常,然以事属责成,实不敢轻于造次,是不得已而勉强处理之余,遂征询当地之保干人员,嘱渠对于是项契约之鉴定,若凭渠能作事实上之保证,则具一书面之文件,浮附存根,俾资办理。此法虽未尽善,陈略瑕疵之议,容或幸免。

五、处理刁顽之地主,新则依照换约之步骤,由佃农填具换约通知单,以便于敦请,若须通知后,业主相异不理时,仍由佃农填具催请书。若业主经催请后依然不理时,则嘱该保之保干人员,予以口头之劝导。至是若抗不换约时,则以顽忽弃权,由保长具一书面证明文件,予佃客以单方面之办理。

余深感者,吾人从事是项工作,其于责任之责成实重且巨也,若失慎于问题之处理,则有渎职守,有损主佃,甚而有辜政府如是措施之至意。若不幸而有不肖之徒于中淆乱,则包庇之疑,瓜李之嫌,憾遗其间,殊难自白。故敢涛诚质诸同仁,若为谋自臧计,则当留意于操守之谨严,执法之严正,其余循法阿容,依违苟且则当善而远避,自谋若斯,虽未臻于至善,庶几其亦可谓平乎。

(作者陈明全,北碚管理局乡村工作者,任职不详)

选自璧山区档案馆藏华西实验区档案,档号:09-01-282

理想的传习教育

佚　名

　　教育可兴国亦可病国,兴国者众生之力,病国者师资也。教育二字意义极为广泛,狭义语之,上引下效称教,就逆使顺称育,此古定理。而今教育二字则不然,意义更深广,理论更符实用,它的解义是会的教人,不会的跟人学,这就是教育。不但适合老百姓的口吻,而且贯彻到生活里头,这就是教育字作意义上解说。现时教育则不同,教育宗旨有三:一所教重在用,所学重在需。二重在生活教育,教育家杜威有言生活即教育,社会即学校,教育之用意可知。三教育重在平民,以前重在贵族教育,而今重在平民教育,平民教育才是大众需要,大众欢迎。单以平民教育是不够的,并且平民教育仅仅是种制度,要推行这种制度的方法,那就千头万绪了。平民教育就是传习教育,传习教育是活的教育,是民众需要的教育,我所读的题目,是理想的传习教育,理想的传习教育分为下列几件谈及:

　　一、传习处的设立:中国农民生活不合理想,不合理想的原因是由于生产不高,生产不高是由于没知识,凡一百个人当中有八十几个是农民,每十个农民中有八个不识字的人。故欲生产增加,农民知识水准提高,农民生活美满,都需以大众需要为教育的宗旨。故传习教育是提高农民知识水准,增加农业产品,提高农生活。传习处所设立有二端:一端按地形设立,如地形广,农家分散,可以农家为传习站,农家家长为导生;二是传习处设立后应注意学生的来源,明白学生的个性,对着个性,施引教育。

　　二、导生的选择:导生应经农民中选出,脑力聪明,能力高超,有自治精神,能自立,为众人之范模。当有领导能力,明白农间疾苦,勉以任劳任怨,以传习处为国家的治理。能力较差导生由民教主任时常训练,令其独立自治,任心领导学生学习。

三、教材:教材的好坏是足以影响成果甚大,民教学生的教材,重在与生活配合,学以致用,并以音乐诱导学生求学调高学生学习兴趣。

四、辅导人员:平民教育之进行顺利与否,辅导员责任甚重,辅导员督导之严怠,影响学生的学习颇大。辅导员有知学、农林指导员、民教主任、保甲人员,并令其学习的材料与日常生活相合并,才有得民心。教育重在育民,与生活配合利用,则属能事。

五、设备材料:古语曰"工欲善其事,必先利其器",此语即是说读书应有设备,纸笔墨的设备,因民教的中心工作有四:一认字,二讲字,三写字,四用字,欲四种工作完美,故设备材料异常重要。

六、规则:教育重在管,管不严则教不应。欲教育有时效,规则甚重要,弗可轻视。

(作者佚名,北碚管理局澄江镇第七学区民教部职员)

选自璧山区档案馆藏华西实验区档案,档号:09-01-282

乡建工作经验谈

胡三捷

一、以社会即学校

有人说："社会即学校"，当时我还不大了解这句话，但是现在我可明白了。同时我已投入了社会的怀抱，一面在肩负社会教育之责，又一面在读社会大学。因为我是一个学农的青年，所以我最欢喜和农民接近，用我科学的头脑、农夫的身手、坚强的意志、爱民的热忱，去身入农村工作，忍苦耐劳地去适应环境，去应付社会的需要，去完成建国的使命。

二、实际地去领导农民革除不良的旧习

老实说一句：只要是能够真心地干得了民教工作的人，那么他一定不会是个弱者，他一定是个有作为、有出息的乡建工作者的得力干部。本来民教主任是一个劳苦大众的领导者，硬是要替农民谋出路，带着他们向着有饭吃、有衣穿的生活线上走，所以民教工作绝对不能马虎。因此我们要实际地去干，不要再像过去的那种老作风，只重形式地常常开会，求官面文章的完成各项表报，那有什么用呢？一个民教主任的工作推动与否，单凭几次（每月）表报就做好了的话，那么民教主任就很可以不出门，终日坐在办公室好了。所以说最好的办法是要他身入农村去经常与农民成为朋友，以求实际工作的推进，以达到生活教育的目标。因为一个辅导区的辅导员，他们就最够清楚民教主任的工作实况了，要民教主任在形式上费手续，不如让民教主

任多替人民做点事，这是我的建议。

三、以教育的方式去改进农业

中国是一个农业国，历来的人口只有增多，耕地只有减少，所以粮食一天天地只有上涨，人民生活不安以致造成今日整个社会混乱。所幸的是政府实行减租换佃政策，这是地权平均的先奏，土地改革的试行。数千年贫苦的佃农，到今天得大松其气。不但可使佃农收入增加，更而安定了广大农村的生活。为了要配合建国的需要，所以我们是以全力从事于生产教育的推动，关于生活教育的推行。去岁我在北碚龙凤乡二三两学区收到了极大的效果，传习处除了识字教育以外，还加上了农业常识像选种、保种、肥料运用、捕蝗、除黑穗(麦、玉米)、杀除害虫(药械运用)等的普通常识，农民不但懂得，而且大家都能实际去做。现在我已调职了，但是农友们都还在不断地盼望着我能回到那里。

四、要适应环境去达到工作的目标

要想挽救目前农村的危机，就得积极地去努力于生活或生产教育不可。我们身负民教工作者当视学区为家庭，视农民如父兄，最重要的是本身要不怕吃苦，上遵政府命令，下体农民的苦衷。要与地方知识青年携手，与乡镇保甲密切联络，绝对政教合一的"生活即教育"的方式去推动民教，亲近民众，帮助民众，使民众高兴乐于民教主任接触。只要农民们不管事情的大小，不管事体的难易，都愿意找你帮忙了。那么你的民教工作才算找到了目的地，达到了推行民教的目标。

(作者胡三捷，时任北碚管理局澄江镇第二中心校(九学区)民教主任)

选自璧山区档案馆藏华西实验区档案，档号:09-01-282

怎样栽培南瑞苕

陈登瀛

现在局属各农家人人皆知南瑞苕蔓短而肥,叶圆而大,是农人们的一良好的饲料。其块根亦肥大,富含淀粉为我们的主要食品,其味甚佳,所以局属农民都先后请示民教主任教授他们栽培的方法,并且适宜何种土壤,还要帮他们换种,不到两年,无处没有南瑞苕出现。因此样品种味美人人喜欢吃,所以经济价值特别高,所以局属各地都可见到南瑞苕,只要来北碚参观的恐怕脑子里也有南瑞苕的印象。因它的外观很显著,与其他的品种显然不同,如果要知南瑞苕的详细情形,请问各民教主任及农人们便知,它的特征及栽培方法。现在我将本区南瑞苕栽培的实况略为介绍,以供诸位参改。

(一)特状:南瑞苕属于旋花科蔓生作物,其蔓短而肥大,叶大而厚,边缘分裂。根分织维根及块根两种,织维根专吸收养分与水分,其他一种极为发达聚集甚多的养分膨大成块根,表皮带淡红色,肉质亦然,若煮熟其色与老南瓜相同,可作人们的主要食品。

(二)适宜风土:南瑞苕适宜于肥沃之地,最适宜排水佳良之沙质壤土。

(三)繁殖法:

1.露地苗床法

a.地位:排水良好之沙质土壤。

b.面积:长任意,宽七至八尺,深五至六寸,表面加沙四寸,置块根于上,施肥再加上,二寸沙盖着,若久未落雨,每日洒水至发芽为止,无须施肥。

2. 蔓苗法

此法本区少有,农家运用适宜天候,温暖之地。其繁殖法,先选择腐殖质多的土壤,将块根并入土内,施肥等发芽成六七尺,割下分为五六寸长,分别斜插于土内,此法极为经济,唯有成熟稍迟。

3. 点播又称直播

选小的块根,先在土面一尺远的穴植一至三根,并施以基肥盖土,此法比前二法成熟早,少废人工但需种多,极为不经济。

(四)插苗方式

插苗方式甚多,有斜插、波状插、水平插及改良水平插等法,本区农民大多数为斜插于土内(横隔三至四尺直隔一尺),如天晴速施厩肥,以防死亡。

(五)管理

1. 中耕除草:中耕每除草在插苗后,可行两次中耕除草施肥,如蔓满蔽地面不宜行此工作。

2. 翻蔓:蔓伸长匍匐地面,从关节发生不定根而抢夺养分,形成块根,此种根如不除去,稍失养分而影响生产量之不良,所以农人们必须实行二次翻蔓工作。

3. 施肥:南瑞为吸收养分最强的作物,所以必须施一至三次厩肥,其人粪尿为最佳,本区农民大多数施厩肥一次或二次,三次为最少。

以上所述不过乡建工作实况之一。

(作者陈登瀛,时任北碚管理局澄江镇第十、十一学区民教主任)

选自璧山区档案馆藏华西实验区档案,档号:09-01-282

传习教育在北碚

佚 名

一、教育统计

按北碚八个乡镇共七十三个学区,开办了四四八个传习处,共有男生五六二二人,女生五六二四人,男女合计一一二四六人。平均每学区有六个传习处,每个传习处有学生二十五人。

又按北碚总人口为九六六六八人,其中十五岁至四十五岁之失学男女成人共二二六四四人,除已入学的一一二三六人外,尚有失学成人一一四〇八人,连尚未入学的超龄儿童一四八七人计算在内,今年内也可以使他们扫数入学。但就扫除文盲工作讲,今年年底可以完成。

二、传习处组织力量的表现

发生的社会作用,传习处不仅是一个学习的组织,而且还是一个社会活动的组织。学生之间,不只在学习上,取得联系,在生活上也产生了密切的联系。比如某一个同学,有了困难,传习处的同学,能够共同帮他来解决,甚至为一个人的事,全体停了课,去帮助他来解决。

有一个传习处(全是女生)的一个学生,因为他的母亲生病,不能上传习处里去上学,同学们晓得了,大家排着队,到他家里去慰问。这个学生的家庭很穷,请不起医生,吃不起药,于是大家联合起来,去请一位医生免费替他母亲治病,而且感动了医生,还拿出钱来替他买药。后来这个学生的母亲,病好了之后,亲自到医生家里和传习处去道谢,那确是一个感动人的故事。

另有一个传习处里的老实学生,被一个流氓打得头破血出,全体学生,起来公愤,便把流氓弄到传习处去,让他当众向受伤的同学道歉,包扎伤口,并且教他写了悔过书,从此不准再有同样行为,倘再野蛮不驯,大家要把他驱逐出境,这便是传习处组织力量的表现。

传习处不单为同学解决问题,也常为当地未入学的人们,解决纠纷。四川到处都有茶馆吃茶讲理的风气,今日的传习处,无形中代替了吃茶讲理的茶馆。

三、发生的经济作用

因为传习处的学生,都是成人,所以地方上的一切建设活动,都是透过传习处的教育形式而推行的,比如修路、种树以及一切农业经济的建设都是。去年北碚已经推行过的优良品种,有油桐、广柑、南瑞苕和约克夏种猪,这些工作都是由传习处的学生宣传、调查而推行的。有好多的民教主任,是兼任着农业指导员的,他们因为在生产上,直接帮助了农民,所以农民也都乐于帮助他们。正因为传习教育和老百姓的经济生活,发生了密切的关系,所以在推行的时候,才是助力多而阻力少。

(作者佚名,时任职务不详)

选自璧山区档案馆藏华西实验区档案,档号:09-01-282

传习教育在北碚

杨芒莆

一、北碚是怎样一个地方？

有人以为北碚是一个县，或是县属的乡镇，其实不是的。它是全国行政区域中，仅有的一个管理局。它有 235134 亩的面积，96668 的人口，略小于一般县份，它共分八个乡镇，嘉陵江横贯东西，把八个乡镇分成南北各四。江南有朝阳、澄江二镇，龙凤、金刚二乡，江北有黄桷一镇，二岩、白庙、文星三乡。若从北碚地图上看去，宛如一匹不完整的梧桐叶，嘉陵江是它的叶茎，几条小何便是它的脉叶。

北碚在地理上，和四川一般地方没有多少不同，除煤矿的生产，嘉陵江的交通，和北温泉的风景，天然给地方经济添了一点帮助外，其余简直没有生命特殊之处。但是在政治上，却有其他地方比不了的长处。

它的政治：首先应该提到的就是政治当局稳定，管理局局长卢子英氏，自从民国十六年（1927 年）莅位以来，从没有因上级政治当局的变动，影响他的去留。再加上他志在做事而不在做官的苦干精神，带领着和他有同样作风的局内外各级干部人员，共同在一个大计划下努力。举凡市政的改进，社会的安定，政令的贯彻施行，经济、文化、交通的建设，都是管理局和地方人士，切切实实一点一滴完成的。大家都知道北碚地方的可爱，却不是偶然的。

它的教育：北碚因为有足够的国立省立私立的大学、专科、中学、师范学

校,所以管理局没有设立中等以上的学校。单就国民学校说,它有中心学校
16 所,保校 51 所,私立小学 8 所,幼稚园 4 所,平均每个学区有国民学校 1
所。全境学龄儿童 9100 人,已入学的 7863 人,所余 1237 人的失学学龄儿
童,今年可以扫数入学。我们再从北碚管理局民国三十六年(1947 年)度全
局教育经费 766578788 元,约占全局行政费百分之四十来看,就可以知道他
们对教育的重视。他们知道北碚的民众教育做得不够,在去年的暑期,特别
邀请中华平民教育促进会华西实验区在北碚设立办事处,协助办理成人
教育。

二、华西实验区的来历

中华平民教育促进会,在民国三十五年(1946 年)的秋季,先在璧山的
四个乡成立了巴璧实验区,后因范围扩大,以四川第三行政督察区十县一局
为实验区。在去年的八月间,改名为华西实验区,有该区的行政督察专员孙
则让氏兼实验区主任。一切计划都是在他的领导下,策划推行的。该区有
辅导委员十余人,分驻在璧山、歇马场、北碚,协同各该地的地方当局,推行
乡村建设工作,这传习教育,便是在这种情势下出现的。

三、什么叫传习教育

在讲传习教育之先,不能不把它的历史,简略地叙述一下。

这种教育制度,还在抗战以前,中华平民教育促进会在河北定县时期,
由黎锦纡先生设计创行的。不过今日所推行的,经孙则让先生之计划改进,
和以前的方式,已经有了不同。起初是以学校为中心,以小学生作导生,在
校内是儿童对儿童的传习,在校外是儿童对成人的传习(又因为儿童随时
都过着组织的生活,所以又叫组织教育)。那时的传习内容,虽然也常配合
实际生活而活动,但毕竟是侧重于语文的传习。今日所推行的,语文仅是这
个制度下的第一个过程,最终的目的,则在于乡村建设。虽然文盲是借它来
扫除的,但是所有一切建设事业,无不是透过这个制度而达成的。因此就为
这个制度喊出了一个口号,就是"即知,即传,即建设",用这个口号来表达

传习教育的步骤和目标。

传习教育是知识技能的总动员。因为享有知识技能是权利,传习知识技能是义务,享权利就应该尽义务,所以要实行人既以知识技能传于我,我即应以知识技能传于人的主张。换言之,知识技能不是少数人幸运人们所私有的,今天要使知识技能普遍化、社会化,在现行的经济制度下,唯有推行传习教育,才可以做得到。

四、北碚的传习教育是怎样推行的

1. 划分学区。在推行传习教育之先,把北碚的八个乡镇,划分为七十三个社学区,这种学区的划分,是依照地理形势(包括河流、山脉、交通以及人口的分布)作标准的。主要是使它能构成一个经济组织的单位。比如农业生产合作社(即合作农场),机织生产合作社,都是以学区为单位的组织。而且这种学期的划分,又是今后整编保区的一种标准。

2. 专设民教主任。国民学校原分小学、民教两部,但民教部一向等于虚设,没有专人负责。因此民教也无法推动。今天为了开展这部工作,特在国民学校里专设民教主任一人。他在校长督导之下,推行民教。而且还兼任着乡政辅导工作,在学区里协助保长,办理所谓管、教、养、卫等事项;无形中把基层的政与教合二为一了。

3. 扩大举行国民教师假期讲习会。去年八月份,北碚管理局举行了一个不同于往年的国民教师讲习会。参加讲习的人,除了全局国民学校校长,教师,民教主任外,还有乡镇长、保长、副保长、保队副。讲习的内容,除去每年例行的科目以外,又加上地方建设,民众教育各种课程,以及传习教育中之种种实际问题,而且以后者的课程,做了本届讲习会的讲习中心。这些课程是由中华平民教育促进会华西实验区派员主讲的,会期一共十日,最末两日是讨论,前一日分乡,后一日综合。这十日的讲习与讨论,便奠定了传习教育的基础。

4. 调查文盲。讲习会结束之后,各乡镇编分区调查十五岁以上,四十五岁以下的男女文盲,根据文盲的分布情形,选择适当地点筹设传习处。以学区为单位,编排传习处番号,每学区三五处八九处不等。

5.选拔导生。什么叫做导生? 导生者就是带领别人学习,指导别人生活之谓也。换言之,导生就是传习处学生学习的领导者,也是学生生活的指导人。因此导生的选拔标准,不尽在知识水准上追求,主要的是要他有领导才能的本地人。把他培植成地方上的领导人物,因为他和地方人的阶层相同,利害相同,所以由他来领导地方人,从事地方建设事业,那事业才容易推动,容易进步。为了避免"人存政举,人亡政息"的流弊,所以不聘请外方人作导生,怕的是他一旦离去之后,事业因为停顿。

6.选择传习场地。这些传习的场地,大部分是借用住户的客堂,或茶铺、学校、祠堂以及其他公共场所。里边的设备,除去课本、黑白、粉笔各种表册、标牌,是由管理局统筹发给的以外,其余的桌凳,都是由各该传习处,自行筹借的。学校和茶馆的桌凳,固然不会缺乏,但住户里都不易有好多剩余,多半是东邻西舍,拼凑出来的。也有是学生自带板凳,搬来搬去上课的,大有乡间人看露天演戏的情景。

7.招生开学。导生选定之后,就开始招生,各学区根据调查结果,在保甲长协助之下,挨门按户,劝导那适龄失学男女成人入学。因为免费供给书籍的关系,所以入学的人就相当踊跃,但也有少数年龄较大,自觉难以为情,而不肯去读书的,也有对不花钱读书发生怀疑,唯恐受骗,托故不肯加入的。但在开学之后,终于因事实的证验,都陆续入学了。

8.规定上课时间。每个传习处的上课时间,并不一致,或早或晚或午,都是由他们自己规定的。但大部分是在晚间。因为他们白天都有工作,所以在白天上课的是极少数。他们除去周末照例休息以外,每天至少都是上课两小时,倘使在晚间七八点钟时,我们从大街小巷走一遍,便可以随处听到读书讲书或唱歌的声音。

9.实施特别传习。有些人自己很想入传习处去读书,但为了他们的工作,无法抽身的,必然是摊贩,茶房,流动的船户,或家庭里根本走不开的人。为他们想了一种特别补救的办法,就是把课本发给他们,由他们自己去请他邻近识字人或在小学读书的子弟们教他们,也有随时请教他们生意上的雇主的,叫做自读。但每星期,他们必须到传习处去一次,由民教主任或导生考核他们的成绩。

10. 灯油的来源。凡是在公共场所,装有电灯的,灯油自然不成问题,但是在乡间一般人的家里,灯油却是个很大的问题。然而他们都能设法解决了,有的是由仗义的人士独自捐助的,有的是由保甲中筹募出来的,也有各自携带油灯上学。总之,困难是有,但他们都能一一克服。

11. 文具的来源。大部分学生是买不起笔墨纸砚的,这个问题,差不多是和灯油问题,用同样方式解决的。还有一些热心的导生们捐助的。最感动人的是出苦力的导生,每晚不单在劳动之余去教书,还要把他们的血汗钱拿出来帮助那些比他更穷的学生买纸笔,白庙项便有这么一位挑煤炭的导生,感动得那些学生们掉出眼泪来。

12. 教材的来源及种类。传习处的必修课程,都是由中华平民教育促进会编印而免费供给的,有国民传习课本和国民应用文两种,另外珠算、音乐教材是由各该传习处导生自选教的。有的导生不会唱歌,请附近小学生去教。大约年轻一点的学生们,都很喜欢唱歌。

另外一种教材,是传习画片,也是中华平民教育促进会编印的。那是一种活动教材,随着当地当时的实际需要,配合着行动而施用的。从形式上说,它是一张十六开的画片,图下附有简要说明,为了便于老百姓口传和背诵,体裁多采用韵文,这种简单的说明,便把这张画的主题给了读者一个概念。在画片的背面,附有那一个活动的具体做法,是分条举例的。即或文字成都较低的读者,还没有能力阅读的话,有导生替他们讲解,但至少对这一个活动的概念,很清楚地印到脑子里了。再加上这每幅不同颜色的图画,更帮助了他的理解和记忆。比如在举行选举之前,就先印发以选举为主题的画片,使老百姓知道什么是选举,为什么选举,怎样选举,该选哪一类人,不该选哪一类人,如果选中了好人有什么好处,选中了坏人,地方上会遭什么殃,老百姓会受什么害,这种教育施之于前,选举的行动实践于后,效果之大,是不可想象的。其他如合作社的筹办,农作物病虫害的防治,优良品种的推广,传染病的预防,地方自卫的训练等活动,都是用这种教育推进行的。

13. 怎样留生。此外管理局责成各保甲长,以传习处的成绩,列为年终考绩之一,因此他们都会想尽方法,不使学生缺席。而且他们对这工作,都已有了基本上的认识,并不一定是被动的。有不少热心的保长,贴了好多钱,使他们的传习处办得更好,有的在传习处上课时去监督着,亲自去点名,当保长不空闲的时候,由他们的太太代替到传习处去点名。他们把这件事做得非常认真,自然也有例外,但毕竟是少数。

北碚的政令虽然贯彻,但他们从不主张行政压力来推动教育。虽然其中难免也有为了便利,而暗地试用的,但那不是管理局所鼓励的。

14. 举行导生会议。导生会议农村基层领导的一种会议,以学区做单位,每星期举行一次,每一个学区的民教主任,是必须出席的。在这个会议上,不光讨论他们日常的教学问题,也按着现实的需要,讨论各项建设活动的推行问题。

15. 举行国民教育研究会。这个会议是地方教育建设的中级干部会议,是由乡镇长国民学校校长、教师和民教主任组成的,以乡镇做单位,每月举行一次,管理局和华西实验区都派员出席的,这个会议讨论的内容很广,举凡小学与民教方面、行政的、技术的,以及政令的发布或下情的上达的种种问题,都利用这个场合传达或研讨。

16. 发动三项运动。

①劝学运动。在去年最末一次的国民教育研讨会上,曾经有三个重要决议:第一,是发动寒假劝学运动;第二,是发动春节尊师运动;第三,是发动春节正当娱乐组织。

②尊师运动。这个运动的意义,是因为导生服务,是纯粹义务职,既没有物质的报酬,就不能不在年节时给一些精神上的鼓励。发动传习处学生集体向导生拜年,并联名缮写大幅红纸贺年卡片,张贴在导生家庭的大门上,更发动学生轮流给导生服务。

③正当娱乐组织。春节时发动传习处学生把地方的固有娱乐活动重新组织,更组织若干歌咏队随娱乐活动流动歌唱,代替旧有的莲花落。

五、教育统计

按北碚八个乡镇共分七十三个学区,开办了 448 个传习处,共有男生 5622 人,女生 5624 人,男女合计 11246 人。平均每学区有六个传习处,每个传习处有学生廿五人。

又按北碚总人口为 96668 人,其中十五岁至四十五岁之失学男女成人共 22644 人。除已入学的 11246 人外,尚有失学成人 11408 人,连尚未入学的超龄儿童 1487 人计算在内,今年内也可以使他们扫数入学。单就扫除文盲工作讲,今年底可以完成。

六、经济建设推行计划

这个计划现正在开始推行之中,它的唯一正在,就是农业生产合作社,换言之就是合作农场。

这个计划是孙则让先生策划的。他对当前的农村经济建设的看法:今日中国的土地问题,必须在温和政策下,图求改革。他的主张:1. 改善土地的租赁关系,保障主佃的合法权益;2. 遏止土地兼并,渐渐达成土地的重新分配;3. 组织生产,集体建设,逐渐达成现代化的农业生产方式。他的做法是:1. 组织农业生产合作社,利用组织力量保障主佃合法权益。使主佃关系合理化,地主既不得任意加租换佃,佃农自不会有毁坏土地行为。如此,主佃纠纷既少,而佃农亦可安心耕种,耐心地培养土地,作有计划的生产与增产。

2. 在遇有土地转移时候,农业生产合作社便可以贷款方式帮助佃农购买土地,如佃农自愿弃权时,由合作社购买,作为社员公有财产,再分配给社员佃种,这样可使土地渐行重分配。

3. 合作生产,是有大农之长,无小农之短的一种生产方式。今日的农村,只有它能谈得到大规模的建设,作有计划的生产。如建造农仓,农民可以做抵押贷款,免受高利贷的剥削;其他如水利工程的兴建,新式农具的使用,以及农产品的加工与运销,都可以利用合作组织集体力量而改善农民生活。

这幅远景,不一定是幻想,倘使在安定的局势下,容许他一步步地做去,未始不是一条坦途。

（作者杨芒莆,北碚管理局乡村工作者,时任职务不详）

选自璧山区档案馆藏华西实验区档案,档号:09-01-282

我们对于社会调查的看法

余启德

本区所从事的乡建工作是实验性的,社会调查室的工作是实验区工作的一部门,当然也是一种实验,随时准备接受经验和修改。

有人说:"学社会学的,应当到有社会问题的地方去。"这话固然对,但是不够的。首先,我们不知道何处有社会问题,所以我说:我们学社会学的,应当到有人过着社会生活的地方去,去调查,去发现问题、研究问题,并从而解决问题。

但社会是广大的,复杂的,我们应从何处着手? 从哪一角去开始调查? 这就是技术和方法的问题了。一位燕京大学的社会学教授曾说:"多年以来,人所感知的社会调查已流行于世界各处,中间也受了这种风气的影响……但我愿指出另一种不同的研究,我将名之为社会学调查,概括地说,社会调查只是某一个人群社会生活闻见的汇集,而社会学调查或研究乃是要根据某一部份事实的考察来证验,一套社会学理论或试用假设。"

这位教授提出社会学调查法是一进步的看法,但我们认为只以社会学调查法(或社区研究法)来研究社会问题,亦是不够的。纵然传说的社会调查法,是一种静态的、横向的办法,其发现问题、研究问题的帮助是不够的,但它仍不失为是一种可用的,具有科学性的技术,对于收集资料和整理资料,提供了良好的办法。换言之,亦即对于认识问题,研究问题的帮助虽不够,但到底还是有帮助的。所以,我们对于社会调查所采用的看法是:以社会学调查(社区研究法)来指导社会调查。兹先分析这位教授所说的前面一段话的意义,再进而说明我们采取上述综合方法的原因何在。

这一段话,可分两部分来说,第一,所谓"某一人群社会生活闻见的汇集",就是找材料的人,决定了要搜集的事实,拟定了一套调查的表格,或一组汇集材料的问题,详细一点的,再拟出一套调查表格说明和填表方法,发给调查者,由调查者依照规定去顺次调查,这种办法就称为社会调查法,这方法的缺点是:

1.找材料的人与被调查者脱节——因为表格是关在屋子里填就的,纵令拟定之前,曾实地作过概略的考察,以考察的结果为根据,拟出表格和问题,但仍不免有不符合或遗漏的项目,如果调查员不清楚调查的目的和缺乏接受更多材料的能力,只是机械地问填表格,不随时记下所发现的问题,那找材料的人待在屋子里等待调查的结果,这结果就不一定合用。

2.技术与理论没有配合——只是材料的汇集和整理,因而不明了被调查的事实在整个文化体系中的处境和功能。

因为搜集材料的人和被调查者的脱节,因为汇集的是所见所闻的事实,那么所得的材料是否可靠,所见所闻是否正确,汇集材料的人是盲目的,而且,由于缺乏一套社会学理论来分析和说明这些材料,因此根据调查结果所提供的改良社会的方案,是否为良好的药方是不敢断言的。

第二,所谓"根据某一部分事实的考察来证验一套社会学理论或试用假设"。这就是说研究者首先具有一套社会学理论,或试用假设,再深入社区中去考察和分析事实的全体与部分,部分与其他部分的关系,考察的结果是来证验已有的一套社会学理论或试用假设,修正后的理论,不但可以解释全体,并也可以解释部分,因而也就提得出建议社会的切实方案来了,这是更深入的,且注意动态的研究方法,并尊重社会是由许多相互关系的相互影响而必然地、有规则地向前发展的,这是与静态的,光注重表面现象的社会调查法不同处,这方法称之为社会学调查法(亦即社区研究法),但我们不可忽视的是:社会学调查法,应建筑在社会调查法的基础上,以它的长处,来补足社会调查法的缺点,但亦以社会调查法的科学的技术,来完成社会学调查。兹再以社会调查与社会学调查(即社区研究)作一简单的比较:

1.社区研究具有一套认识社会的方法论,社会调查只是一种搜集材料和整理才来的技术。

2.社区研究对社区作全面的考察,社会调查只是部分事实的照相,所以研究结果是完整的、深入的,后者得来的是支离破碎的、片面的。

3.社区研究的考察方式,是与被调查者共同讨论,社会调查则仅采询问的方式。共同讨论即是双方共同来说明问题,解决问题,询问的目的,只在取得材料。社区研究者与被研究者合二为一,容易得到确实答案,以询问的方式,所得的材料,其确实性不可靠。

根据上面的说法,我们知道社会调查是一套技术,社区研究是一套方法论,如果我们把调查技术和调查的方法论配合起来运用(以社会调查为纬,以社区研究为经),用社会调查来搜集材料、整理材料,而用社区研究来说明材料与分析材料,这就是我们目前所采取的方法,亦即是社会学调查来领导社会调查法。

研究自然科学与研究社会科学是迥然不同的,前者的对象是自然界可以在实验室中作静态的研究、观察与证验。而社会科学的研究对象是人,是作为社会一分子的人,所以是千变万化,难于控制的。但只要我们具有正确的方法论的指导和良好的技术,则在社会科学的实验室中,同样可求得正确的材料,可以深刻地认识社会,从而改造社会,以完成我们社会工作者的责任。

（作者余启德,时任北碚黄桷镇社会调查工作队队长）

选自《乡建工作通讯》第 1 卷第 22 期,1949 年 7 月

第七篇　江津县

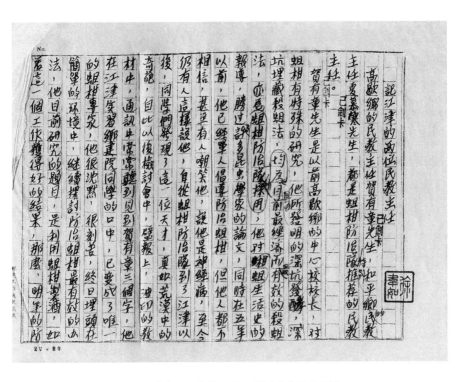

记江津的两位民教主任

徐韦如著《记江津的两位民教主任》部分原文

记江津的两位民教主任

徐韦如

高歇乡的民教主任贺有童先生,和平乡的民教主任夏慕寒先生,都是蛆柑防治队特别推荐的民教主任。

贺有童先生是以前高歇乡的中心校校长,对蛆柑有特殊的研究,他所发明的深坑发酵,深坑埋藏杀蛆法,均为蛆柑防治队采用目前最经济而最有效的杀蛆法。他对蛆柑生活史的报道,胜过了许多昆虫学家的论文。同时在五年以前,他已经单人倡导防治蛆柑,但他人都不相信,甚至有人嘲笑他,说他是神经病,至今仍有人这样说他。自从蛆柑防治队到了江津以后,同学们发现了这一位天才。自此以后检讨会中,壁报上油印的教材中,通讯中常常听到见到贺有童三个字,他在江津实习乡建院同学的口中,已变成了唯一的蛆柑专家。他很沉默,很刻苦,终日埋头在简单的环境中,继续探讨防治蛆柑最有效的办法。他目前研究的题目,是利用蛆柑制酒,如若这一个工作获得好的结果,那么,明年的防治蛆柑工作,将有一个新的发展。

和平乡在綦江河之东,从真武去要爬一个大山,这一个乡很穷,很偏僻,乡场很小,看去也不过只有二三十户人家。设若一个远方人路宿到此,会感到无限的寂寞和恐怖。七月中旬乡建院的同学来到了这一个寂静的山场,山场是寂静的,人也是寂静的,没有人响应这一批年轻孩子们防治蛆柑的呼喊,没有人挺身出来赞助他们的工作,可是孩子们嘹亮的喉咙,粗壮的双腿,终为夏先生所赞识。于是他出来了,他加入了他们的队伍,他足穿草鞋,头戴草帽,不畏八月里的炎阳,陪着孩子们在山野里奔跑。从此和平乡山最里到处洋溢着"摘蛆柑,杀蛆柑"的歌声,静寂的山场里再也不静寂了!十月上旬蛆柑队乡建院的同学们要返校的时候,江津决定开设新区,由于同学和领队的推举,他现在是和平乡的民教主任。

　　夏慕寒先生已经是快四十岁的人了,体格健壮,很有才干。从谈吐中,你可发现他爽快,从他的装束中,你可以知道他朴实。他当过小学教师,真武乡乡长,和平乡乡长,以及马鬃乡乡长。在本地很有声望,很有地位。在江津东路一带的居民,几乎人人都知道一个肯干、有才干、肯苦干、说干就干的乡长名叫夏慕寒,如今为了服务桑梓,彻底地消减蛆柑,他参加了平教会的工作。他穿着一双半新旧草鞋,拿着一根竹棍,逐保挨户地劝告果农摘蛆柑,他为在乡的绅士树立了一个崇高的榜样。

　　　　　　　　　　（作者徐韦如,时任江津县第一辅导区主任）

选自璧山区档案馆藏华西实验区档案,档号:09-01-138

高歇乡的蛆防动态

曾祥文

我们在高歇乡参加蛆防工作,已差不多有一个多月了。在这一个多月的时间里,我很感谢地方人士的协助及果农们的热心,才会得出今天的效果来。本乡由于明达热忱的地方人士组织一个蛆柑防治委员会,每保设有分会,来处理蛆防的一切事宜,民教处又和蛆防队混合组织了一个检查队。每天我们就配合他们一起工作,下乡检查,每到一保,就会同保上的分会委员,即保长等挨户检查。乡下和乡间的儿童们看见一些武装同志拿着白色的检查旗,他们都投了一瞥惊奇的眼,但是到了园户家里说明我们的来历,及怎样防除蛆柑的法子,给他们讲了他们才明白我们是检查队,果农们他们都深深地明了,这是关切本身的利害关系。

当树上发现蛆柑的时候,他们很努力地摘除,挑到杀虫坑里去,这样是大园户的防除法,较小的园户他们大都是零星采摘,农忙的时候,他们就发动了家里的妇孺来担任是项工作。但有少许顽固的果农们不知利害,或因田间工作繁忙,忽略了未摘除蛆柑,我们就照公约上处罚,一元钱的罚金,这罚金是交与保上作公益事用。在本乡的罚款差不多都是作为购置电话机的费用了,这样亦可减轻人民的负担,且与疏忽蛆防工作的果农们一种警惕,这可说是两全其美了。在本乡受罚的人很少,他们都很踊跃地缴纳罚金,从不拖欠。

蛆柑最多的时候,要算在十月的下旬了,这段时间我们的工作最紧张,因为我们要办农地减租的宣传登记换约等事项,我们就专门抽一个人出来办理。这时,我们在三四天要总检查一次,因人数不敷分配,检查时甚至乡长和乡公所的干事都来参加,他们纯为了服务热忱的驱使,【原文缺失】,这样做真使我们钦佩不已,现在本乡的蛆防工作已近尾声了。当我们走到任何一个角落里,没有发现蛆柑的时候,我们的内心洋溢着喜悦,我们将达成了我们的任务了。我们未辜负政府及乡人的殷望,并寄语曾住本乡蛆防治队的同学们!我们继续完成了你们的工作,我们彼此都发出成功的微笑,我们彼此都举手相庆,在他日相逢的时候。

（作者曾祥文,时任华西实验区甜橙果实蝇防治队高歇乡分队队员）

选自璧山区档案馆藏华西实验区档案,档号:09-01-204

甜橙果实蝇防治队
第十二分队工作报告

佚　名

敬爱的总队部的诸位先生：

在你们带领之下，我们开始工作了半月有余，在这一段短短的时间里，我们把初步的准备工作告了一个段落。在此一步工作开始之前，我们愿意把我们的工作和一些意见报告你们。

我们最初来到这里，对地方是陌生的，正如地方人士的不了解我们一样，于是，我们一方面在文字上和口头上展开了宣传工作，把我们的工作的意义和方法向地方人士解说，争取他们的了解和合作；一方面分别下乡到各果农家里去访问，借以认识环境和问题。在这一此时间的努力和摸索中，我们遭遇了很多困难，也获得了一些成效。现在，地方人士对我们的工作已有了相当的了解和热忱。为了配合工作的需要，以保为单位的组织在我们的协助和督导之下，先后开始筹备的工作。同时，我们对地方环境也有了一个轮廓的了解，对工作也更增加了信心和热忱，这不是说在工作上的问题已经很少，或者很不严重了。相反地，随着工作的展开，更困难更复杂的问题，也不断地在警醒着我们。

正如李先生所说的我们的工作是一种创造性的工作，没有成规可循的，凭我们几个学识经验都不够的年轻人去摸索是很困难的。在老百姓面前，我们是浅薄的，除了向他们获得很多宝贵的知识和启发外，对他们提出的很多问题，我们没法提供具体的解答，连课堂上书本上所理解的粗浅的科学知识。在老百姓的来自于实践的经验面前显得幼稚而脆弱，我们除了努力学习,尽量派人到其他队自去观摩研究之外,并希望联络的工作更具体而加强,传递各队的经验,尤其希望总队部的先生们能抽出更多的时间来,随时给予我们工作的理论和技术方面更多的指导,供应我们充分的资料和工具。

最近,总部的钟先生和夏先生出来视察,带给了我们一个令人惊异的消息,就是说总部决定这次的蛆防工作不用 DDT,也许用另外的药来代替。记得在我们出发之前,每一位先生都很肯定地毫无保留地宣称用 DDT 杀灭果蛆。我们到了这里,也一样肯定地毫无保留地宣称用 DDT 杀灭果蛆,可是现在忽然决定不用了,且不谈利用何种品药的功效如何。在我们的做法上,在对地方人士的信心上,是不是有很大的影响?我们很怕先生们认为农民都是容易接受欺骗的,我们觉得要是吝惜这一批珍贵的 DDT,就犯不着动员这样庞大的人力财力来希望贯彻这件工作,要是对使用的权力没有把握,就不应该事先这样盲目这样硬性地决定下来。因此,我们希望总部今后对任何问题的处理都要郑重!

我们对乡建事业有着无比的热爱,更关怀着它的前途,希望在我们每一个人一点一滴的努力中使老百姓都逐渐获得一种人的生活!

下面,我们整理了份工作方面的资料,作为我们在这一段短短的时间内的工作报告:

一、工作大事记

17/7:晚八时许全队到达杜市

18/7:①安定食宿问题;②开工作讨论会议;③与本地首要接触;④开始编写标语、编写壁报;⑤检讨过去(工作检讨,生活检讨)

19/7:①标语壁报;②继续与地方人士接触

20/7:午前集体拜访乡公所

21/7:编写告果农书

22/7:①开全乡蛆柑防治座谈会;②敬发告果农书;③个别接触果农

23/7:准备贴新场的壁报及标语

24/7:午前至新场张贴壁报标语及口头宣传,午后分别拜访果农

25/7：开一保果农会议

26/7：赶场分组与四六保长代表及大园户接谈

27/7：全保到六保开果农会

28/7：领队与队长附四保开会，队员全体到五保分头访保长

29/7：赶场分头与五保七保接触，并与四六保保持联络

30/7：领队队长赴七保开会

31/7：①五保开会；②拜访一保；③整理标本

1/8：①与二保接谈又与各保保持联络；②促成一保二次果农会；③与当地士绅联络

2/8：①二保开会；②开会讨论整理开会拜访等资料

3/8：继续整理资料

4/8：编写第二期壁报

5/8：绘制各保详图、各保户概况及各甲长姓名住址之汇集、各保促进会负责人员之汇集

6/8：第一次工作总检讨会，讨论工作计划

7/8：调查工作宣传之准备，讨论调查表

附注：每晚开检讨会（工作检讨会、生活检讨会）

二、地方环境

在未来杜市以前，据初次来此接洽的人和一位本地的同学告诉我们一些关于杜市地方环境的情形，可归纳为三点来谈：①杜市地方人士分新旧两派对立，冲突明朗而尖锐；②杜市青年因派系关系不相合作；③杜市在川黔路上，一部分流民以向旅客兜售蚶柑为职业，是工作上的一种阻力，我们到了此地后认识的结果。我们觉得争取地方派系的合作是值得特别用力的地方，对地方青年是希望协助我们的宣传工作，他们的反应也很好，兜售蚶柑的问题已成过去，在普编摘果蚶柑运动中，散漫的职业，不很固定的蚶柑贩子已不存在了。

杜市的新旧派中，在行政力量上新派颇占优势，但新派人物如参议员是

只能空口说大话而不能行动,乡民代表主席不是果农,对我们的工作表现等很冷漠。八位乡民代表中新派占了五席,他们和乡长都很赞助我们,但乡公所的力量不够使乡行政工作顺利推行,因为旧派在各方面都死硬地加以阻挠和反对,旧的封建力量和他们结合起来随时随地都向乡政负责人激烈攻击。在我们接触的旧派人士中,一般见解都不够高远,气量狭小,使我们在工作上有动辄得咎之感。一般说来,杜市乡没有一个特别的有力的人来实地协助我们。

根据对地方环境的了解,我们拟定了这样的工作原则:①保的范围较小,人事问题较单纯,我们的工作以保为重点,一面抓紧各保的上层人物,如保长、保代表、士绅等,一面到乡下向每家园主作广泛的拜访,使我们的观察更深入,我们的宣传工作更普遍。②组织以保为单位,再由各保单位的组织构成全乡的联合组织。③广泛与各派人士接触,以免引起误会,影响工作。④以我们勤苦为公的精神感召他们。

三、我们的宣传工作

宣传是我们展开的第一步工作,刚来时因为人事的不熟悉准备工作也来不及做到,我们也不能集体下乡拜访和做一些另外的工作,七月十九逢杜市场期我们采用了壁报、标语两种方式,这不但有一个报到引人注意的作用或许更能博得中上层阶级对我们的了解,这次宣传内容的重心大概是:①说明我们的来意;②蛆蚊为害的严重性;③果实蝇的生活史;④防治蛆柑的方法;⑤强调防治蛆柑应该各果园一齐动手;⑥呼吁地方人士的合作等。在短短的十几天中,我们的工作确是得到了一部分人的了解,并也引起了一部分人的注意和兴趣。例如,有人自愿投稿给我们内容方面的建议,但是因为准备时间的仓促和我们的机械的要求通俗,结果显得内容不够,不能满足一部分的读者。二十二日我们发了告果农书,内容着重在组织工作,今附上一份,下期壁报准备一月五号刊出。内容重心也决定大概着重于:①调查工作之意义;②病虫害(调查表上有的)的防治;③介绍平教会;④强调组织的重要。

为了更大多数人的了解,在二十二日召开了保长联席会后,廿四日我们就开始下乡拜访各保的果农。个别向他们解释说明我们的来意、工作的意义与方法、果实蝇生活史,说明组织和合作的重要。每天拜访一保为限,在拜访后的第二天或者第三天就召开该保的果农会,这是一种集体宣传与解释的方式并发动他们自动组织。在这些会上我们确是获得了大数人的了解,他们并且自动的发起了一种"广柑生产促进会"的组织,一月五日我们完成了各保果农会。在普遍的拜访与接触中更有一个选择结识热心帮助我们工作的青年朋友的目的,因为他们容易了解我们的工作与得到当地人士的信任,想借他们作工作上的向导和间接宣传,成效一定远超于我们,在这时期我们已得到好几十个年青朋友的赞同与乐意帮助。赶场天大多数的人都聚集在场上,我们就利用这个机会去茶馆作一种普遍的接触与意见的交换,这也是一种宣传方式。

在宣传工作中我们遇到了很多问题和困难,有的我们自己解决了,可是有的却束手无策,今提出希望组织给我们一些解决的指示和方法。

1. 文字的宣传要以漫画最能收效,它可能使多数人明白,可是我们没有漫画(果实蝇的生活史)和材料;

2. 地方本身派别的分歧在工作上是一个大的障碍;

3. 有人怀疑我们的工作别有用意;

4. 我们本身条件不够,如像技术与理论方面的,有时竟不能自圆其说。

四、我们的拜访工作

为了补救文字宣传之不足,使宣传更深入,使老百姓更了解我们工作的重要,我们工作的态度及方法发动大家一起工作起见,我们于七月二十四日开始果农拜访工作。一人至三人一组,每天走十几里至四十几里,以拜访一保为限。七月二十四日拜访第四保共十六家,二十八日拜访第五保共三十二家,二十日拜访第二保共十五家,二十一日拜访第一保共十三家。到目前为止,我们已经拜访了四保共七十六家人。

因为限于时间与精力,对于仅有一两根果树的果农家,我们只有放弃。

同时对于几百株以至于一千株以上的大果农,因为平常接触的频繁,同时他们本身对这工作已经很重视,我们很少登门拜访。所以我们拜访的对象,大多是几十株至一百多株的小果农。

在拜访中表现得最热心最重视这工作是最大的果农,相反的,果农愈小的对我们的工作愈冷淡愈不足轻重。

我们拜访的效果,可以从拜访以前同拜访以后果农们不同的反应看出来,当然,绝大多数的人家是当我们踏进门的时候,冷冷的甚至不理睬,但是当我们愈说至后来,愈讲明了我们的来历——平教会的德威,及我们的工作态度与方法等之后,他们的脸上也愈露着笑容。

围拢来的人也愈多了,到了我们告辞的时候,他们简直可以说是在殷殷地送别! 相反的,对于我们的拜访,始终固执,始终冷淡,甚至毫不了解我们的谈话的意思的人也有。用不着多解释,一直反应很好的也有人在,不过后两种反应都是少数。

在拜访中我们发现了几个问题:

1. 疑惑我们的方法及蛆柑的来历:(一)我们目前的方法他们曾经使用过,结果收效不大。(二)他们认为蛆柑放在水中,可以把蛆淹死。(三)蛆之来历:他们坚持花中就有蛆。

2. 疑惑我们现在说得好,只不过是政府的手段,将来一定要按树抽成,甚至有人想立刻把树子砍去。

3. 我们工作最大的益处是最大的地主得,每年可以增加他们等于几百石谷子的收入,所以地主表现得最热心,最与我们合作。

4. 我们本身不够:(一)对于蛆柑的研究,对防治的方法技术都了解不够。(二)接触农民的方法不够,如言语、生活习惯的欠大众化。

虽然限于时间关系,我们只拜访了七十六家,但是我们对于每一家都谈得很详细,很深刻,这个拜访的方式使我们的宣传工作扩大到全乡每一个角落,我们觉得这种宣传方式比文字宣传及赶场天上街表演都更有效。当然这七十六家只是拜访工作的一个开始,以后我们会不放过每一个机会,深入乡村,使老百姓更了解我们的工作,更热心我们的工作,我们也会更懂得老百姓。

五、八月三日于杜市果农会议

（一）开会议的意义

1. 目的：使农民们充分地明白这次工作的要义，自动自发地组织起来，互相监视互相督促，使达成这次工作的任务，并以达成本地广柑生产事业而努力。

2. 内容：

A.向农民们介绍中华平民教育促进会华西实验区

B.说明我们的来意，并简述蛆柑为害之严重

C.蛆蚊的生活史

D.防治的方法

E.大家一起动员并强调组织的重要

F.说明调查的意义

（二）开会的方法

1. 赶场日期分头向各保（在本场期内要开会的各保）负责人及该保内有声望之人士接触并个别，与各大果农谈话。

2. 平日分三组进行工作，第一组到指定的保内开果农会，其余两组分别拜访，第二日开各果农会。

（三）开会的反应

1. 到会的人数：第二保五十三人，第一保十五人，第五保十三人，第六保十五人，第七保三十五人。

2. 农民的态度：熊吉光发言希望大家拟定公约一起联防，熊王书希望政府拿出力量来保甲人员应该切实负责，并用行政命令办法——先劝导后强迫，他们并以熊炳堂的果园为例，说明摘蛆柑是防除果实蝇最有效的方法。潘培学希望大家一致动员，并强调组织协助防治，切实消灭蛆蚊。潘济民说明防治可分积极与消极两方面。积极摘青，是治本的办法，消极摘蛆柑，为治标的办法，也有人愿摘青，吴三爷希望大家认清广柑事业的重要，不要放过此良好的机会，最后他请大家不要误解他们是抽捐杂税的，并且强调调查

之重要,希望大家要明白地告诉他们,他们有办法给我们医治樊少三,要大家齐心合力不要固执己见,好好听他们指导。

(四)开会结果

第二保组织广柑生产促进会,选出余正乾等九人任委员,并拟定章程。第四保组织广柑生产促进会选潘培厚等七人为委员,并拟定章程,其他如第一保、六保、七保等也先后有广柑生产促进会的组织和章程的拟定,并各均选有委员,第五保为熊治中等七人出任,第七保由李国民等五人当任。

六、工作计划

现在,访问和组织的工作已告一段落,以下的工作,我们是这样计划的:

(一)宣传工作

进一步宣传的主题是对调查问题的解说,因为在这以前,一般人由于过去政府抽丁征粮的痛苦的经验,对我们的农业调查果园调查也有着很大的疑虑,在这重障碍未扫除以前,我们的调查工作是不可能有好的成效的。针对这一个问题,我们除了在口头上尽量向各方说明我们的调查意义及调查时向他们解释以外,在文字上继续用标语,用壁报作一般的解释——为了更加强文字宣传的力量除继续刊出已出版两期的果实蝇外,另增出一种简报,每场出一期,内容是针对调查工作的解释和蛆防工作的报导,已于八月十一日创刊。调查工作完成后,宣传的内容即注重在摘蛆柑的技术方面的说明和强调工作的互相和合作。我们的文字宣传是具有识字能力以上的人作的,这是比较表面的间接的,真正需要解释需要宣传的是更多数的不识字的农民,因此我们更大的努力是要用在向农民拜访调查时的个别谈话上,和他们讨论问题,同他们互相教益。过去,我们这种做法是收了较大的效果的,将来,我们将继续这种做法。

(二)调查工作

要是没有特殊的原因阻挠,我们将于本月十三日开始调查工作,本队的八位工作同仁分为四组,每组两人,负责每天完成八至十户,工作时可按当时需要由个人或两人同时进行调查,可随时讨论种种临时问题。

本乡园户的五百户,倘能按照预定日程,则于八月底以前可以结束调查工作。

开始调查时,我们选定先以第五保作实验性的调查,因为第五保的人多环境较单纯,地位在果园最多的第四、六保之间,可以影响他们,而第五保的果园也大小都有,富有代表性,从这里获取的经验可作其他保区工作时的改进。

调查时,我们除了对调查表的填写力求详确外,关于摘蛆柑的准备工作如勘测挖坑地点,工作人才的选拔等问题,可随时注意。

调查工作结束后,我们准备用一段时间来整理调查资料并根据它更详细更具体地计划摘果工作。

(三)摘果工作

摘果时我们尽量利用各保的广柑生产促进会来推动工作,我们只每天每保派出一人巡视监督,随时改正他们技术上的错误,使摘果期间全乡都能同时不懈地展开工作,在这里,我们希望总部对杀虫药的分配和应用能早日作决定,使我们有更充分的时间来考量、准备。

(作者佚名,时任职务不详)

选自璧山区档案馆藏华西实验区档案,档号:09-01-204

甜橙果实蝇防治队
第四分队工作报告书

佚 名

一、工作情形

(一)初步联合

1. 经过:

七月二十日——到工作地点的第一天,晚上即由领队介绍与乡长及乡公所各负责人员认识、会谈。

七月二十一日——由队长与领队分别拜访地方显要(包括大爷、五哥)听取意见。

七月二十二日——分别整理内务,造伙食预算,准备次日逢场事宜。

七月二十三日——逢场,全体出马与当地首要认识,并向各保甲长说明来意,介绍身份,及今后工作切盼协助等。

2. 结果:

A. 人事方面:知道地方关系尚不复杂(无显明之新旧划分),乡长对我们工作尚能协助,一般态度不太热心。廖氏弟兄——出名的广柑大王,对我们工作有轻视意味。第三保林保长,研究果实蝇生活史二年多,对蛆虫的扑灭有"糖粘法""亮水法"之实验,并极赞成组织有计划之进行。

B. 地域方面:住乡公所,离场约半里,靠铁路,临綦河,场小,辖区大。上至贾嗣(七保)下迄真武(十一保),南近崇县(十二保),北连金紫(三保、十四保)纵横卅里,共十四保,广柑树五万株以上,蛆柑多。

（二）访问果农

1.经过：从七月廿日开始至三十一日止，此项工作全部完成，上下午皆出发，分保分组，挨户访问，这一工作是最艰辛的，如果这一步做得好，以后一切工作都容易做了，"访问"这一工作除看果园位置，知道果树数目及蛆柑严重程度外，更重要的还有下面几点意义：

（1）收宣传的效果甚大

（2）发现知识青年朋友

（3）留意示范果园的条件

2.结果：见下列各附表（略）

（1）全乡果园分布地图一张

（2）果树数目及蛆柑成分概略表

（3）蛆柑成分比较表（以保为单位）

访问完毕后，有五位青年朋友来参加了我们的工作，帮我们带路，找果农开会，一起参加保果农会，对我们的工作加以宣传和说服，给予我们不少方便。

（三）保长、乡民代表座谈会

1.经过：在访问快完和未完的时候，我们利用了乡公所开军粮会议的好机会，于二十九日开了保长座谈会，三十日开了乡民代表座谈会，因此人数到位都很齐，我们每人都分配了题目，并将访问中所听来的果农对我们的误解加以解释。

2.结果：反应很好，我们无异又对他们作了一次口头宣传，并对组织方面有了一个启发，会后他们提出很多有关问题。

（四）宣传

1.客观条件限制了文字的宣传：没有出壁报。清泊场小，地方人多不赶本场，而仅赶西湖、贾嗣、真武的多文化水准亦低，绝大多数的果农皆不识字，因此我们不着重文字的宣传，只有从口头上的努力，口头宣传事实上从工作一开始就同时进行了。

2.方式：

A.标语——赶场天，不要太早，趁人到得相当多了的时候，分头去贴，每贴一张,就有不少人围拢来看,你就以该标语为中心意思,向他们解释、宣传。

B.连环图——以标语法炮制,并以导生传习法,让每甲识字的回去讲给不识字的听。

C.设询问处——在茶馆里,贴出放大的蛆柑图、果实蝇生活史图、连环图等,声言向果农解答问题,并每次将询问人姓名及提出问题作一简单记录。

D.登棹讲话——聚拢的人多了,就爬上棹子,向大众卖起"狗皮膏药"来。

(五)组织果农

1.筹备工作:

A.定开会日程,赶场接头,发开会通知

B.拟公约内容,起早、组织章程

2.开保果农会议:

成立蛆柑防治会保分会,商讨公约,选举了蛆柑防治委会之筹备委员。

此一项工作从四日起至十一日已完满结束。

3.开乡蛆防会筹备会

内容:

(1)确定组织章则

(2)通过公约及惩奖办法

(3)推定正式人选

(4)定开正式大会日期

此项工作已于八月十二日上午完成。

二、我们是这样生活的

我们这一群新生队的同志,到青泊乡已廿几天了像其他各乡的同学一样,生活在紧张、劳累、而愉快的气氛中,除赶场天宣传、社交外,多是在外面跑,晚饭总是一天中最轻松的时候,摆龙门、唱歌、男同志们下河,我们相处

得多和谐！看吧,我们就是这样生活着的:

(一)生活的安排:

1. 每日作息时间表(见新生队作息时间表)

2. 逢场天(旧历二、五、八),上午在街上宣传、会人、接洽事务、开会、下午做室内工作——整理资料,筹划下场工作,编写宣传品

(二)住处环境——疲劳恢复所

我们住在离场半里路的乡公所(杜家祠堂)面临铁路、綦河用水方便,环境清净,两间屋子,男女同学各占一间,唯女同学寝室潮湿漏雨。

这里人事比较单纯,乡长常居乡公所,事务接洽方便,当地有几位知识青年,对工作非常热心,近几天常来帮忙,工作进展得力不少,一般说来,我们和地方人士相处甚融洽。

(三)伙食——生命的要素

1. 每人每月以两斗米为标准,平时吃素,赶场天打牙祭,物价见附表。

2. 场小,购物难,且以米做交易,颇不便。

3. 一位男生做饭,衣服自己洗,饮水不洁,现已设法购置沙缸中,用具极别扭。

(四)健康——力的源泉

大部分队员都遵贾大夫所嘱,隔几日吃一颗奎宁,以预防疟疾,队员全都很健康,且食量大增,均以每餐三碗为最低标准。

(五)娱乐——身心愉快,工作起劲

对于娱乐方面,我们这一队最无奈了,既缺乏娱乐的修养,又没有浓厚的兴趣,唯一的娱乐就是晚饭后在门口唱歌,六七部大合唱,别有一番风味,还有一把二胡,有几位爱好的队员,也常常抽空杀鸡杀鸭地拉一阵。

(六)检讨就是力量——检讨会从八时半开始,总要至十一时才完,但每人情绪都很好,常常为一个问题争得面红耳赤,过后又笑开了。内容:

1. 当日工作检讨

A.互相报告当天工作情形

B.检讨工作得失与个人态度上、说话上所犯的错误

C.提出问题、解决问题(工作上的困难,果农意见)

2.预定明日工作,分配工作

(七)队员素描:

1.王领队:古巴先生,能吃苦,工作很卖力,整天是"本领队、本辅座"的过官瘾,无事也哼哼歌,好像和尚念经一样。

2.郭荣文队长:又名 dong bar,郭大妹、能力强,做事周密,有计划,惟说话稍嫌啰唆,是我们队里出色的女高音。

3.伙食团长刘胖娃:办伙食任劳任怨,最有牺牲精神,饭少时,他总先下席,饭多怕坏,又总是后离桌,是个好心人,有点"阴倒扯"。

4.烟杂罗文龙:身体坏,一副排骨,但跑路爬山并不落后。写得一手好字,不爱说话,也是我们的伙食老板。

5.小胖皮球——本队的秘书长,吃得苦,走得路,善于和乡村妇女摆龙门阵,除了和我们一道出去跑以外,她还得搞有关本队一切文件。

6.家婆宋衍祥:标本司司长,对工作认真、踏实最吃得苦,出外调查时总是臂挂毒瓶,手拿捕虫网,满载而归。统计所采植物标本十种以上,大小昆虫一百五十余只,会做菜,麻鸡胡豆其味无穷。

7.韫韫吴师韫:下乡后已习惯了戴草帽、穿草鞋,对吃苦最有韧性,一天访问,脚烂了还硬拖几十里。

8.娄大夫圭:是本队最不幸的一位队员,来去匆匆,日前因母病接得电报一份,已离此返家,如今咱们新生队只剩下 9 个莽汉两个大姑娘了。

三、我们发现的技术困难及所见的果农意见

(一)技术困难

1.煤烟病如何普遍地防治

2.黄虫如何防治? 现象——黄色小壳虫,吃甜橙树叶,使果树不实。

3.设置杀虫站问题:

A.本乡幅员大、果树多,是否可以多设杀虫站,多配给药。

B.设杀虫站人工、经费是否由果农平均负担。

4.红橘、枳壳亦发现果蝇为害,如何防治

5.抵当租佃问题

A.抵当:

①只当果园而未当地,如此情形,佃户糟蹋果园,而承当人又不在本乡或本地。

②果农将自己附近果园当出,即不负杀除责任,而承当人又不在。

B.租佃:佃农租佃地主田地,而果园利益实归地主,如此,佃农无能力负担杀虫工作(无利益可得)则远在他乡的地主处理之

6.树少而贫穷者,不愿摘除蛆柑,任其自生自灭。

7.摘除蛆柑时之人力问题

8.遇有砍树者,除力劝而外,怎办?

9.选示范果园时,不能尽如理想,如本乡在距离方面即无与他果园隔离之果园。

10.一般中小果农对我们不信任,且谣传我们为中共调查准备清算,此对工作影响甚大。

11.调查表太烦琐,调查时必遭闭门羹,且破费时日,我们分得七百份表,以每组每天完成三分计,亦须二月半的日期将能完成,如何办?

(二)果农意见:

兹将所听到的,及果农建议的意见集中归并如下:

1.成立甜橙病虫害防治永久机构

2.中、大果农主张以一至二年为牺牲,将青皮广柑全数摘下用药杀除。

3.希望我们用贱价收买(有家果农舍不得摘除)全乡青皮甜橙,使果农自愿摘除。

4.历年摘除无效,断言我们工作不会彻底,故无心摘了。

5.普遍防治不会收效,不如选几家果园单作,使根除后再个别的果农感动。

6.用贷款的方法,先施惠果农以便利进行。

7.天然发酵法,使蛆柑绝灭且不耗费。

四、经费收支及物品领用情形

关于我们这一队的经费收支的详细情形,及物品领用的实际情况(略)

五、我们的希望和建议

(一)在农村廿几天的实际工作中,我们接触到多少的问题,感到自己所知道的东西太少,尤其在农学常识方面更是枯竭,因此我们希望总部,编印一果树病虫害防治手册,及储藏方法等之说明刊物,以地方性的土法,加以改善,作为普遍的应用。

(二)希望拟定一蛆柑防治组织章程与公约,以作各乡组织果农的参考。

(三)调查表不适合我国农村实际情况,调查起来困难多多,且不易精确,盼望重新考虑他的价值,并希望加以改善,最好删除农业概况一部项。

(作者佚名,时任职务不详)

选自璧山区档案馆藏华西实验区档案,档号:09-01-204

蛆柑防治队第二区队、第六区队工作报告

佚 名

一、工作计划

本队工作计划之拟定纯以在受训期间总队部所发下之《甜橙果实蝇防治工作进行须知》为蓝本,但因时间之差异,客观环境之需要故本队工作计划稍有差别,而所进行之步骤则大同小异:

(一)第一阶段

1. 认识地方环境与熟悉地方人士

2. 果园位置之调查与家庭拜访

3. 宣传工作

时间:从七月十七日至八月五日

(二)第二阶段

1. 继续第一阶段宣传工作

2. 工作区域之划分绘图

3. 发动全乡自动组织自立公约

4. 各保召开防治蛆柑委员会

5. 填调查表

时间:从八月六日至九月五日

(三)第三阶段

1. 选定示范果园

2.采摘受害果实

3.完成工作记载及一切所指定工作

时间:从九月六日至九月卅日

二、工作之时长及经过

(一)第一阶段

1.认识地方环境与熟悉地方人士——七月十七日晚上九点钟到达工作地点高歇镇,十八号下午,由徐韦如为区队长、陶存为领队带我们去拜访高歇地方士绅及地方首长。十九号设宴招待地方人士,二十一号由乡公所召开保干联席会。本队报告:"工作意义及目的"果实蝇之危害及防治方法及平教乡建工作概况。

2.果园位置之调查与家庭拜访——二十二号开始下乡。早上六点钟出发,经常下午三钟左右回来,只要有果树园户均挨次拜访。工作在于宣传统计果树绘全乡明佃地图,注意示范果园,在廿五号起开始,分为两组分别拜访,在八月五日结束。

3.宣传工作——宣传工作系配合工作阶段而进行的有长期性,在此时期以内,每逢场期在茶馆作口头宣传,文字方面出壁报二期,贴标语,散发告果农书并经常与当地知识青年联络,交换工作意见。

(二)第二阶段

1.工作区域之测分绘图——本乡地区太大有相距达廿里以外者,在总队之指示下有重新划分区域之必要,故在八月六日完成高歇乡明细地图,除留底稿外,抄送总队备查。

2.发动全乡自动组织自立公约——八月七号由乡公所召集各保长保代表及本乡所代表农会理事,本乡乡绅、各热心明达果农主,约五十人开大会,完成组织及公约。

3.各保公开保内蛆柑防治委员会——从九号至十七号止将全乡十保会开完,同时,完成甲的组织,此工作在继续中。

4.填调查表——在各保开会填,并且以后继续填,在九月五日前完成调查表工作。

5.宣传工作——有总队发来之连环书作为宣传资料,也在场期在街上宣传,并请本乡士绅亦委员会委员出场讲演,如此能发挥最大效能,宣传工作继续之中。

三、宣传方式

(一)口头宣传——地点选择在茶馆、酒馆。所讲之内容为:"我们是从哪里来的""我们是来做啥子的""我们经费的筹措""蛆柑之生活史""蛆柑防治法"方式可分为当众演讲,分别解释两种同时并进。

(二)壁报

第一期壁报内容题目:"我们是从哪里来的""我们是来做啥子的""介绍本队""蛆柑防治法""蛆柑生活史""江津广柑顶呱呱""敬告高歇父老"

第二期壁报内容题目:"十几天拜访的印象""为什么要调查""自动组织起来""请帮忙开导""自己的事自己干""摘蛆柑硬是要有心"

(三)传单——印就"告果农书"一份,到处张贴散发

(四)标语——尽量通俗易懂

(五)请本地士绅讲话——有声望绅士讲话本地老百姓易接受

(六)家庭访问

(七)本地知识青年联络与之解释请代为宣传

四、联络方式

(一)总队方面——如总队有同志拉力本队,及开会听取指示并共同计划工作。本队有意见均由来本队同志带返总队。

(二)分队方面:队与队之间经常有信件往来,互相报告工作及生活状况。

(三)本地人士方面:1.士绅——工作办法均在尊重他们的意见平时客气对付之。

2.知识青年——本队没有会客室,仅有签名簿,拟与青年联络,本队竟有小向导一名,与我们时常一起,带引道路。

五、工作的缺点

(一)对本乡果树数目与大概估计

(二)若干小果农没有拜访到

(三)与地方青年联络不够

(四)保甲与我们没有取得密切联系

六、工作中感到的困难

(一)本乡范围太大、人力不够

(二)调查表有碍工作之推动

(三)选择示范果园很困难,人为上的困难特大

(四)果树分散很开,杀虫站不易设置

(五)氯化钴药品不够

(六)调查表太繁调查不易正确

七、向总队的请示和建议

(一)请示

1.杀虫坑怎样设置大小如何?

2.处理后的蛆柑怎样归还?

3.氯化钴不够如何处理,并怎样使用及保管?

4.摘蛆柑方法如何?

5.所采集的昆虫标本如何处理?

6.医药方面是否能按时补给?

(二)建议

1.通讯按时发下

2.请考虑收回调查表

3.请供给宣传纸张,乡下纸张大、贵,而不易购得

4.希每半月能知总部工作情形

5.增加通信次数

(作者佚名,时任职务不详)

选自璧山区档案馆藏华西实验区档案,档号:09-01-204

高歇乡蛆柑防治委员会
第九保分会工作概述

佚　名

一、开会情况

上午九点多钟,由乡丁带着乡公所的公人和蛆柑防治委员会每一保的组织法,应遵守的规约,同我们一道到保办公室,已经十一点了。

保长早到了,但是果农们来得很少,我们先给保长说明今天乡公所开会的意思,因为那天蛆柑防治委员会这位保长未参加,他对我们的态度,表面上很冷淡,他只是像在推卸责任地说,九保情形与别保不同为地形分散,乡下人知识浅,每一次保会人数都不齐,他们都以为打锣开会不是出钱就是出力。

我们为了节省时间,先填表。我们先填保长,一些果农也就不怕开始"登记"了,调查时,我们觉得调查表发生了许多问题,没有一个正确的数字,并不是他们不愿意说,而是他们自己都知道。一些果农很愿意调查,他连只有一株广柑树都来登记。我们几人每人填了两张,果农们来了三十多人,已经十二点多了,我们就开会了。

保长请保民代表代理主席,会议开始一切仪式从简,由主席说明开保会的意思,然后由我们的队长李建华讲我们的来意,说明我们对蛆柑防治的工作,我们人力不够只能在技术上帮助大家,主要还是要靠保甲长同果农们组织起来,还说明我们这一次填调查表的意思。

九保一共八甲,现已到了五甲的甲长,超过了开会法定人数,开会的时候决议有效,二保为一分会,由保长保民代表为当然分会委员,另外在整保里多选三个热心果农,负责全保分会的责任,甲的组织因果农来得太少,为了使他们的组织健全,能够真正地执行任务,他们决定第二天赶场选出,由保长交乡公所。

开会后我们把连环书发给保长、保民代表。

甲长每人一份,希望他们拿回去贴在办公室,过后我们讲每一张的意思,他们都很愿听,随即散会。

一个热心的果农钟怀往先生同保长、保民代表让我们去吃午饭,我们为了工作婉言谢绝。但在分路时他们拉着不放,我们为了感谢他们,答应在他家里休息一会就走,但是刚一到,饭就拾出来了,真是使我们不好意思。

在席上,我们谈到这一次我们的工作,全靠他们自己能拿出力量,真正的干起来,尤其希望保甲长、保代表多多帮忙。他们对我们的谈话也很热心,饭后休息一会就走了。在途中,我们谈到怕他们请了我们吃饭以后,又在保上收钱,也许大会委员会无此决定。

总结:今天此会开后,我们深切觉得农村一般的老百姓都为了农忙,对蛆柑防治向心力还是不够,也许是我们宣传工作不够,能主动的果农很少,以后我们应加紧宣传工作,协调工作组织工作配合。

二、本队生活剪影

我们工作起来倒是很热心,虽然看起来像头猫那样静,那样温柔,做起事来倒是莽得像头牛,灵活得像条狗。一个个顶起草帽,带着一根打狗棒,一张手巾,就向民间出发,遇见了开门的就硬起头皮往他屋子里窜,遇到来头不对的由侧面来缓和,说得他五体投地。

我们起床很早,五点三十分起床,六点三十分出发,午后一点午餐,二点午睡,四点室内工作,六点钟休息,七点晚餐,八点开检讨会,十点或十二点就寝,不过时常都不能依规定时间作息。记得第一天下乡时,大家都很热心地很早就起床了,虽然有些还在朦胧中,但是翻身就起来了。起来后,没有水做饭洗脸,自己去抬水,所以把时间拖迟了,吃过早饭后已经八点整了。有时走得太远,要下午三点或四点钟才能回来,就失去了午睡的机会,检讨会资料多了,就到十点钟以后。

高歇是在山岗上,又加我们住家是座拐房,楼上简直不能点灯,这样也好,逼得我们守公规。

这边的水是太缺乏了,战争造成了水荒,挑一挑水,也需二合米,为了节省,跑一天一身的臭汗,用一盆冷水冲,我们常觉得没有洗干净,至少有几个七孔是闭塞的,我们最容易感冒,也许就因为这样起的。

地方小,交通不方便可真没法,这边简直难买蔬菜,乡间是自己种自己吃,很少去卖,这可苦了我们,只能赶场大吃一顿肉。

我们住处是楼房,虽然使我们心满意足了,女同胞住楼上,睡地板,男同学住楼下,睡桌子,厨房、饭堂是在另一间房子。

（作者佚名,时任职务不详）

选自璧山区档案馆藏华西实验区档案,档号:09-01-204

江津县高歇乡果农访问记

佚 名

我们访问高歇乡的果农,是从七月二十二日开始至八月五日结束的。

为了适应这里的风俗民情,访问果农工作的顺利,我们认定了访问和宣传是同样重要的工作。因此,七月廿二日至八月五日的整整十五天中有四天是"场期",即是大多果农上场买卖的日子,我们就抓着这个机会,在街上、各茶馆中作口头宣传,贴标语,贴壁报,其内容都是解说我是从什么地方来? 为谁来? 来干什么? 蛆柑怎样为害? 怎样防治? 果农本身福利问题。

在尚未下乡访问的时候,我们从各方探讯,知道了高歇乡所领有的十保,为了要逃避政府抽丁征粮,每保有二百多至三百户,许多果园都分布在远达廿余华里的地方去了。我们本着开发民力,建设乡村,开发苦力之力,解除苦力之苦的信念,是为老百姓谋福利,为老百姓做事的热忱,而且想实际地了解农民问题,体验农民生活,我们便毅然采用亲自下乡走访果农,这似乎笨拙却又是很踏实的办法,来进行我们的工作。

最初,我们是整队下乡访问。这样访问了三保,感到这在时间上或人力上都有些浪费,才改分成两队下乡,分保访问。结果,我们的工作进度加速度了,而且证实了分队走访与整队走访有着同样的收效,这种实际工作中得到的进步,给了我们莫大的鼓舞与欣慰!

我们要粉碎"规定时间"所给予我们的限制,完成这次下乡背负的使命或任务,不得不把火热的太阳,爬坡上坎,熟悉地理环境,了解农民的困难,认为锻炼我们自己最好的境遇。早上六点钟跑下乡去，访完一保回来，午餐后，已是下午三四点钟了。我们有热心卖劲的汪静、陶存两领队领导之下，在一位本地五福中学念书的小向导——夏辉强的帮助下，有着共同的信念和目标而工作，常常忘掉了腹内和烈日给予我们的难受。因此，虽然为了出壁报，写标语，画地图，和作七月用费的报销，占去三天，但这样大的范围，这样分散的果园，却在我们往来有过的紧张八天之内走访完了。

访问果农与熟悉环境的工作完了。给我们留下了五花八门的各种印象，真是写不胜写，扼要地说，有些是对我们的工作毫不了解，或不肯来了解，或了解得不够的农民——这大都是属于从未进过学校和曾遭遇欺骗的老农、贫农或中年的妇女，只要他（她）们发觉我们的时候，便用惊奇的眼光向我们注视，在他（她）们的面部上浮现着紧张，甚至有些畏惧的表情。这在第二保，尤其是第四保给我们印象最深了，我们不肯白白地走一趟，留一身臭汗，就让他们这样怀疑、畏惧、讨厌，关了门来拒绝我们就算了，于是我们便以"耐心"和"两片未干瘪的嘴唇"作为解决这些困难的锁钥，终于才击破了他们内心的疑惑来开门接待至少是应付了我们。他（她）们惯用这些——"我们没有几根儿广柑！这些树我们打主意要砍啰！砍来当柴烧！""我们这里没有啥蛆柑！今年懒得摘它！"……和这些用意相同的话，来打断或拒绝我们的解释。这虽是极少数农民的表现，但我们却想找出这种表现的原因。探讯的结果是：他们始终怀疑我们是政府和共产党那边派来有什么企图的，他们不相信在今天这个拉丁、抽税派系不息的国度里，有如此热忱、不吃饭、不要钱、连开水也不喝一口地冒着暑热，不远千里而来的青年为他们做事。想起了他们是八年抗战、三年内战中出力最多，受苦最重的乡巴佬，不禁洒下热泪。

但在另一方面，却有不少了解我们的果农，尤其本地的几位士绅，如于竹君、杨仲康，大果园主——夏启麟、唐慕陶、李光明、贺有章、莫思安等人，对我们的工作仍然表示热烈的欢迎和赞助。从下面事实可看出他们切望之深。

第一保，有个新旧思想的学究——李光明，对蛆柑颇有研究，他表示决心把他今年所有广柑(不论是好的或受害的)都一齐摘掉。八保一家姓舒的,经营果园谋生,也是与李先生的意见相同。一保有家贫农,只有母子两人,表示愿意无条件地接受我们的意见。二保莫思安(本乡农仓主席)和十保廖均握(上海大夏大学毕业),强调借用政治力量,可以促使我们工作在短期内收到效果。四保于竹君积极把果农组织起来,使我们早日完成防治蛆柑的工作,并切盼华西实验区在此开区,拯救农民,增进民福。

我们感到非常愉悦和兴奋,在这里发现几位对蛆柑颇有研究的果农——贺有章、莫思安、李光明三位先生。他们一致认为最经济而也最有效的防治蛆柑方法,是将蛆柑窖入冬水田中,使其不漂到田岸,不过两天,可杀灭蛆虫,且可利用驱虫作稻田肥料。这是一般果农共知的事实,然而好多果农忙于生活,无暇管理果园,既无肥料,又不剪枝,任其自然发展,加之蛆柑为害未治,终于砍下果树当柴烧掉,果园一变而为他栽种粮食的场所。

(作者佚名,时任职务不详)

选自璧山区档案馆藏华西实验区档案,档号:09-01-204

编 后 记

　　璧山县是当年华西实验区总办事处所在地,现在的璧山区档案馆由此保存了完整、系统的华西实验区乡村建设档案。由于历史的原因,这批档案资料已经在库房中尘封六十余年,一直未能加以有效利用。自 2010 年傅应明先生接任璧山县档案馆馆长之后,开始着手对相关档案进行数字化扫描和整理开发,2012 年《晏阳初华西实验区档案史料丛刊》(内刊)开始陆续出刊发行。此后,璧山县档案馆先后在台北、新竹、北京、重庆等地对华西实验区档案进行巡回展览,社会影响力日益增大。2014 年后,先后接任璧山区档案馆馆长职务的陈启江先生、周成伟先生继续致力于该档案的整理与开发工作。本书的编辑也正是基于已有的档案整理与出版工作展开的。

　　近年来,璧山区委、区政府致力于弘扬乡土文化,对于发掘、整理与利用璧山本土历史文化资源更是格外重视。2019 年,璧山区档案馆启动《乡建工作经验谈》的编辑出版,作为璧山区"儒雅璧山,田园都市"文化建设的组成部分,得到区委、区政府的高度重视和大力支持。作为主编单位的璧山区档案馆为此次编辑工作组织和提供了相应的人力、物力,馆长周成伟、副馆长罗杨为本书谋篇布局、样稿审定、插图选定、后期审校等工作花费大量时间,区档案馆的其余领导和工作人员参与了相关档案的选取与开放鉴定、后勤保障等工作。在本书的实际编辑工作中,由谢健主持统稿,西南大学的博士研究生李冰冰,硕士研究生李姣、汪雪、张铅、刁云辉等负责档案录入和校对。在此,对本书编委会成员、编辑部成员的支持和辛苦工作表示衷心的感谢!

最后,由于能力与水平有限,加以历史文献整理中固有的特性,在本书的编辑整理出版过程中不免存在错误和不足,尚乞读者批判指正!

编　者

2020 年 8 月

责任编辑:赵圣涛

责任校对:吕　飞

封面设计:胡欣欣

图书在版编目(CIP)数据

乡建工作经验谈:中华平民教育促进会华西实验区档案选编/重庆市璧山区
　档案馆编;谢健 主编. —北京:人民出版社,2020.8

ISBN 978－7－01－022114－4

Ⅰ.①乡…　Ⅱ.①重…②谢…　Ⅲ.①村史-档案资料-汇编-重庆

Ⅳ.①K297.195

中国版本图书馆 CIP 数据核字(2020)第 081976 号

乡建工作经验谈

XIANGJIAN GONGZUO JINGYANTAN

——中华平民教育促进会华西实验区档案选编

重庆市璧山区档案馆　编

谢健　主编

人民出版社 出版发行

(100706 北京市东城区隆福寺街 99 号)

北京新华印刷有限公司印刷　新华书店经销

2020 年 8 月第 1 版　2020 年 8 月北京第 1 次印刷

开本:710 毫米×1000 毫米 1/16　印张:25.5　插页:5

字数:380 千字

ISBN 978－7－01－022114－4　定价:79.00 元

邮购地址 100706　北京市东城区隆福寺街 99 号

人民东方图书销售中心　电话 (010)65250042　65289539